Juni 2015

Herrn Frank Henn
herzlich gewidmet mit
den besten Wünschen
für ein gelingendes
und spannendes Leben.

P. Christoph

GÜTERSLOHER
VERLAGSHAUS

Christoph Kreitmeir

SEHNSUCHT Spiritualität

Gütersloher Verlagshaus

»Sehnsucht und Spiritualität sind eng miteinander verbunden. Die Sehnsucht führt mich zur Spiritualität. In dem Maße, wie ich mich nach Gott sehne, kann er in meinem Leben wirksam werden.«
51-JÄHRIGE FACHÄRZTIN

»Wie gestaltet sich die Begegnung mit Gott? Er kommt ja nicht wie ein Gast, den ich in mein Wohnzimmer lasse und dem ich Kaffee und Kuchen serviere.
Er kommt in mein Herz. In meinem Herzen biete ich ihm einen Platz an. Solch einen kleinen Ort in meinem Herzen zu schaffen, ist gar nicht so schwer. Gott diesen kleinen Platz freizuräumen ist viel wert, doch man kann das mit Worten gar nicht richtig beschreiben.
Dieser Raum entsteht durch die Sehnsucht, die ich nach Gott aussende. Wenn ich mich auf ihn konzentriere, mich mit allen meinen Sinnen, mit Herz und Verstand auf ihn ausrichte, dann kommt er. Ich muss nicht einmal dabei beten, ich spüre nur, dass da etwas mit mir geschieht und ich fange zu lächeln an.«
46-JÄHRIGE HAUSHALTSHILFE

»War bisher der Verstand die einzige Instanz, der ich vertrauen konnte, erfahre ich nun, dass es etwas gibt, das weit über mich und meinen Verstandeshorizont hinausgeht, das zuverlässig da ist und auch spürbar, wenn ich mich darauf ausrichte, das auch mich selbst heller und kraftvoller sein lässt, wenn ich mich darauf einlasse. Das bedeutet eine große Entlastung – ich muss nicht alles allein schaffen! Es ist die Ahnung einer Zusage an mich entstanden, die ich noch nicht recht begreifen kann.«[1]
ERFAHRUNG EINER BISHER DER RELIGION FERNSTEHENDEN FRAU, DIE »WERTIMAGINATION« ALS WEG ZUR »DIMENSION DER TIEFE« (PAUL TILLICH) KENNENLERNTE

Inhalt

1. Warum dieses Buch?

»Die Seele ist wie ein Wind, der über die Kräuter weht,
und wie ein Tau, der auf die Gräser träufelt,
und wie die Regenluft, die wachsen macht.
Genau so ströme der Mensch sein Wohlwollen aus
auf alle, die da Sehnsucht tragen.
Ein Wind sei er, indem er den Elenden hilft,
ein Tau, indem er die Verlassenen tröstet,
und Regenluft, indem er die Ermatteten aufrichtet
und sie mit der Lehre erfüllt wie Hungernde:
indem er ihnen seine Seele hingibt.«[2]
HILDEGARD VON BINGEN

Sehnsucht ist heute zu einem Zauberwort geworden, das müde Materialisten neu aufhorchen lässt. Hier schwingt Leben, Weite, Seindürfen, Einfachheit, Phantasie und Romantik mit. Sehnsucht zeigt sich in Blautönen und sphärischer Musik, so wie es die Stadt Nürnberg Anfang Mai 2014 in ihrer »Blauen Nacht 2014« zum Thema machte. Gut 130 000 Besucherinnen und Besucher aus Deutschland, Österreich, den Niederlanden und sogar den USA flanierten durch die in blaues Licht gehüllte abendliche Altstadt und erlebten Sehnsucht pur. Mit »Sehnsucht« wurde ein Thema aufgegriffen, das Menschen von heute neu und auf existenzielle Weise anspricht. »Die genannten Persönlichkeiten waren alle von einem starken Willen, etwas Neues zu entdecken, ›über den Tellerrand zu schauen‹, in die Ferne zu reisen, zu forschen, zu erfinden, von der Sehnsucht nach Freiheit erfüllt.«[3] Sehnsucht will Verlorenes, Verschüttetes in uns wieder lebendig werden lassen. Sehnsucht baut Brücken zu dem, was wir wirklich brauchen beziehungsweise verloren haben, und zur Geistigkeit des Menschen, die sich in Spiritualität verschiedenster Ausprägungen zeigt.

Sehnsucht und Spiritualität sind zwei entscheidende Grundmotive menschlichen Suchens und Strebens, die in der heutigen Zeit viele Zeitgenossen wieder stärker bewegen. Die Sehnsucht nach Stabilität in einer durchgewirbelten Welt, die Sehnsucht nach Kreativität als Antwort auf funktionalisierte Abläufe, die Sehnsucht nach echter Partnerschaft als Gegenpol zu Unverbindlichkeit und »Lebensabschnittsgefährtentum«, die Sehnsucht nach Erfahrung und das Spüren von Spiritualität als Kontrast zu institutionalisiertem Glauben und Kirche. Die Sehnsucht nach GOTT in einer oft so gottlos erfahrenen Welt – alle diese Sehnsüchte – und noch einige mehr – nehmen in den letzten Jahren eindeutig zu und auch ich spüre dies in mir.

Als Seelsorger und Lebensberater begegnet mir in vielen Gesprächen mit ratsuchenden Menschen das Grundgefühl der Sehnsucht. Viele Menschen ahnen einen »Mehrwert« in ihrem Leben und können ihn nicht finden. Dieser gespürte Mehrwert ihres Lebens tangiert Gefühle der Wehmut, der Melancholie, der Sehnsucht. »Ach, wenn ich nur wüsste, was mir fehlt, wenn ich es nur finden könnte, was mich innerlich traurig, aber auch unruhig-suchend macht.« Nicht wenige Menschen ahnen auch, dass dies nicht nur mit Liebe, Freiheit, Lebendigkeit u.v.m. zu tun hat, sondern auch mit etwas, das »Gott« genannt wird. Viele Menschen suchen nach Gott und können ihn nicht finden.

Und doch erleben wir Menschen manchmal Situationen, wo wir ganz stimmig, ganz mit uns, mit der Welt, mit unserem Leben in Verbindung sind. Solche besonderen Momente begegnen uns beim Frischverliebtsein oder im achtsamen Erleben der Wunder des Alltags. So schreibt zum Beispiel der bengalische Dichter Rabindranath Tagore (1861–1941) folgende Sätze, die uns aufhorchen lassen, weil wir deren

Wahrheitsgehalt ahnen: »Über viele Jahre unter großen Kosten reiste ich durch viele Länder, sah die hohen Berge, die Ozeane. Nur was ich nicht sah, war der glitzernde Tautropfen im Gras gleich vor meiner Tür.«[4]

Wir alle kennen sie, diese Situationen, wo wir »fast wie im Paradies sind«, weil wir in der Natur, beim geliebten Menschen, im selbstvergessenen Versinken in eine Tätigkeit, in der Meditation … glücklich sind. Solche Erlebnisse vergessen wir nie wieder, solche Erfahrungen lassen in uns die »Sehnsucht nach mehr« wach und lebendig werden.

Wer zum Beispiel fröhlich und mit Hingabe in einer Tätigkeit aufgeht, empfindet tiefes Glück, ein freudiges und selbstvergessenes Einssein mit sich, mit der Umwelt, mit der Natur, mit Gott. Der US-Amerikaner ungarischer Herkunft und emeritierte Psychologieprofessor Mihály Csikszentmihály (geboren 1934) entdeckte das Geheimnis echten Glücks, das er »Flow«[5] nennt. Dies ist ein Zustand, in dem man sich ganz gegenwärtig fühlt. Man ist eins mit der Welt und dem Leben. Im Bewusstsein herrscht Ordnung. Innerer Friede, Zufriedenheit und Glück breiten sich aus.

Natürlich habe ich auch persönliche Gründe, mich mit Sehnsucht und Spiritualität zu beschäftigen. Vor gut 30 Jahren – ich war ein junger Mann von 22 Jahren – fand ich nach längerem und teils schwerem Suchen eine neue Heimat in der Spiritualität des Heiligen Franz von Assisi und trat dem Franziskanerorden bei. Viel Zeit ist ins Land gegangen. Ausbildungen, verschiedene Arbeitsfelder in der Seelsorge, Höhen und Tiefen des Lebens, nicht selten nüchterner Alltag eines vielbeschäftigten Menschen in moderner Zeit. Ab und an und immer wieder rührt sich aber ein Gefühl der Wehmut und der Sehnsucht, das mich zum Eigentlichen meines

Lebens, auch meines religiösen Lebens (zurück)führen will. Was wollte ich einmal? Warum habe ich damals diesen Weg eingeschlagen? Warum bin ich geblieben?

Solche Fragen kennen alle Menschen, die innerlich und äußerlich lebendig bleiben und lebendig werden wollen. Solche Fragen sind notwendig und helfen, Haltungen wie Freude, Dankbarkeit, Liebe und Sinnhaftigkeit zu spüren und zu leben. Sie betreffen Lebensentwürfe, Lebensentscheidungen, Partnerschaften und vieles mehr. Nach dem Wiener Psychiater und Begründer der Logotherapie und Existenzanalyse Viktor E. Frankl (1905–1997) ist der Mensch immer ein vom Leben Befragter. Normalerweise stellen wir dem Leben unsere Fragen und bekommen dann mehr oder weniger befriedigende Antworten. Frankl dreht dieses Fragen um: »Das Leben selbst ist es, das dem Menschen Fragen stellt. Er hat nicht zu fragen, er ist vielmehr der vom Leben her Befragte, der dem Leben zu antworten – das Leben zu verantworten hat.«[6] Und damit wandelt sich der einen Ruf nach Sinn hörende Mensch vom Fragenden zum Hörenden, der dann seine bestmögliche und authentische Antwort geben kann und soll.

Letztes Jahr erreichte mich im Urlaub wieder so ein innerer Ruf nach Sinn, der bis heute anhält. Ich war mit Freunden mehrere Tage in einer Sehnsuchtsstadt, wo ich schon seit Jahren hinwollte: in Istanbul. Viel durfte ich dort erleben, Eindrücke und Erfahrungen einer anderen Welt genießen. Zu einem »Muss« bei der Besichtigung dieser Stadt gehört auch das Miterleben des »Tanzes der Derwische«. Diese mystische Drehbewegung der Sufis im Islam entwickelte im Laufe der Jahrhunderte eine Art spirituellen Tanz, bei dem die Tänzer sich in Gott versenken können.

Da dies bei Touristen sehr beliebt ist, wird es überall angeboten, auch in vielen Hotels und Touristentreffpunkten. Meinen Freunden und mir war klar, dass wir so etwas miterleben wollten, aber nicht als Touristennepp. Als wir also wieder einmal auf Tour waren, wurden wir wie so oft als Touristen auf der Straße erkannt und angesprochen. Meist nahmen wir die Werbeflyer gar nicht mehr an. Auch diesmal nicht, aber … eine Stimme in mir ließ mich zum Anbieter zurückkehren und mir das Angebot genauer erklären. Ein Tanz der Derwische wurde bei einem türkischen Kulturverein irgendwo in einer verwinkelten Straße Istanbuls angeboten. Ich nahm den Flyer an mich und wir entschieden dann, dorthin zu gehen. Gott sei Dank haben wir das gemacht, denn diese Erfahrung gab meiner unterschwelligen Sehnsucht nach Spiritualität, meiner Sehnsucht nach Gott, neue Nahrung. Die Stimme in mir war wohl die Stimme der Sehnsucht und wahrscheinlich auch ein »Wink des Himmels«.

Beim Kulturverein angekommen, fanden wir eine nüchterne, ja fast heruntergekommene Einrichtung vor, wo wir aber sehr freundlich begrüßt wurden. Wenige Besucher fanden sich ein. Als dann die Musiker begannen, für unsere westlichen Ohren so fremde orientalische Lieder zu spielen, war ich schon seltsam berührt. Als dann vier Sufi-Mönche kamen und nach einem bestimmten Ritus ihren schwarzen Mantel ablegten (dies bedeutet soviel wie das Ablegen des Ego) wurde ich ganz Aug und Ohr. Auch meine Freunde waren seltsam berührt. In weißer Kleidung (als Sinnbild für die reine Seele), die unter dem schwarzen Mantel erschien, waren diese Männer ganz in sich versunken. Die Männer interessierten sich nicht für die Besucher und Touristen, sie begannen für sich und für Gott nach bestimmten Abläufen zu der eigenartig anmutenden Musik zu tanzen. Ein junger Mönch von Anfang zwanzig fiel mir dabei besonders auf.

Sein Ausdruck, sein Tanz, seine Bewegungen waren so stimmig, so intensiv, so echt: Ich konnte meinen Blick gar nicht mehr von ihm abwenden. Innerlich sehr berührt folgte ich dem Geschehen. Was durfte ich da erleben?

Ein junger Mensch lebt die Hingabe, die Hingabe an die Musik, den Tanz, die Hingabe an seine Religion, die Hingabe an Gott. Und dies rührte an meiner Sehnsucht… Ich hatte als junger Mann, als junger Franziskaner doch auch einmal so eine liebende Hingabe gespürt, gelebt und ausgedrückt. Wo ist sie geblieben? Vor meinem äußeren Auge tanzen die Liebe und die Hingabe an Gott, in meinem Inneren werde ich davon berührt und spüre Wehmut und Sehnsucht und mir laufen Tränen über das Gesicht. Wehmut, weil ich so etwas wie eine junge Liebe zu Gott in meinem christlichen Glauben auch schon leben und erleben durfte, diese aber mit der Zeit nüchterner wurde. Sehnsucht, weil ich so etwas wieder erleben will.

Bis in die frühen Morgenstunden tauschte ich mich mit meinen Freunden über das Erlebte aus und noch Tage später redeten wir immer wieder darüber, denn auch sie waren innerlich bewegt worden.

Sehnsucht zeigt sich als eine oft unbewusst schlafende Macht im Menschen, die geweckt und fruchtbar gemacht werden will. Wer sich seinen Sehnsüchten stellt, dem werden sich neue Wege der Kraft, der Freude und der Lebendigkeit erschließen. Das Leben wird stimmiger, ganzheitlicher und erfüllender. Flow (Glück) kann erlebt werden.
In diesem Buch will ich den verschiedenen Arten der Sehnsucht auf die Spur kommen, ich will dieses »ehrlichste Gefühl des Menschen« (Ernst Bloch) ausloten und nach Wegen suchen, die Sehnsucht wieder lebendig werden zu lassen.

Wer seiner Sehnsucht und Spiritualität auf den Grund kommt, entdeckt dabei das grundlegende Programm menschlichen Lebens und seiner eigenen Identität. Der Mensch wird zufriedener, glücklicher, ruhiger. UND: Er erfährt dabei, dass es Gott wirklich gibt. ER will gefunden werden. Dieser Gott, an den ich glaube, hat mir und allen Menschen eine Stimme ins Herz gelegt, die immer wieder neu zur Suche nach ihm aufruft: die Stimme der Sehnsucht.

Bei der Arbeit am Buch habe ich auch Zeugnisse von heutigen Menschen in Bezug auf Sehnsucht und Spiritualität mit aufgenommen, um den Inhalt des Gelesenen zu verlebendigen. Auch wenn Menschen oft recht unterschiedlich sind, so sind wir alle doch in bestimmten Grundempfindungen miteinander verbunden. Die Sehnsucht und in irgendeiner Weise auch die Suche nach Gott gehören zu diesen Grundprogrammen der menschlichen Natur. Die Wege der Sehnsucht und / oder der Gottessuche sind dabei oft verzwickt, verschlungen, schmerzhaft, aber auch beglückend, energetisierend und heilend. So fühle ich mich mit sehr vielen Menschen verbunden auf der Suche nach tieferem Leben, wie es auch mein Ordensvater Franz von Assisi tat, der sich geschwisterlich mit den Menschen und der gesamten Schöpfung verbunden sah.

In diesem Buch werden Sie Zitate zu allen möglichen Themenbereichen finden. Dies habe ich vor allem auch deswegen gemacht, weil ich weiß, dass viele Leser und Leserinnen zu dem einen oder anderen Punkt sich noch genauer informieren möchten. Die Quellen- und Literaturangaben wollen hierbei behilflich sein. Wer dieses Buch als E-Book liest, wird sogar durch Anklicken der Literaturangaben aus dem Internet gleich mit den »Ursprungsquellen« verbunden werden.

Hermann Hesse sah seine Aufgabe als Dichter darin, nicht Wege aufzuzeigen, sondern Sehnsucht zu wecken. In einem seiner Gedichte bringt er für mich die verschlungenen Wege der Sehnsucht und der Gottessuche in wunderbare Worte:

Oft ist das Leben lauter Licht
und funkelt freudefarben
und lacht und fragt nach denen nicht,
die litten, die verdarben.

Doch immer ist mein Herz bei denen,
die Leid verhehlen
und sich am Abend voller Sehnen
zu weinen in die Kammer stehlen.

So viele Menschen weiß ich,
die irren leidbeklommen,
all ihre Seelen heiß ich
mir Brüder und willkommen.

Gebückt auf nasse Hände
weiß ich sie abends weinen,
sie sehen dunkle Wände
und keine Lichter scheinen.

Doch tragen sie verborgen,
verirrt, und wissen's nicht,
durch Finsternis und Sorgen
der Liebe süßes Licht.[7]

Verborgen und oft unbewusst tragen wir in uns neben »der Liebe süßem Licht« lebensfördernde Grundkräfte der Sehnsucht und der Spiritualität. Die Romantik ist in eine von

Funktionalität bestimmte Welt zurückgekehrt und zeigt sich in einer Lebendigkeit mit neuem Gewand, die staunen lässt.

Sehnsucht ist wie ein schlafender Riese, der zunehmend neu entdeckt und aufgeweckt wird. Die Psychologie und die Medizin, die Philosophie und die Theologie entdecken die Sehnsucht neu und staunen über ihre Kraft. Sehnsucht will uns zu uns selbst, zu inneren tragenden Werten, zueinander, zu mehr Achtsamkeit und Lebendigkeit und zur Suche nach dem Grund von allem (Gott und Spiritualität) führen. Die Wege sind in einer säkularen Gesellschaft hierbei vielfältig und weisen doch auf Grundlegendes hin: Wer bin ich? Was will ich? Wie kann ich gut leben? Worin liegt der Sinn meines Lebens? Gibt es Gott? Was ist das Leben und was kommt danach?

Ich möchte Sie zu einer Reise ins Land der Sehnsucht und der Spiritualität einladen, die Sie verändern wird. Diese Reise wird von außen nach innen führen, sie wird viel Erkenntnis mit sich bringen und vor allem wird sie uns mit uns selbst und dem, was alles im Innersten zusammenhält, in Kontakt bringen.

Seit vielen Jahren begleitet mich ein geistlicher Spruch, der mich nicht mehr loslässt. Im Laufe der Zeit habe ich auf vielfältige Weise für mich selbst und auch in meiner Arbeit mit Menschen erfahren dürfen, dass sein Inhalt wahr ist: »Wenn du dich wirklich auf die Suche machst, dann kommt dir das Gesuchte entgegen.«

2. Sehnen und Suchen

»Kein Sehnen bleibt unerfüllt. ... Das Leben besteht nicht aus Wohlbefinden, sondern aus Suchen und Streben.«
Khalil Gibran

Nach Nelly Sachs »beginnt« alles »mit der Sehnsucht«. Jeder von uns kennt sie wohl in irgendeiner Gestalt. Bilder, Gerüche, Klänge, Bücher, Filme oder Gedichte können Sehnsucht auslösen. Ein 48-jähriger Geisteswissenschaftler (verheiratet, katholisch) schreibt:

Meine Gedanken zum Stichwort ›Sehnsucht‹ niederzuschreiben, fällt mir schwer. Da tun sich in mir sofort Abgründe auf. Sehnsucht ist ein ganz wunder Punkt in meinem Leben. Manchmal reicht ein Lied im Radio oder ein gehörter Satz und meine Sehnsüchte brechen in mir auf wie ein Vulkan. Oft kommen mir dann spontan Tränen in die Augen. Da ist vor allem eine wirklich abgrundtiefe Sehnsucht nach Liebe, Wärme, Geborgenheit und Angenommensein in mir. Woher diese rührt, kann ich nur erahnen, wirklich ergründen werde ich es wohl nie. Vielleicht haben mir meine Eltern, insbesondere meine Mutter, das nötige Quantum an Liebe nicht zukommen lassen. Möglicherweise spielt auch meine Internatsvergangenheit eine Rolle. Jedenfalls steckt diese Sehnsucht so abgrundtief in mir drin, dass sie viele Entscheidungen meines Lebens – ob bewusst oder unbewusst – erheblich beeinflusst hat. Sicherlich hat sie auch dazu beigetragen, dass ich falsche Entscheidungen getroffen habe. Es ist mir bislang nicht geglückt, diese Sehnsucht zu stillen, auch nach 20 Jahren Ehe nicht.

Möglicherweise ist ein einzelner Mensch bzw. Partner damit auch überfordert. Ich fürchte insgeheim, ich werde diese Sehnsucht mit ins Grab nehmen. Darunter leide ich sehr. Vielleicht wird es wirklich einmal erst Gott selbst sein, der diese Sehnsucht erfüllt – wer weiß?

Die letzten Sätze dieser Schilderung klingen eher resignativ und zeigen eine Seite der Sehnsucht: Sie »ist eine ›geträumte‹ Lösung für unsere ungelösten Lebensthemen und Probleme und ein bittersüßes Gefühl, da sie von intensiven Wunschvorstellungen begleitet wird, die oft unerreichbar bleiben. Bleiben diese Wunschvorstellungen tatsächlich unerreichbar, nach denen wir uns sehnen, kann Sehnsucht auch sehr wehtun«.[8] Dies wusste schon Goethe, als er im »Wilhelm Meister« schrieb: »Nur wer die Sehnsucht kennt, weiß, was ich leide!«

Diesen Leidensaspekt der Sehnsucht findet man auch im 32-bändigen »Deutschen Wörterbuch«, begonnen 1838 von den Gebrüdern Grimm und 1961 von anderen Autoren vollendet. Bis heute spricht man dabei vom größten und umfassendsten Wörterbuch der deutschen Sprache. Dort wird das Wort »Sehnsucht« aus dem mittelhochdeutschen Wort »sensuht« hergeleitet, was so viel bedeutet wie »Krankheit des schmerzlichen Verlangens«, was sogar zu einer Art »Siechtum« führen kann. Sie wird als »ein inniges Verlangen nach einer Person, einer Sache, einem Zustand oder einer Zeitspanne, die/den man liebt oder begehrt (angenommen). Sie ist mit dem schmerzhaften Gefühl verbunden, den Gegenstand der Sehnsucht nicht erreichen zu können«.[9]

Das mittelhochdeutsche »suochen« und das althochdeutsche »suohhen« meinen grundsätzlich ein suchendes Nachgehen und Nachspüren, ein »sich Bewegen«, etwas im Blick haben, auf etwas anderes oder jemand anderen bezogen sein.[10] Hier zeigt sich schon die tiefere Bedeutung des »Suchens«: Der Suchende ist immer auf etwas außerhalb seiner selbst ausgerichtet. Die Psychologie nennt dies »Selbstranszendenz«, die Theologie »Transzendenz«.

Das Sehnen vor dem Suchen im Wort »Sehn-Sucht« lässt sich über das mittelhochdeutsche »senen« (schmachtend verlangen oder sich grämen) bis auf das althochdeutsche »senén« (kraft-, lustlos sein) zurückverfolgen.[11] »Wenn es doch nur anders wäre, als es ist« steht hinter dem Sehnen. Ein starkes gefühlsmäßiges Verlangen mit dem gleichzeitigen Wunsch nach Veränderung, nach baldiger Veränderung drückt das Sehnen aus. Der Romantiker Matthias Claudius formulierte dieses Gefühl sehr ansprechend in folgendem Gedicht:

Dann saget unterm Himmelszelt
Mein Herz mir in der Brust:
Es gibt was Bessers in der Welt
Als all ihr Schmerz und Lust.

Ich werf' mich auf mein Lager hin
Und liege lange wach
Ich suche es in meinem Sinn
Und sehne mich danach.[12]

Die Auseinandersetzung mit der je eigenen Sehnsucht hat aber auch eine andere Seite, die eine wichtige Aufgabe erfüllt: Sehnsucht kann dem Menschen dabei helfen, mit seinem unvollkommenen Leben, der eigenen Unfertigkeit, den Verlusten und dem nicht perfekten Leben umzugehen. Gleichzeitig kann sie dem Leben eine Richtung geben und dabei helfen, sich Ziele in den verschiedenen Lebensbereichen und Lebensabschnitten zu setzen, wenn der richtige Zeitpunkt dafür gekommen ist.

Folgende Zeilen einer 48-jährigen selbstständigen Geschäftsfrau (geschieden, katholisch) können so einen richtigen Zeitpunkt beschreiben, die verstaubte Kiste der Sehnsucht wiederzufinden und zu öffnen:

> *Lange hatte ich mir schon vorgenommen, den Dachboden zu entrümpeln. Vieles wurde dort abgestellt und einiges liegt dort schon viele Jahrzehnte. Wie ich so aufräume, finde ich einen kleinen Karton. Ich öffne ihn. Ich werde ganz still, denn ich schaue auf Spielsachen, die mir meine Kindheit wieder präsent werden lassen – mit all meinen Gefühlen, Wünschen und Sehnsüchten. Ich spüre meine Unbekümmertheit, meine Freude, meine Neugier (auf das »Erwachsenwerden« und auf »das Leben als Erwachsener«). Eine kleine Krone ist auch dabei. Ich setze sie auf und sehe mich im Spiegel an. Ich spüre, dass ich immer noch die gleiche bin, ich sehe in meinem Gesicht die Spuren des Alters. Ja, mein Alter ist nicht zu übersehen. Bin absolut kein Kind mehr.*
> *Und wie sieht es aus mit meinen Sehnsüchten? Haben die sich verändert? Einige Sehnsüchte meiner Kindheit sind erfüllt worden und das ist heute ein gutes Gefühl. Ich denke an meine beiden Kinder, die ich mir gewünscht habe. Mit meiner Ehe ist es nicht so glücklich gelaufen, wir mussten uns trennen. Meinen Traumberuf habe ich nicht verwirklicht, aber mein heutiger Beruf erfüllt mich und ich arbeite gerne.*
> *Ich habe Freude, Leid, Glück, Trauer, Frieden, Schmerz, Leichtigkeit, Angst, Mut, und Einsamkeit erlebt. Heute verstehe ich diese Zustände. Das Leben verstehen lernen, indem man durch das Leben geht. Es ist Entwicklung.*

In mir spüre ich noch immer die tiefe Sehnsucht nach Frieden, Freude und Liebe. Frieden für mich, für meine Familie, meine Freunde ... für die ganze Welt. Ein Satz aus der Bibel begleitet mich ebenso seit meiner Kindheit: »Liebe deinen Nächsten wie dich selbst.«
Ohne Liebe kann es keinen Frieden geben. »... wie dich selbst« ... Die gesunde selbstbewusste Selbstliebe ist für mich wichtig geworden: seine eigene Seele wahrzunehmen, sich Raum zu geben, sich Zeit zu nehmen, sich selbst zuzuhören. Und wenn ich dies tue, weiß ich genau, was ich brauche, was ich Neues beginne, was mir gut tut, ich weiß meinen Weg. Somit kann sich wieder Frieden, Freude und Liebe in mir und dadurch auch um mich herum entfalten.

Diese Frau lebt die »Spannung der Sehnsucht«, diesen Zwischenraum zwischen »Schon jetzt und noch nicht«. Dies ist die andere, die produktive Seite der Sehnsucht, die Kraft, diese Spannung und die oft daraus erwachsenden Spannungen auszuhalten, sie nicht abzuschütteln, dagegen anzukämpfen oder sich mit Vorläufigem zufriedenzugeben. Das Leben in Spannung macht echtes Leben aus. Hier nur ein paar Beispiele:

Ebbe und Flut, der Gezeitenwechsel, genauso wie der Wechsel von Tag und Nacht oder der Jahreszeiten bestimmen die Rhythmen allen Lebens.
Unsere Muskeln und Sehnen (interessante Ähnlichkeit mit dem Verb »Sehnen«) zeigen es: Die Abwechslung zwischen Anspannung und Entspannung bringt Bewegung hervor.
Unsere Atmung zeigt es: Der Wechsel zwischen Ein- und Ausatmung bringt Lebensatem in uns und lässt verbrauchte Luft entweichen.
Pfeil und Bogen zeigen es: Ein Pfeil kann nur von einem gespannten Bogen kraftvoll in ein Ziel gelenkt werden.

Die Saiteninstrumente zeugen davon: Nur richtig gespannte und angespannte Saiten einer Geige, eines Cellos oder eines Kontrabasses können durch Streichen oder Zupfen harmonische Töne hervorbringen.

Viele Menschen neigen dazu, diese Spannung nicht ertragen zu können, und geben sich mit Vorläufigem zufrieden, was aber nicht zur inneren Zufriedenheit führen kann. Beliebte innere Haltungen zeigen sich in Formulierungen wie »Eigentlich sollte man …« oder »Man müsste mal wieder …« oder »Schön wäre es, wenn …«. Getan wird es aber sehr selten und somit bleibt der innere seelische Impuls ohne Wirkung, der Betreffende tritt auf der Stelle, begnügt sich mit Ersatzbefriedigungen und begnügt sich doch nicht damit, denn die Sehnsucht schwelt weiter im Untergrund.

Die Dichterin Mascha Kaléko (1907–1975) kleidet dieses »Traurige-immer-im-selben-Trott-Traben« in schöne Worte:

Einmal sollte man

Einmal sollte man seine Siebensachen
Fortrollen aus diesen glatten Gleisen
Man müsste sich aus dem Staube machen
Und früh am Morgen unbekannt verreisen.

Man sollte nicht mehr pünktlich wie bisher
Um acht Uhr zehn den Omnibus besteigen.
Man müsste sich zu Baum und Gräsern neigen,
Als ob das immer so gewesen wär.

Man sollte sich nie mehr mit Konferenzen,
Prozenten oder Aktenstaub befassen.

Man müsste Konfession und Stand verlassen
Und eines schönen Tages das Leben schwänzen.

Es gibt beinahe überall Natur,
– Man darf sich nur nicht sehr um sie bemühen –
Und so viel Wiesen, die trotz Sonntagstour
Auch werktags unbekümmert weiterblühen.

Man trabt so traurig mit in diesem Trott.
Die andern aber finden, dass man müsste ...
Es ist fast, als stünd man beim lieben Gott
Allein auf der schwarzen Liste.

Man zog einst ein Lebenslos ›zweiter Wahl‹.
Die Weckeruhr rasselt. Der Plan wird verschoben.
Behutsam verpackt man sein kleines Ideal.
– Einmal aber sollte man ... (Siehe oben !)[13]

Wer »einmal aber sollte man« fühlt, denkt und danach handelt, besser gesagt nicht handelt, der begibt sich so nach und nach in den »Teufelskreis« verratener Sehnsucht, wie Mascha Kaléko mit den Worten »Siehe oben!« ausdrückt. Das Leben findet auf Sparflamme statt, anstatt zu einem Feuer zu werden.

3. Sehnsucht und Sucht

»Reich wird man erst durch Dinge,
die man nicht begehrt.«
MAHATMA GANDHI

Landauf landab kann man der Meinung begegnen, dass »Sehnsucht« mit »Sucht« verwandt ist und dass hinter jeder Sucht eine irregeleitete Sehnsucht steht. Niccolò Machiavelli brachte diese Meinung in folgende Worte: »Süchte sind entgleiste Sehnsüchte des Menschen in seiner Suche nach Vollkommenheit und Glück.« Das Wort Sehn-Sucht kann wirklich dazu verleiten, diesen Zusammenhang zu sehen, er ist aber von der ursprünglichen Wortbedeutung eindeutig nicht gegeben. Das Wort »Sucht« – germanisch »suhti«, althochdeutsch »suht« oder »suft« und mittelhochdeutsch »suht« – geht auf »siechen« (althochdeutsch »siuchan« und mittelhochdeutsch »siechen«) zurück, das Leiden einer Krankheit. Es ist also nicht mit dem Wort »suchen« (wie oben beschrieben) verwandt.

Auf existenzieller Ebene gibt es aber sehr wohl den Zusammenhang zwischen missachteter Sehnsucht und der Tendenz, irgendetwas anderes als Platzhalter an deren Stelle zu setzen. Sucht kann eine Ausrede sein, nichts Neues zu beginnen, zu verharren, sich mit Ersatzbefriedigungen materieller, psychischer, mentaler oder spiritueller Art zu begnügen. Da die Ersatzbefriedigung aber keine Sehnsucht stillen kann, will sie immer mehr und kann in der Tat zu süchtigem Verhalten führen. »Die Sucht hat viele Gesichter, doch nur einen Grund: Mangel an Sinn, also das Gefühl, nicht von Lebenswichtigem ausgefüllt zu sein.«[14] Der hilflose Umgang mit der Sehnsucht also muss nicht, kann aber zu süchtigem Verhal-

ten führen, das durch eine »Sehnsuchtsindustrie« gezielt geschürt und ausgenutzt wird.
Nicht wenige Menschen haben im Laufe ihres Lebens ihre Sehnsucht entweder nie richtig kennengelernt, vergraben, betäubt, versteckt oder unter den Ascheschichten der Resignation, der Hilflosigkeit oder der Scham die Glut der Sehnsucht aus den Augen verloren. »Manche Menschen machen sich gefühllos, andere betäuben sich mit Ersatzhandlungen wie zerstörerischer Aggressivität oder mit Alkoholkonsum. Einige tauschen die Sehnsucht in andere Gefühle um. Wieder andere begraben die Sehnsucht so tief, dass sie vergessen, dass es sie je gegeben hat. Sehnsucht ist für sie etwas, was in schmalzige Romane oder kitschige Fernsehserien gehört, aber nicht ins Leben.«[15]

Man kann im Leben zwar viel schaffen und erreichen, ohne einen Bezug zu den seelischen Quellen seiner Sehnsucht zu haben, so ein Leben wird auf Dauer aber leer, ohne Perspektive und tieferen Sinn, ein Getriebensein, ein Sich-drehen-im-Hamsterrad mit der Gefahr, innerlich und äußerlich auszubrennen. Häufig wird dann versucht, diesen unglücklichen Zustand mit falschen Tröstern zuzudecken. Wie sagte Wilhelm Busch einmal sehr richtig: »Wer Sorgen hat, hat auch Likör.« Für den Likör können auch viele andere Mittel und Handlungen stehen, deren Gefahr im Abhängigwerden liegt.

Die Verbindung zwischen »Sucht« und »Sehnsucht« liegt im Verlangen und in einer großen Intensität.

Die Sucht zeigt sich starr, zwanghaft, unbeweglich und auf ein Suchtmittel oder ein Suchtverhalten fixiert. Sie vermeidet die Auseinandersetzung mit Tieferliegendem, mit innerer Leere, Angst, Schmerz, sie wird abhängig und bildet so nach und nach ein Gefängnis der Unfreiheit. Sucht bleibt unfähig, den eigenen Horizont zu überschreiten. Sucht ist eine Krankheit und führt zur Bewusstseinstrübung. Sucht ist ein Verhalten, das eine Anpassung an die Realität vorgaukelt. Sie versucht, »eine unüberbrückbar scheinende Diskrepanz zwischen Selbstbild und phantasierten oder tatsächlichen Anforderungen der Außenwelt mit untauglichen Mitteln zu kompensieren«.[16] Der Süchtige bleibt trotz Gabe des Suchtmittels unzufrieden und benötigt immer mehr davon. Dabei verändert die sich entwickelnde Sucht den Menschen in seiner Persönlichkeit und zerstört innere Werthorizonte.

Die Sehnsucht ist ein Grundgefühl der Seele und somit keine Krankheit, sondern ein den Menschen bewegendes, emotional bereicherndes Gedanken- und Gefühlserleben. Tiefes Verlangen und das Überschreiten des eigenen Horizontes zeichnen sie aus. Sie führt den Menschen über sich hinaus zu etwas Weiterem, als er selbst ist, ins Werden. Sie drängt dazu, über das Bisherige und Vorgegebene hinauszugehen. Die Sehnsucht ist lebendig und beweglich. Sehnsucht zeigt sich im Gegensatz zur Süchtigkeit als nicht ausufernd, führt zu keiner Verfälschung innerer Gewissensinstanzen und zu keiner Deformierung der Persönlichkeit. Ohne Sehnsucht treten Ernüchterung, Stillstand, Langeweile, Vereinsamung und Sinnlosigkeit ins menschliche Leben.

Die Züricher Psychologin und Sehnsuchtsforscherin Alexandra Freund kommt nach langen Studien über die Sehnsucht zu folgendem Ergebnis: »Wir können sagen, dass dieses Gefühl mit der Sucht, wie sie in der klinischen Psychologie definiert wird, nichts zu tun hat.«[17] Die Erkenntnisse von Frau Freund und anderen psychologischen Sehnsuchtsforschern werde ich im Punkt »Psychologie der Sehnsucht« noch genauer beschreiben.

Der amerikanische Franziskaner und weltweit bekannte spirituelle Autor Richard Rohr arbeitete in seinem Buch »Zwölf Schritte der Heilung. Gesundheit und Spiritualität« interessante Verbindungen zwischen dem Zwölf-Schritte-Programm der Anonymen Alkoholiker[18] und der spirituellen Sehnsucht nach Ganzheit, Gesundung und Heilung heraus. Wie zuvor schon der amerikanische Psychiater und Theologe Gerald May in seinem Buch »Sehnsucht, Sucht und Gnade« Zusammenhänge zwischen Sucht und Sehnsucht fand, so bringt Richard Rohr dies auf folgenden Punkt: »Abhängigkeit ist eine spirituelle Krankheit, ein Leiden der Seele, eine Erkrankung, die aus einem sehnsüchtigen, frustrierten Begehren resultiert, und aus tiefer Unzufriedenheit – also genau aus den Gründen, die notwendig am Anfang jedes spirituellen Weges stehen.«[19] Natürlich gibt es noch andere Zusammenhänge zum Beispiel körperlicher, seelischer oder soziologischer Art bei der Entstehung von Abhängigkeiten. Die Anonymen Alkoholiker sind mit ihrem Zwölf-Schritte-Programm deshalb so erfolgreich, weil sie die »Abhängigkeit sowohl spirituell als auch als Krankheit behandeln und nicht als moralisches Scheitern oder eine Frage der reinen Willenskraft. … Das Zwölf-Schritte-Programm hat mit der Zeit gelernt, dass Abhängigkeit aus einem Mangel an innerem Erleben von Intimität mit uns selbst, mit Gott, mit dem Leben und mit dem Augenblick entsteht.«[20]

In Deutschland gibt es seit 2005 interessanterweise eine Stiftung, die sich den Namen »Stiftung Sehnsucht«[21] gibt und bundesweit Suchtprävention für Kinder und Jugendliche in Schule und Freizeit mit großem Erfolg voranbringt. Auch hier werden Zusammenhänge zwischen innerer Sehnsucht und Suche und falschen Antworten im Außen im Umgang mit Suchtmitteln (Alkohol-Komasaufen, Speed, Ecstasy, Zigaretten, Drogen usw.) und durch missbräuchliche Verhaltensweisen (Nutzung von Computer, Internet und Social Media sowie Ess- oder Shoppingverhalten) gesehen. Süchte füllen mit Sehnsuchtssurrogaten, also Ersatzstoffen, die innere Sehnsucht auf und ersticken daran. » ›Spiritus contra spiritum‹ – ›Geist gegen Weingeist‹, sagt der Tiefenpsychologe C. G. Jung. Nur die Offenheit für den Geist kann die Abhängigkeit überwinden.«[22]

Eine 54-jährige Controllerin (alleinstehend, evangelisch) formuliert über »Sehnsucht« und »Sucht« Folgendes:

> *Sehnsucht versteckt sich heute vor allem hinter der Sucht, den Be-Gier-den und den Bedürfnissen. In der Sucht oder einem übermäßigen Verlangen suchen wir eigentlich das, was wir in der Tiefe unseres Herzens ersehnen. In der Sucht möchten wir unsere Sehnsucht überspringen und uns direkt das Begehrte nehmen, das wir ersehnen. Dies können dann nur die Ersatz-Befriedigungen erfüllen. Hierfür anfällig sind besonders Menschen, welche in ihrer Kindheit die Abwesenheit von Geborgenheit erfahren mussten, ein Gefühl, das für Kinder existenziell ist, damit sie sich gesund und ihren Veranlagungen nach entwickeln können. Wem Mutterliebe fehlte oder wer kein Urvertrauen kennengelernt hat, der wird oft ein Leben lang von einer rastlosen Suche danach getrieben. Andere wollen das ›Paradies des Mutterschoßes‹ nicht verlassen. Sie weigern sich, die Verantwortung für ihr Leben zu übernehmen, wollen nicht erwachsen werden, wollen weiterhin verwöhnt werden und sich den Herausforderungen des Lebens nicht stellen. Die Sucht verlängert das Verwöhntwerden. Unsere tiefste Sehnsucht besteht darin, in Berührung mit uns selbst zu kommen, mit unserem Lebensweg und unserer Lebensaufgabe, mit der bedingungslosen Liebe, dem*

Angenommensein, der Barmherzigkeit und Güte, die wir bei Gott, unserem Schöpfer in UNS finden. Dieses ›Paradies‹ finden wir nicht in der Verfälschung durch unseren Egoismus, unserer Gier und unserer Sucht nach Anerkennung, Erfolg oder sonst was.

Die Wiederbelebung des Sehnens, das Finden von neuen Lebens- und Entfaltungsräumen im Innen und Außen und das Wieder- oder Neufinden eines inneren Erlebens von Intimität mit uns selbst, mit dem Leben, mit dem Augenblick, dem Sinn unseres Lebens und mit Gott – all das sind Erkenntnisse des letzten Abschnitts, die wir nun weiterführen wollen. Denn die Sehnsucht allein ändert das Leben noch nicht. Sie ist eine drängende Kraft zum Leben, zum eigentlichen Leben, ein Impuls zur Veränderung. »Um aus der Sehnsucht Taten folgen zu lassen, muss aus dem Sehnen ein Wünschen werden … (eine) Brücke zwischen einer mangelhaften Gegenwart und dem Ersehnten. Über diese Brücke zu gehen, erfordert oft Mut und andere Fähigkeiten.«[23]

4. Sehnsucht und Spiritualität in der deutschen Romantik

Sprich aus der Ferne
Heimliche Welt
Die sich so gerne
Zu mir gesellt.
CLEMENS BRENTANO

Die deutsche Romantik umfasst eine relativ kurze Zeitspanne von etwa 1795 bis 1830. Sie stellt eine Art Gegenbewegung zur Aufklärung mit ihrer einseitigen Betonung des Verstandes, des Nützlichkeitsdenkens, der Funktionalität und Rationalität und der Betonung von bürgerlichen Tugenden dar. Das Irrationale, die Phantasie, das intensive Gefühl, der Traum und die Tiefenbereiche der Seele stehen im Hauptinteresse dieser geistesgeschichtlichen Bewegung. Auch die Zeitumstände taten ein Übriges, um die romantische Geisteshaltung stark werden zu lassen. Es gab viele Anlässe, den Ruf nach Innerlichkeit, Liebe, Natur, Abenteuer, Freiheit, Sehnsucht und Ferne laut werden zu lassen: die Enttäuschung über den Verlauf der Französischen Revolution, die Restaurationsbewegung nach dem Wiener Kongress 1814/15, die imperialistische Expansionspolitik Napoleons, die Zerstückelung Deutschlands in Kleinstaaten, die sich von England ausbreitende industrielle Revolution mit der damit verbundenen Umweltzerstörung, das Anwachsen von Städten in Verbindung mit Landflucht, die Robotisierung der Menschen als billige Arbeitskräfte und vieles mehr.

Novalis forderte eine Romantisierung der Welt: Für ihn sollte die Welt aus mehr als aus »Zahlen und Figuren« bestehen. Joseph von Eichendorff suchte mit ihm und anderen romantischen Dichtern, Künstlern und Musikern nach dem Zauberwort, dem Zauberklang, der »Anderwelt«. Ich möchte hier einmal ganz bewusst drei höchst romantische Texte zitieren:

Novalis: Die Welt muss romantisiert werden (1799):

Die Welt muss romantisiert werden. So findet man den ursprünglichen Sinn wieder. Romantisieren ist nichts als eine qualitative Potenzierung. Das niedere Selbst wird mit einem bessern Selbst in dieser Operation identifiziert. So wie wir selbst eine solche qualitative Potenzenreihe sind. Diese Operation ist noch ganz unbekannt. Indem ich dem Gemeinen einen hohen Sinn, dem Gewöhnlichen ein geheimnisvolles Ansehn, dem Bekannten die Würde des Unbekannten, dem Endlichen einen unendlichen Schein gebe, so romantisiere ich es – Umgekehrt ist die Operation für das Höhere, Unbekannte, Mystische, Unendliche – dies wird durch diese Verknüpfung logarithmisiert – es bekommt einen geläufigen Ausdruck. Romantische Philosophie. Lingua romana. Wechselerhöhung und Erniedrigung.[24]

Novalis: Wenn nicht mehr Zahlen und Figuren (1800):

Wenn nicht mehr Zahlen und Figuren
Sind Schlüssel aller Kreaturen,
Wenn die, so singen oder küssen,
Mehr als die Tiefgelehrten wissen,
Wenn sich die Welt ins freie Leben,
Und in die Welt wird zurückbegeben,
Wenn dann sich wieder Licht und Schatten

Zu echter Klarheit werden gatten,
Und man in Märchen und Gedichten
Erkennt die ewigen Weltgeschichten,
Dann fliegt vor Einem geheimen Wort
Das ganze verkehrte Wesen fort.[25]

Joseph v. Eichendorff: Wünschelrute (1838):

Schläft ein Lied in allen Dingen,
Die da träumen fort und fort,
Und die Welt hebt an zu singen,
Triffst du nur das Zauberwort.[26]

Für mich zeichnen sich hier schon gewisse Parallelen zwischen dieser Zeit und dem Heute ab, da auch heute zunehmend die durch Planen, Denken, Vernunft, Globalisierung und Computerisierung bestimmte Lebenswirklichkeit Fluchtmöglichkeiten und Überlebenstechniken benötigt. Die zunehmende Wiederentdeckung der Innenwelt mit ihrer Phantasie, ihren Traumgebilden, Imaginationen und der Spiritualität stellen eindeutige Regulative gegen Krankmachendes dar. »Die inneren Welten der Tagträume und Fantasien sind (zugleich) unser wichtigster Rückzugsort, um zu uns zu kommen, uns zu erholen und den Anforderungen der Außenwelt wieder gewachsen zu sein.«[27] Die Sehnsucht und die Spiritualität, die ich in diesem Buch ja besonders betrachten werde, gehören hier ganz eindeutig und wichtig dazu. »Nur wenn die oberflächliche Scheinwelt schweigt und uns nicht mehr bedrängt und verwirrt, öffnet sich uns der Zugang zur tiefen, wirklichen Welt. Der Zugang hierzu ist dem Denken verwehrt. Nur das einfühlsame Herz ahnt etwas von der alles durchwaltenden, großartigen Jenseitigkeit.«[28]

Was sind denn die typischen Themen, Motive und Symbole der Romantik?
Typische Themen und Motive romantischer Dichtung (Musik und Malerei) sind Liebe und Sehnsucht, Fernweh und Wanderschaft, Naturbegeisterung, aber auch Trauer, Weltschmerz und Melancholie. Dem romantischen Wunsch nach Entgrenzung entspricht die häufige Darstellung des Traums, der Fantasie und des Wunderbaren, insbesondere in der magischen Sphäre der Nacht. Bedeutsam wurde in diesem Zusammenhang das vielschichtige Symbol der »blauen Blume« aus Novalis' Roman »Heinrich von Ofterdingen«. Die »Nachtseite« der Romantik hingegen zeigt sich in der dichterischen (musischen und malerischen) Gestaltung nihilistischer Tendenzen, seelischer Abgründe und des Geheimnisvollen und Dämonischen, was auch als ›Schauerromantik‹ kritisiert wurde. Außerdem finden sich viele poetologische, politische und auch religiöse Texte (bei Eichendorff und Brentano in christlich-katholischem Sinne).[29]

Und wieder haben wir einen aktuellen Bezug zu unserer Lebenswelt ... Ende 2012 fand im Städel-Museum in Frankfurt am Main eine stark besuchte Ausstellung von über 200 Werken der Malerei, Skulptur, Grafik, Fotografie und des Films zum Thema »Schwarze Romantik« statt. Dieser Begriff ist eine weitere Umschreibung der »Schauerromantik«. Auch ich konnte an einem freien Tag diese Ausstellung stundenlang auf mich wirken lassen. Man musste Karten vorbestellen, da die Ausstellung monatelang ausverkauft und sehr gut besucht war. In den Ausstellungsräumen war es teilweise still wie in einer Kirche, die Menschen flüsterten, waren berührt – ich auch. Das Unbewusste, das Verborgene, das in Traum- und Phantasiegesichtern nachts Erlebte wurde hier dargestellt, »das Freud als ›Wiederkehr des Verdrängten‹ zum Gegenstand seiner Forschungen machen sollte. Nach dem Ersten Weltkrieg erreichte das Romantische bei den Surrealisten eine neue ästhetische Dimension, in der Traum- und Rauscherlebnisse zur Quelle künstlerischen Schaffens wurden. Aus der Antriebskraft des Unbewussten entstanden fantastisch-beunruhigende Bildwelten, in denen das Imaginäre über das Realitätsprinzip triumphiert und so der Geist der ›schwarzen Romantik‹ weitergetragen wird.«[30]

Damals war ich richtig ergriffen von dem Gesehenen – und es wirkte lange in meiner Seele nach. Der Besuch der »Schwarzen Romantik« in Frankfurt gab mir dann den Anstoß, mich mit der Romantik grundsätzlich neu zu beschäftigen. Und dabei fand ich dann die Zusammenhänge, von denen ich hier schreibe: Typische Themen der Romantik sind Sehnsucht, Spiritualität und Religiosität. Vielleicht ist es wirklich so, dass sich bestimmte Zeit- und Geistesströmungen immer wieder neu in anderen und weiterentwickelten Gesichtern zeigen.

In der gebotenen Kürze will ich nun die romantischen Grundthemen und -motive darstellen, die sich in der Dichtung, der Malerei und der Musik wiederfinden:[31]

- Sehnsucht
- Nacht als wunderbarer, magischer Zeitraum, Mond
- Motiv des Traums/des Träumens
- Streben nach dem Unbekannten, Unendlichen, nach Entgrenzung
- Wunderbares, Phantastisches
- Konzentration auf die subjektive Innenwelt, die eigene Phantasie
- Intensität der Liebe als allumfassende, religiös überhöhte Macht
- Verbindung alles Getrennten
- Idealisierung der Musik

- Ablehnung des Strebens nach materiellen Werten
- Abwendung von der rational erfassbaren Außenwelt
- Ablehnung des einförmigen bürgerlichen Alltagslebens
- »romantisierende« Verwandlung des gewöhnlichen Lebens
- Erfahrung der Natur als Offenbarung Gottes
- Hinüberspüren in die Transzendenz, Spiritualität und Mystik
- Motiv des Wanderns
- Idealisierung des Märchens
- Verklärung der kindlichen Einfachheit.

Typische Themen[32] der romantischen Literatur sind:
- Liebe (zum Beispiel »Das zerbrochene Ringlein« von Joseph v. Eichendorff oder »Der Spinnerin Nachtlied« von Clemens Brentano)
- Sehnsucht und Fernweh (zum Beispiel »Sehnsucht« oder »Die zwei Gesellen« von Joseph v. Eichendorff)
- Natur (zum Beispiel »Abschied« oder »Mondnacht« von Joseph v. Eichendorff)
- das Erlebnis des Wunderbaren in Traum und Phantasie (zum Beispiel »Sprich aus der Ferne« oder »Hörst du wie die Brunnen rauschen« von Clemens Brentano)
- Märchen, Erzählungen und Romane (zum Beispiel »Der blonde Eckbert« von Ludwig Tieck, »Der goldene Topf. Ein Märchen aus der neuen Zeit« von E. T. A. Hoffmann, »Aus dem Leben eines Taugenichts« von Joseph v. Eichendorff, »Der Sandmann« von E. T. A. Hoffmann oder der romantische Roman schlechthin, »Heinrich von Ofterdingen« von Novalis).

Typische Themen und Motive[33] in der romantischen Malerei sind:
- Landschaftsmalerei und Darstellung der Natur als Spiegel des Ursprünglichen und auch der menschlichen Seele

(Flüsse, Haine, Felslandschaften, Höhlen, Gebirge, Wald, Meer, Klippen …)

- Motive von Schlössern, Burgen, gotischen Domen und Abteien
- Motive mittelalterlicher Geschichte
- Motive der Sagen- und Märchenwelt
- Motive aus der Antike und des Christentums
- Motive der Kloster- und Ritterwelt und der Mystik
- Motive der Unschuld (zum Beispiel Engel oder Kinder)
- Motive der Zwischenwelt (zum Beispiel Morgen- oder Abenddämmerung, Nebel oder Nacht)

Nazarenerstil

Hier sind vor allem Philipp Otto Runge, Joseph Anton Koch, William Turner, Carl Gustav Carus, Wilhelm Schadow und als wichtigster Vertreter Caspar David Friedrich zu nennen. Seine Bilder verkörpern »eine gesteigerte Empfindsamkeit gegenüber der Natur im Verbund mit der Überzeugung, die Natur entspreche der menschlichen Seele; eine Leidenschaft für das Zweideutige, Unbestimmte, das Obskure und das weit Entfernte (in Nebel gehüllte Dinge; ein fernes Feuer in der Dunkelheit, Berge in inniger Verschmelzung mit Wolken) … eine Vernarrtheit in den Tod; die Bevorzugung der Nacht gegenüber dem Tag (als Kontrapunkt zum Licht der Aufklärung und des Rationalismus); ein verschwommener, aber alles durchdringender Mystizismus; und eine melancholische, sentimentale Sehnsucht oder Nostalgie, die an Kitsch grenzen kann«.[34]

Die Rückmeldung eines 63-jährigen pensionierten Polizeihauptkommissars (verheiratet, katholisch) zeigt, dass sich romantisierende Sehnsuchtsspuren auch bei heutigen Menschen finden lassen:

Manchmal träume ich mich an einen anderen Ort oder in eine andere Zeit, um der Enge des begrenzten Alltags zu entkommen. Die Mystik, das Mittelalter, die Natur und vor allem das Ritterleben haben es mir hier besonders angetan. Die Sehnsucht ist fast so großartig wie die Liebe und gehört zum Leben wie der Glaube. Ohne Sehnsucht wäre das Leben ein ganzes Stück ärmer.

Zurück zu Caspar David Friedrich: Er sah das Malen als einen psychologischen Akt an: »›Schließe dein leibliches Auge, damit du mit dem geistigen Auge zuerst siehest dein Bild. Dann fördere zutage, was du im Dunkeln gesehen, dass es zurückwirke auf andere von außen nach innen‹ lautet seine wohl bekannteste Maxime, denn ›der Maler soll nicht bloß malen, was er vor sich sieht, sondern auch was er in sich sieht. Sieht er aber nichts in sich, so unterlasse er auch zu malen was er vor sich sieht.‹ Ein solcher ›Weg nach innen‹, zu dem schon Novalis als erstem Schritt vor dem ›Blick nach außen‹ aufgefordert hatte, war keineswegs Nabelschau oder philosophisch drapierter Eskapismus, sondern der ernste Versuch, dargestellte, genau beobachtete Natur zum Spiegel des Universums zu erheben und auf diese Weise Kunst zur Mittlerin zwischen äußerer Natur und menschlicher Geistigkeit werden zu lassen. Geistigkeit aber war die Fähigkeit, über die Grenzen der Natur hinauszudenken.«[35]

Die Querverbindungen zwischen Malerei und Dichtung sind in der Romantik vielfältig. Als herausragendes Beispiel hierfür ist C. D. Friedrichs Bild »Frau am Fenster« von 1822 zu erwähnen, in dem viele Parallelen zu von Eichendorffs Gedicht »Sehnsucht« zu finden sind. [36]

»In einem düsteren, kahlen, von strengen geometrischen Linien beherrschten Raum steht eine Frau in ruhiger, entspannter Haltung am Fenster, die der Betrachter aus der für Friedrich typischen Rückenperspektive wahrnimmt. Damit nimmt er die in mehrfacher Hinsicht entgrenzende Sichtweise der dargestellten ›Rückenfigur‹ ein: Die Frau sieht aus einem begrenzten Innenraum in die unendliche Weite der Natur und betrachtet dabei offenbar die frühlingshaften Bäume (Pappeln), welche wiederum am anderen Ufer eines Flusses, also ›jenseits‹ stehen. Über ihr öffnet sich die unermessliche

Weite des Himmels, sichtbar durch das symbolische Fensterkreuz. Auf dem Fluss als Lebensbahn symbolisiert ein Schiff das romantische Fernweh, die Sehnsucht nach Entgrenzung, sein senkrechter Mast weist jedoch ebenfalls auf den Himmel als Bereich des Göttlichen und damit auf das sehnsuchtsvoll erstrebte letzte Ziel der menschlichen Seele hin.«[37]

Auch in der Musik[38] gab es Querverbindungen zur romantischen Dichtung einerseits, andererseits entwickelte sie eigene davon unabhängige Werke, die dann wieder die Dichtung beeinflussten. E. T. A. Hoffmann zeichnete sich als Dreifachtalent in der Dichtkunst, der Musik und der Malerei aus. Er hatte mit seinen Musikrezensionen, in denen er Haydn, Mozart und Beethoven als »romantische Komponisten« deutete, »großen Einfluss auf die Rezeptionshaltung gegenüber der Musik und die Vorstellung von romantischer Musik überhaupt. Die erste romantische Oper schuf E. T. A. Hoffmann mit seinem heute weitgehend vergessenen Werk ›Undine‹ (nach der literarischen Vorlage Fouques), berühmt geworden ist vor allem Webers ›Freischütz‹.«[39]

Robert Schumann (1810–1856) komponierte Klavierphantasien nach E. T. A. Hoffmanns Vorlage »Kreisleriana«: eine Aufsatzsammlung, die zwischen 1810 und 1815 entstanden war. Franz Schubert (1797–1828) vertonte in seinen Liederzyklen »Die schöne Müllerin« oder der »Winterreise« Gedichte von Wilhelm Müller (1794–1827). Der Franzose Hector Berlioz (1803–1869) schuf romantische Orchestermusik wie die »Symphonie fantastique«, die mehr die dunkle Seite der Romantik repräsentiert. Das Werk rief bei seiner Uraufführung 1832 in Paris »sehr heftige und sehr gegensätzliche Reaktionen hervor, zu seinen Bewunderern gehörten Franz Liszt und später Robert Schumann, der über die ›Symphonie fantastique‹ eine umfangreiche Abhandlung publizierte.«[40]

Wesentliches Merkmal romantischer Musik »ist vor allem eine Differenzierung und Individualisierung der aus der Klassik übernommenen musikalischen Formen, verbunden mit einer immer weiter entwickelten Verfeinerung der Harmonik und des musikalischen Ausdrucks sowie einer Bereicherung der Instrumentation. Die musikgeschichtliche Epoche der Romantik wird allerdings zeitlich viel weiter gefasst als die literaturhistorische, da die musikalischen Ausdrucksformen im Wesentlichen bis zum Anfang des 20. Jahrhunderts beibehalten wurden. So erstreckt sich die musikalische Romantik von Beethoven über Schubert, Schumann, Mendelssohn, Berlioz, Chopin, Liszt, Brahms, Bruckner, Wagner bis zu den ›Spätromantikern‹ Mahler, R. Strauß, Pfitzner und Reger, dem ›Impressionisten‹ Debussy und bis zum Frühwerk Schönbergs, dessen System der Zwölftonmusik diesen Zeitraum erst eindeutig abschließt.«[41]

Richard Wagner etwa veränderte als Nachfolger der Romantiker »die Ausdrucksfähigkeit romantischer Musik und theoretischen und praktischen Grundlagen der Oper, indem er dramatische Handlungen als Gesamtkunstwerk gestaltete und dazu die Libretti, Musik und Regieanweisungen schrieb. … Seine Neuerungen in der Harmonik beeinflussten die Entwicklung der Musik bis in die Moderne.«[42] Bis heute schafft es seine von der Romantik beeinflusste Musik, Scharen von Besuchern alljährlich nach Bayreuth zu locken, wo sein Opernhaus steht. Wagner lebte als Komponist die Ideen und Impulse der Romantik und entwickelte diese weiter: »Gefühl, Leidenschaft und Individualität, aber auch die Suche nach der Identität einer frisch erfundenen sozialen Gemeinschaft namens ›Nation‹. Dazu das stets Sehnsuchtsvolle, Dunkle und Mystische, der Wunsch nach Erreichung des Absoluten, und vor allem der nach der Verschmelzung aller Sinneseindrücke. ›Gesamtkunstwerke‹ sollten sie sein, seine

Musikdramen, mit ihren Motiven und Orten aus dem Fundus der Romantiker: wilde Schluchten, Naturlandschaften, Höhlen; Geheimnisse und Mythen der Sagen- und Märchenwelt. Wagners Utopismus, die Sakralisierung seiner Kunst – all das hat dazu geführt, dass er vielen als Gipfelpunkt und Vollendung dieser Kulturepoche erscheinen muss.«[43]

Die Romantik loderte um 1900 in der sogenannten »Neuromantik« ein weiteres Mal auf, wo sich erneut »die Begeisterung für das Nichtalltägliche, Geheimnisvolle, Wunderbare, für Märchen und Träume, das Interesse an Legenden und an historischen Stoffen insbesondere des Mittelalters sowie eine neue Gefühlsorientierung und ein neuer Schönheitskult feststellen (lässt). Die Werke vieler romantischer Dichter wurden in dieser Zeit neu herausgegeben bzw. in Anthologien neu zusammengestellt.«[44]

Dichter wie Stefan George, Rainer Maria Rilke und Hugo von Hofmannsthal zeigen solche neuromantischen Züge in ihren Werken. Der Einfluss der Romantik zieht sich bis in die Jetztzeit, wo zum Beispiel Patrick Süskind in seinem Welterfolg »Das Parfum« für diese Epoche typische Themen aufgreift: Flucht aus der Alltagswelt, Erschaffen eines Phantasiereichs im eigenen Inneren, Entgrenzung ins »Unermessliche«, Naturbegeisterung (Duft der Blumen), Steigerung der Phantasie in der »Bläue der Nacht« oder sogar die Verwendung von Eichendorffzitaten.[45]

Der Ausflug in die deutsche Romantik war wichtig, um die Spuren der Sehnsucht mit all den Nebenaspekten, wie der Wiedervereinigung mit der Natur, Fernweh, romantische Liebe, dem Ursprünglichen, dem Geheimnisvollen und auch der religiös-spirituellen Suche des heutigen Menschen zu verstehen. Rüdiger Safranski beschreibt in seinem sehr lesenswerten Buch »Romantik. Eine deutsche Affäre«[46] diese Zeitepoche so lebendig und mitreißend, als ob die Romantik in der Jetztzeit genauso stattfinden könnte wie sie zu ihrer Zeit stattfand – natürlich in verändertem Gewand. Wache Menschen erkennen, dass Hauptthemen der Romantik, wie Sehnsucht und die Suche nach Spiritualität, in den letzten Jahren Konjunktur bekommen haben. Der Theologe und Journalist Stephan Kulle schreibt zum Beispiel: »Mir ist aufgefallen, dass in den letzten Jahren das Wort ›Sehnsucht‹ in der Presse sehr viel öfter aufgetaucht ist als in den Jahren zuvor. Sicher nicht ohne Grund.«[47] Dem kann ich nur beipflichten.

Im Jahr 2004 initiierten der Deutsche Sprachrat und das Goethe-Institut einen internationalen Wettbewerb, um das »schönste deutsche Wort«[48] herauszubekommen. 22 838 Wörter mit Begründungen aus 111 Ländern wurden eingesandt. Als schönstes deutsches Wort belegte »Habseligkeiten« Platz 1, »Geborgenheit« Platz 2 und »lieben« Platz 3. Das Wort »Sehnsucht« lag im Inland bei den meistgenannten Wörtern auf Platz 3 nach »Liebe« (Platz 1) und »Gemütlichkeit« (Platz 2). Von den meistgenannten Wörtern bei den ausländischen Rückmeldungen landete »Sehnsucht« in Italien auf dem 5. Platz und in Frankreich auf Platz 11.

Eine Außensicht, nämlich die des Niederländers Michel van de Waart[49] (Verlagslektor für Niederländische Prosa und Sachbuch) bringt eine für mich sehr bedenkenswerte Meinung ins Wort. Er stellt sich die Frage, ob »Sehnsucht« ein typisch deutsches Wort ist und findet folgende Antworten:
»Sehnsucht is a German word that literally means ›longing‹ or in a wider sense a kind of ›intensely missing‹. However, Sehnsucht is almost impossible to translate adequately and describes a deep emotional state.« (Sehnsucht ist nicht wirk-

lich in eine andere Sprache zu übersetzen und beschreibt einen tiefen emotionalen Zustand.)
»Sehnsucht is one of those quasi-mystical terms in German for which there is no satisfactory term in another language.« (Sehnsucht ist einer dieser quasi-mystischen deutschen Begriffe, für die es keine befriedigende Entsprechung in anderen Sprachen gibt.)

In der Tat gibt es eine große Anzahl an deutschen Wörtern, die in andere Sprachen unübersetzbar sind[50], ohne die eigentliche und tiefere Bedeutung zu verlieren. Aus der Fülle dieser Worte möchte ich hier zum Beispiel neben der »Sehnsucht«, »Angst«, »Autobahn«, »Kindergarten«, »Blitzkrieg«, »Heiligenschein«, »Dasein« oder »Ohrwurm« nennen.

Michel van de Waart schreibt dann weiter: »Ich habe ein Interview mit Rüdiger Safranski gelesen, in dem er ausführte, dass die Romantik gerade in Deutschland einen solchen rasanten Aufschwung nahm, weil das Land keine Seefahrernation war. Während andere Länder in West- und Südeuropa in See stachen, um auf Entdeckungsreisen zu gehen, suchten die Deutschen den neuen Horizont in sich selbst. Sie gingen nicht nach außen, sondern nach innen, nicht in die Breite, sondern in die Tiefe.«[51]

Da ist wirklich etwas dran. Ich möchte die Spuren dieser deutschen Sehnsuchtstradition in unserer heutigen Zeit genauer ansehen.

5. Spuren der Sehnsucht in heutiger Zeit

> *»Meine Augen sind auf, doch ich sehe nicht raus. Ich schaue hinein, will verinnerlicht sein. Schalt das Innerlicht ein, was wird da wohl sein«*
> SCHILLER FEATURING XAVIER NAIDOO
> (Album »Sehnsucht« von 2008)

Wer heute Zeitschriften, Life-Style-Magazine und Fachmagazine jeglicher Art aufschlägt, findet überall Hinweise auf »Sehnsucht«. Seit einigen Jahren taucht der Begriff »Spiritualität« auch immer häufiger auf. Sehnsuchtsländer werden beworben, Phantasien angeregt, Träume wachgerufen und spirituelles Leben fachlich dargestellt oder mit To-do-Anleitungen ins Alltagsleben hereingeholt.

»Kennen Sie das, wenn das Gewohnte nur noch Routine ist, weil man nur besucht, was man kennt? Dabei ist unser Land voll von neuen, der großen Mehrheit unbekannten Zielen. Stattdessen stets dasselbe Programm, immer dasselbe Hotel, derselbe Urlaubstrott. Die SEHNSUCHT DEUTSCHLAND-Redaktion sagt: Schluss mit dem Trott und der Langeweile, runter vom Sofa und raus ins Land – mit unseren besten Empfehlungen für den Rest des Jahres.«[52] Mit diesen Sätzen wirbt das Internetportal »Sehnsucht Deutschland« für sein Angebot. Es ist interessant, dass auch andere Medien wie »Sehnsucht TV« die Sehnsucht als Vermarktungsaufhänger gebrauchen: Dabei wird die Sehnsucht nach Ferne mit der Sehnsucht nach Nähe gepaart. Und im »Sehnsucht Shop« kann man dann gleich dies und jenes bestellen, um die Sehnsucht zu stillen.

Die Werbung greift die verschiedensten Sehnsuchtsmotive vielfach auf. Familie Strahlemann etwa – Sie haben richtig gelesen – will Sehnsüchte nach einem Land, wo das Wetter stets sonnig und familienfreundlich ist, wecken. Es ist nicht von Italien die Rede, sondern von Rheinland-Pfalz in Deutschland.

»Sehnsüchte materialisieren sich in vielerlei Gestalten – als Träume, in literarischen Stoffen, in der Kunst, in Filmen und Theaterstücken. Und natürlich und ganz wesentlich – auch im Reisen. In jeder Reise steckt die Sehnsucht nach dem anderen, nicht gelebten Leben, der Wunsch, dass aus Möglichkeiten Wirklichkeit wird.«[53] Je komplexer die Welt wird, desto größer wird die Sehnsucht nach Übersichtlichkeit, nach Verlässlichkeit und heiler Welt.

Ein Sportcoupé weckt die Sehnsucht nach Luxus, Freiheit und Weite. Der Mann von der Bier-Werbung, der sich so lässig in eine Sanddüne fallen lässt, weckt die Sehnsucht nach Auszeit und Einmal-endlich-anders-sein-dürfen. Die Sehnsucht nach dem »Second Life«, nach einem zweiten Leben, nach einem anderen Leben wird nicht nur in den Zeitschriften, im Film und in der Musik beschworen, sondern vor allem in den vielfältigen Internetforen und Social Networks bedient, wo man in einer anderen Rolle und unter anderem Namen seine Träume und Phantasien ausleben kann. Sinnvoll oder nicht, das sei dahingestellt …

Ein renommiertes Magazin wie »Spiegel Special« greift die Grundsehnsucht nach Zugehörigkeit und Familie in dem Heft »Sehnsucht nach Familie. Die Neuerfindung der Tradition« (4/2007) auf.

Die Fachzeitschrift »Psychologie Heute« macht Bereiche der Sehnsucht und der Spiritualität zum Thema – eine Auswahl:

- 6/1999: Titelthema »Spiritualität. Wie Sie den richtigen Weg finden«
- 6/2001: Titelthema »Sinnvoll leben: Geht das ohne Gott? Das Comeback der Religion«
- 2/2005: »Die Sehnsucht nach der absoluten Liebe«
- 2008: »Glaubenssachen: Religion, Spiritualität, Esoterik«
- 6/2009: »Ach, die Sehnsucht!«
- 6/2010: »Seelenfrieden. Wie Sie das Wissen der Religionen nutzen können«

Der »Focus« behandelt schon 1996 folgende mit dem Thema »Sehnsucht« verwandte Frage als Titelthema: »Macht Esoterik glücklich?«. »Bewusster leben. Neu denken und handeln« hat im März/April 2013 den Haupttitel »Folge deiner Sehnsucht! Wie Sie auf die Stimme Ihres Herzens hören und über Ihre verborgenen Träume und Wünsche zum Wesentlichen finden«. Die neue Zeitschrift »Abenteuer Philosophie – Die Kunst zu leben« nimmt unter dem Hauptthema »Woran glauben wir noch?« (Januar – März 2014) folgende Teilthemen in den philosophischen Fokus: »Woran glauben wir wirklich?«, »Ist Gott beweisbar?«, »Woran glaubt ein Atheist?« und »Die spirituellen Wurzeln der Philosophie«.

»Sehnsucht« und »Spiritualität« sind in unsere Gesellschaft zurückgekehrt und wieder sehr aktuell. Wir sehnen uns nach Sicherheit, Angenommensein, Gemeinschaft, (Selbst-)Bestätigung, Unsterblichkeit, Reinheit, Romantik, Heimat und Abenteuer.
Diese Sehnsüchte werden gezielt geschürt und nicht selten auch ausgenutzt. Facebook, dessen Grundidee das Pflegen von Freundschaften war, hat sich zu einer Medienkrake entwickelt, die Milliarden von Dollars mit unseren persönlichen Daten verdient. Die Sehnsucht nach Freundschaft, Partnerschaft und sozialer Teilhabe in einer immer mehr vereinsa-

menden Solisten- und Singlegesellschaft ist zu einem riesigen Geschäftsmodell geworden und entpuppt sich nicht selten als miese Abzocke.[54]

Im Folgenden möchte ich ältere und neuere Beispiele der Umsetzung von Sehnsucht in Musik, Film und Dichtung benennen, die zeigen sollen, dass auch heute dieses Gefühl lebendig und kreativ umgesetzt wird und manchmal auch in eine Transzendenz verweist, deren Mitte Gott, die Religion und die Spiritualität sind. Dabei will ich mich bewusst auf den deutschsprachigen Raum beschränken und kann hier auch nur eine kleine Auswahl treffen.

Sehnsucht in der Musik

»Über den Wolken muss die Freiheit wohl grenzenlos sein«
REINHARD MEY

Der Vers aus dem Capri-Fischer-Lied »Wenn bei Capri die rote Sonne im Meer versinkt …« brachte die Deutschen in den 1940er- und 1950er-Jahren zum Träumen. Man träumte von Italien, dem Sehnsuchtsland der Deutschen schlechthin. Nach Krieg, Zusammenbruch und Aufbauarbeit sehnten sich die Deutschen nicht nur nach Wohlstand, sondern auch nach fernen Ländern. Frühere Bundeskanzler, wie Helmut Kohl oder Gerhard Schröder, zählen dieses Lied zu ihrer Lieblingsmusik.[55] Viele kennen noch das Lied »La Paloma«[56], das bewusst die Sehnsucht nach der Ferne anrühren will. Bereits 1944 wurde es in einer Version von Hans Albers zum Hit und 1961 brachte es Freddy Quinn, der als die männliche Sehnsuchtsstimme im Schlagerbusiness galt, bis zur Nummer 1 in der Hitparade. Mireille Mathieu führte es mit einer etwas anderen Version »La Paloma Adieu« 1973 wiederum auf den ersten Platz der Charts. Roy Black, Roberto Blanco, Heino, Nana Mouskouri, ja sogar René Kollo und viele andere bekannte Künstler sangen herzanrührend verschiedene Textversionen. Hans Albers (1891–1960) – ich habe ihn, obwohl ich das Lied schon sehr lange nicht mehr gehört habe, immer noch im Ohr – schmachtet:

> ... Mein Herz geht an Bord,
> und fort muss die Reise gehen.
> Dein Schmerz wird vergehn,
> und schön wird das Wiedersehn.
> Mich trägt die Sehnsucht fort
> in die blaue Ferne.
> Unter mir das Meer,
> und über mir Nacht und Stern.
> Vor mir die Welt,
> so treibt mich der Wind des Lebens ...[57]

Freddy Quinn[58] beschwor die Sehnsucht mit Liedern wie »Heimweh«, »Die Gitarre und das Meer«, »Unter fremden Sternen« und vor allem »Junge komm bald wieder«. Zwischen 1956 und 1966 hatte er zehn Nummer-1-Hits in den bundesdeutschen Charts. Er wurde damit zum ersten deutschen Schallplattenmillionär: Das hat er nicht nur seiner Stimme, sondern auch den für Sehnsucht empfänglichen Menschen zu verdanken. Sehnsucht hat sich schon immer sehr gut verkauft. Die Sehnsucht nach der Ferne, nach dem Ursprünglichen, nach Abenteuer und Urlaub besonders:

> *Die Zahlen sprechen eine deutliche Sprache. Die Touristikbranche gehört weltweit zu den wachsenden Wirtschaftszweigen. Etwa 800 Millionen Menschen sind pro Jahr auf Urlaubsreisen unterwegs und über 100*

Millionen finden weltweit Lohn und Brot in der Tourismusindustrie. Rund 25 bis 30 Prozent des Welthandels entfallen auf grenzüberschreitende Reisen. … Eine Analyse der letzten Jahre zeigt, dass trotz wirtschaftlicher Engpässe und gestiegener finanzieller Belastungen für die Familien die Urlaubsreisedauer zwar abnimmt, das Reisevolumen und die Urlaubsausgaben aber weiter wachsen. Am Urlaub sparen die Deutschen (nach den Ausgaben für Nahrungsmittel) am wenigsten. Der Trend geht dahin, dass die meisten Deutschen kürzer, aber häufiger als früher Urlaub machen. … Kaum ein Wort der deutschen Sprache löst mehr Sehnsüchte aus als die Verbindung der Begriffe Traum-Urlaub-Reise, so der Tourismusforscher Horst Opaschowski. … »Das Glück liegt immer anderswo.« In der Tat ist uns beides vertraut: die Reiselust und der Heimatwunsch, die Sehnsucht nach Weite und die nach Nähe. Zwischen diesen beiden Polen leben wir.[59]

Bis heute kann man die »Stimme der Sehnsucht« schlechthin in Internetstores als mp3-Dateien herunterladen und ich muss gestehen, wenn ich sie höre, dann werde auch ich innerlich ergriffen. Alexandra (1942–1969) brachte Mitte der 1960er-Jahre mit Liedern wie »Mein Freund, der Baum«, »Zigeunerjunge« und »Sehnsucht« das Gefühl der Deutschen in schwingende Bewegung in Richtung Natur und »Das Fremde«. Nicht zuletzt durch ihren so frühen Tod bei einem Verkehrsunfall wurde Alexandra zu einer Legende.

Ihre tiefe rauchige Stimme wird Generationen im Gedächtnis bleiben. Ich möchte auch hier einen Teil des Textes aus dem Lied »Sehnsucht« wiedergeben:

Sehnsucht heißt ein altes Lied der Taiga,
das schon damals meine Mutter sang.
Sehnsucht lag im Spiel der Balaleika,
wenn sie abends vor dem Haus erklang.

Und heut' bleiben davon nur noch kurze Träume,
die in langen Nächten oft vor mir entsteh'n
und tausend Ängste, dass ich es versäume
die geliebte Taiga noch einmal zu seh'n. ...[60]

Sehr gerne rümpft der moderne Mensch die Nase, wenn er nur »Deutscher Schlager« hört. Zu der damaligen Zeit bis in die 1980er-Jahre war dieses Metier aber ein Forum der Träume, Phantasien und nicht zuletzt der Sehnsucht. Ich stimme mit der Meinung eines Internetautors (Detlef Flister) überein, wenn er schreibt:

Genau das war es, was ich am deutschen Schlager immer wieder geliebt habe: Der Appell an die Menschen, DIE FÄHIGKEIT DES TRÄUMENS WIEDER ZU AKTIVIEREN UND ZUZULASSEN, die in unserer Gesellschaft recht selten geworden ist. Der deutsche Schlager hat es geschafft, mir das Leben zumindest eine Zeit lang zu erleichtern, und hat durch seine einfachen Melodien und reduzierten Texte meine Sehnsucht und Träume wieder aktiviert und möglich gemacht. Gerade das Aktivieren von Träumen und Sehnsüchten im Unterbewusstsein ist es, was für mich den Reiz dieser Musik ausmacht
Wenn ein Freddy Quinn mit sehnsuchtsvoller Stimme von der Seefahrt singt, sehe ich mich auf den Meeren spazieren fahren und in ferne Länder segeln, die ich in der Wirklichkeit nie sehen werde. Ich sehe rings um mich nur Meer und Himmel, und ein Glücksgefühl

steigt in mir auf, das ich nicht beschreiben kann. Das Rauschen der See und der blaue Himmel schaffen in mir eine wohltuende Ruhe, die ich immer gesucht und so nie gefunden habe. Das Atmen der frischen Luft fern von der lärmenden Zivilisation entspannt meine bis aufs Äußerste gestressten Nerven wohltuend. Dieses Gefühl kann ich nicht mit anspruchsvollen Chansons oder Klassikkonzerten aktivieren, sondern eben nur mit der Einfachheit und der gesamten Unvollkommenheit des deutschen Schlagers, der meine Phantasie in diese Richtung lenkt.

Ich gebe gerne zu, dass der deutsche Schlager nicht anspruchsvoll ist und oft ein Geschäft mit dem ist, was man primitive Instinkte nennt. Ich habe aber mein Problem damit, wenn meine Mitmenschen mich auslachen, wenn ich mich ab und zu einmal gern auf diese ›primitiven‹ Instinkte einlasse, deren Aktivierung mir absolut gut tut. Ich kann es nicht verurteilenswert finden, seine Sehnsüchte und Träume über den deutschen Schlager zu leben und zumindest eine Zeit lang einmal nicht anspruchsvoll und rational zu sein. Davon abgesehen, dass ich jene Instinkte, an die der deutsche Schlager appelliert, nicht primitiv, sondern ganz normal finde. Ich bin der Meinung, dass Sehnsucht nach Liebe und vielleicht sogar nach der Ferne jeder in sich trägt. Um Missverständnisse auszuschließen: Ich liebe es auch, Mozart zu hören oder mich der Poesie anspruchsvoller Chansons hinzugeben.[61]

Mein Sehnsuchtslied schlechthin ist »Charmaine« von Mantovani. Wenn ich es höre, bin ich innerlich ganz schnell ein kleiner Junge von vier oder fünf Jahren und befinde mich spielend in der Küche meines Elternhauses. Meine Mutter bügelt am Küchentisch, aus dem Radio läuft dieses Lied und später spricht eine tiefe Männerstimme irgendetwas. Mein Grundgefühl ist Geborgenheit, Friede, Behütetsein. Es ist kein Rückfall in dieses Gefühl, sondern eher eine Wiederbelebung, die mir innere Ruhe und Zufriedenheit schenkt.

Ein regionaler Komponist und Musiker, Udo Langer aus Burgkunstadt, bringt diese Sehnsucht nach der heilen Kindheit in Verbindung mit dem Sein in der Natur in seinem Lied »Erzähl mir vom Sommer …«, das ich hier im Anschluss zitieren möchte. Die eingängige Melodie kann man probeweise auf www.klangfeder.de anhören. Dort ist auch zu lesen: »›Komm mit in Deine Phantasie‹ ist Langer's Botschaft an sein Publikum. Sich inspirieren lassen, Träume leben und sich dabei selbst entdecken. Langer hat in seinen Werken eine zentrale Botschaft: ›Liebe!‹«

Erzähl mir vom Sommer …

Ich sitz im trockenen Gras und lausch dem Grillenchor,
warmer Wind streichelt zärtlich mein Gesicht.
Ich schalt mein Handy aus und werde wach,
mein Herz paart sich taktlos mit Sonnenlicht.
Ich spür, dass ich die Welt verliebt umarmen kann,
es ist als ob das Damals neu anbricht.

Erzähl mir vom Sommer,
vom Duft des Heus, vom Glücklichsein,
vom Leuchten einer Blumenwiese,
von Sonnenglut.

Wattewolken stehn am Himmel,
geh nie mehr von hier fort.

Bleib raschelnd liegen,
schick mir das Gefühl,
angekommen – jetzt werd ich ganz still.

Es ist wie damals als wir träumend tanzten,
mit Schmetterlingen, durch das hohe Gras.
Bienen brummten aufgeregt in süßem Duft.
Wir lauschten, lachten, tobten hatten Spaß.
Weich weht vertraute Kindheitssehnsuchtsluft,
ein süßer Tau macht meine Lippen nass.

Erzähl mir vom Sommer,
von Kindheit und vom Glücklichsein,
vom Leuchten einer Blumenwiese,
von Sonnenglut.

Wattewolken stehn am Himmel,
geh nie mehr von hier fort.
Bleib raschelnd liegen,
schick mir das Gefühl,
angekommen – jetzt werd ich ganz still.[62]

Jeder hat im Laufe seines Lebens das eine oder andere Sehnsuchtslied gefunden, das ihn wegträumen lässt, um beim Geliebten, einem fernen Land, in einer friedvollen Landschaft oder in der vielleicht verloren gegangenen Heimat abzutauchen. Nach dieser inneren Erfrischung in gute Schwingung gebracht, kann man dann wieder gestärkt aus Seelentiefen auftauchen, um das Leben bestehen zu können. Wichtig ist, dass man solche Lieder kennt und sie sich auch zu gegebener Zeit immer wieder als Trost und als Stärkung im Anhören selbst schenkt. Das Repertoire ist sehr weit gefächert und für jeden individuell verschieden. Es geht von Klassik (Schubert und Schumann über Teile von Wagner oder Humperdincks

»Abendsegen«), über Schlager, Volksmusik bis hin zu Chansons.

Der evangelische Pfarrer, Musiker und Buchautor Andy Lang (www.andy-lang.de) aus Gefrees in der Nähe von Bayreuth ermutigt in seinen songpoetischen Liedern und Texten, die er auf der Harfe oder der Gitarre begleitet, dazu, Kontakt zu den inneren Sehnsüchten unserer Seele aufzunehmen und Spiritualität, die jedem Menschen innewohnt, neu und ganzheitlich zu erfahren. Dabei spielt die keltische und christliche Spiritualität eine große Rolle. So bietet er neben seinen vielbesuchten Konzerten auch spezielle Pilgerreisen nach Irland unter dem Thema »An die Quellen der Sehnsucht« an. Dabei verbindet er Naturerfahrung, keltische Spiritualität und Musik, neues Gemeinschaftserlebnis und konkrete Umsetzung des Erlebten im Alltag. Auf www.irland-pilgern.de heißt es: »Echtheit, Ganzheit und Zufriedenheit – nach diesen Werten sehnen wir uns. In unserem Alltag scheinen sie aufgerieben zu werden – und wir mit ihnen. Keltische Spiritualität ist die Kunst, den Atem des Schöpfers auch in den Winkeln des Alltags zu finden und sich davon inspirieren zu lassen. Auf unserer Reise in den irischen Westen wollen wir eine Ahnung davon bekommen, welche Einstellungen, Haltungen und Übungen uns helfen können, mit Freude und Gelassenheit zu leben. Dabei werden einflussreiche Helfer sein:

- die Größe und Schönheit der irischen Natur
- der gegenseitige Austausch, der uns hilft, unsere Erfahrungen untereinander zu teilen
- die keltische Welt der Klänge, die uns mit ihrer schlichten Schönheit berühren und verwandeln will
- tägliche kleine Übungen, die diese Spiritualität im Alltag erden und konkret werden lassen.«

Alle möglichen Stilrichtungen heutiger Musik greifen immer wieder die Sehnsucht in ihren verschiedensten Variationen auf. »Über den Wolken muss die Freiheit wohl grenzenlos sein …«, dieses Lied von Reinhard Mey lässt seit vielen Jahren unzählige Menschen innere Sehnsuchtsreisen machen.

Für viele sicherlich erstaunlich ist, dass die sogenannte Gothic-Bewegung, die von den dunklen Seiten des Lebens und der Sehnsucht besonders fasziniert ist, viele dunkle Sehnsuchtslieder hat: »Der langsame und schleppende Klang der Musik wirkt wehmütig und düster. Die Texte sind sehr melancholisch und handeln von Tod, Schmerz, Liebe, Gewalt, Verlust und Lebenstragödien. Es ist eine Gegenbewegung zur tanzfreudigen und bunten Discomusik und zur protestierenden Punk-Bewegung. Gruppen wie ›Das Ich‹, ›Deine Lakaien‹ und ›Goethes Erben‹ haben sogar den Sprung in die Verkaufscharts geschafft.
Ganz andere Sounds liefert die Band ›Rammstein‹, die in der Szene der ›neuen deutschen Härte‹ anzusiedeln ist. Dabei vereint der Musikstil verschiedene Genres wie etwa Hard Rock, Industrial, Metal und Gothic. In ihren Texten behandeln sie häufig Tabuthemen, indem sie auch Grenzen überschreiten. Bisweilen ist die Sprache aber auch poetisch bis tiefgründig.«[63]

Sie können sich hier selbst davon überzeugen:

lass mich deine tränen reiten
übers kinn nach afrika
wieder in den schoss der löwin
wo ich einst zu hause war
zwischen deinen langen beinen
such den schnee von letzten jahr
doch es ist kein schnee mehr da

lass mich deine tränen reiten
über wolken ohne glück
der große vogel schiebt den kopf
sanft in sein versteck zurück
zwischen deinen langen beinen
such den sand vom letzten jahr
doch es ist kein sand mehr da

sehnsucht versteckt
sich wie ein insekt
im schlaf merkst du nicht
das es dich sticht
glücklich werd ich nirgendwo
der finger rutscht nach mexiko
doch er versinkt im ozean
sehnsucht ist so grausam[64]

Weiterhin sind Gruppen wie »Lacrimosa« mit Songs wie »Tränen der Sehnsucht« und »Die Sehnsucht in mir«, die »Toten Hosen« mit einer Art Liebeslied »Ich bin die Sehnsucht in dir«, »Purple Schulz« und die »Neue Heimat« mit »Sehnsucht« oder »Schiller featuring Xavier Naidoo« mit »Sehnsucht« zu nennen. Letztgenanntes Lied rührt an der Sehnsucht nach der Sehnsucht.
Hier möchte ich ein paar Zeilen des Textes zitieren, da sie auf die Kraft des Inneren (»Innerlicht«) abzielen, um die es mir im Laufe des Buches besonders gehen wird.

Meine Augen sind auf, doch ich sehe nicht raus.
Ich schaue hinein, will verinnerlicht sein.
Schalt das Innerlicht ein, was wird da wohl sein?
Was drang in mich ein? ...

Die Sehnsucht, die Sehnsucht.
Bin wie ein Blinder, der das Sehen sucht,
weil er sich nicht irgendwen sucht.
Wir sehen uns. ...

Manche fragen wie die Zeit vergeht,
wie die Zeit vergeht, wie die Zeit vergeht.
Ich frag mich, wie die Zeit entsteht,
wie die Zeit entsteht, wie die Zeit entsteht.
In der ich ausgesprochen lang mit einer
ausgeprägten Sehnsucht leb.
Die kommt und geht, kommt und geht. ...

Mir fehlt die Sehnsucht,
ich vermisse die Sehnsucht.
Bin wie ein Blinder, der das Sehen sucht,
weil er sich nicht irgendwen sucht.
Wir sehen uns. ...[65]

»Wir sehen uns ...« – diese letzten Worte des zitierten Songs möchte ich als Brücke zu einem weiteren Bereich schlagen, der sich multimedial an die Sehnsuchtssinne des Menschen wendet, den Bereich des Cinemas, des Movies, des Films.

Sehnsucht im Film

»Sehnsucht – unendlich und gleichzeitig Ausdruck, Entsprechung der Endlichkeit.«
VALESKA GRISEBACH (REGISSEURIN)

Die mittlerweile 89-jährige Bestsellerautorin Rosamunde Pilcher, die mit 87 Jahren zu schreiben aufhörte, gilt als die Autorin einer »heilen Welt«. In ihren Büchern und dann vor allem in den 71 Verfilmungen »spielen Liebe, Leid und Freundschaft eine tragende Rolle. Die Gefühle der Charaktere und Landschaften Englands oder Schottlands werden ausgiebig beschrieben, hinzu kommen – meist stark romantisierte – Beschreibungen von Einrichtungen, Häusern oder Orten. … Das ZDF hat viele ihrer Romane verfilmt. Die Filme zählen zu den beliebtesten ZDF-Sendungen. Viele Leute, die Großbritannien nur aus den Pilcher-Romanen und -Verfilmungen kannten und das Land nie vorher besucht hatten, bescherten Großbritannien (und besonders Cornwall) nach der Ausstrahlung der ersten ZDF-Produktionen einen wahren Besucheransturm … Für diese Verdienste um den Tourismus nach Großbritannien sind Rosamunde Pilcher und ZDF-Hauptredaktionsleiter Claus Beling im Jahr 2002 mit dem British Tourism Award ausgezeichnet worden.«[66]

Titel und Filme, wie »Wolken am Horizont«, »Das Haus an der Küste«, »Heimkehr 1 + 2«, »Rückkehr ins Paradies«, »Magie der Liebe«, »Küste der Träume«, »Über den Wolken« und »Land der Sehnsucht«, um nur einige zu nennen, bedienen mit Zielsicherheit schlummernde Gefühle der Sehnsucht für ein Millionenpublikum.

Obwohl ich mich auf den deutschsprachigen Bereich beschränke, möchte ich hier eine Ausnahme machen. Woody Allens Film »Midnight in Paris«[67] aus dem Jahr 2011 bringt auf geniale Weise die menschliche Sehnsucht, in einer anderen Zeit sein zu wollen, ins Thema. Der erfolgreiche Hollywood-Drehbuchautor Gil Pender begibt sich auf mysteriösen Nachtfahrten in der Sehnsuchtsstadt Paris in andere Zeiten, wo ihm große (eigentlich verstorbene) Persönlichkeiten begegnen, die mit ihm dann in lebendigen Austausch treten. Schriftsteller, Künstler, Berühmtheiten, wie etwa Francis Scott Fitzgerald, Ernest Hemingway, Josephine Baker, Salvador Dalí, Luis Bunuel, Pablo Picasso, Henri de Toulouse-Lautrec oder Paul Gauguin geben Gil zu verstehen, dass auch sie sich nach vergangenen Zeiten sehnen. Dies hilft ihm, seine Gegenwart zu akzeptieren, was dann zur Folge hat, dass sich nicht nur einiges in seinem Leben positiv ändert, sondern er auch richtige Liebe wagt. Auf unterhaltsame und ästhetisch schöne Weise zeigt Woody Allen mit diesem Film, dass es zwar schön ist, sehnsuchtsvoll zu träumen, dass es aber viel wichtiger ist, das konkrete Leben zu leben. Beides gehört zusammen und inspiriert sich gegenseitig.

Die junge deutsche Regisseurin Valeska Grisebach macht Sehnsucht in neuerer Zeit mit Hilfe des Mediums Film zum Thema. Sie schuf 2007 einen leisen, aber sehr eindrucksvollen Film mit dem Titel »Sehnsucht. Ein Liebesfilm«. Die Ausdruckskraft dieses Filmes wird dadurch unterstützt, dass alle Schauspieler Laiendarsteller wie du und ich sind und die ganze melodramatische Geschichte sich in der fast trostlosen Realität und Umgebung des wirklichen Dorfes Zühlen in Brandenburg abspielt.

Valeska Grisebach gibt erhellende Auskunft darüber, warum sie diesen Film drehte:

> *In meinem ersten Film, »Mein Stern«, ging es um den Augenblick an der Schwelle zum Erwachsensein, der oft unverblümt voller Versprechen und Möglichkeiten ist: Wenn ich mal groß bin …*
> *Für »Sehnsucht« hat mich der Moment interessiert, wenn schon ein bisschen mehr Zeit abgelaufen ist, wenn man mittendrin ist in diesem erwachsenen Leben. Und der Hunger bleibt oder wieder erwacht, weil die Sehnsüchte ja vielleicht nicht kleiner werden. Vielleicht war Sehnsucht die Überschrift für mich, weil es ein Ausdruck für*

so etwas Großes ist, so etwas wie eine positive, schöpferische Kraft, die einem die eigene Beschränkung oder so etwas wie Verlust vor Augen führen kann. Unendlich und gleichzeitig Ausdruck, Entsprechung der Endlichkeit.
Am Anfang der Arbeit stand eine assoziative Recherche unter dem Stichwort ›Sehnsucht‹, die später im Schreiben der Geschichte mündete. Wichtiger Teil waren ungefähr 200 Interviews, die ich mit Frauen und Männern um die Dreißig geführt habe, die ich auf der Straße angesprochen habe. In den Gesprächen ging es darum, wie man sich als Kind oder Jugendlicher die Zukunft vorgestellt hat, und wie das erwachsene Leben um die aktuelle Lebenssituation nun aussieht: Womit verbringt man konkret seine Zeit? Was sind Sehnsüchte, Träume und Wünsche?
Mich haben diese Interviews sehr berührt, weil zum Teil wild, zum Teil auf sehr lakonische Weise so viel Sehnsucht im scheinbar geordneten Leben steckte. Manchmal offen, manchmal geheim, manchmal aber auch plötzlich ausgelebt. So etwas wie eine Brise, dass jeder der Star seines eigenen Lebens ist. Ich hatte den Eindruck, dass Liebesgeschichten oft die Bühne für Sehnsüchte werden. Hier sollen Wünsche in Erfüllung gehen und das Aufregende passieren, das einen lebendig macht.[68]

Die Handlung der Geschichte ist eine ganz alltägliche, die überall und im Leben eines fast jeden passieren könnte. Sie ist bewusst auf einfache Menschen in der Provinz bezogen, auch wenn sie in andere Gesellschaftsschichten oder Lebensalter übertragbar ist:

Ein Mann und eine Frau leben in einem Dorf in der Nähe von Berlin. Die Stadt scheint weit weg zu sein. Sie lieben sich seit Kinderzeiten. Unzertrennlich.

Beide sind Anfang dreißig. Markus ist Schlosser und Mitglied der freiwilligen Feuerwehr. Ella arbeitet ein paar Stunden in der Woche als Haushaltshilfe und singt im Chor. Von den anderen werden sie staunend, fast misstrauisch beäugt, da sie so glücklich scheinen, unschuldig und manchmal ahnungslos wie Kinder.
Eines Tages geht Markus mit der Freiwilligen Feuerwehr auf Dienstreise in die Kreisstadt. Abends wird getrunken, gelacht, getanzt. Am nächsten Morgen wacht er in der Wohnung einer fremden Frau auf. Er kann sich nur an wenig erinnern.
Als er versucht herauszufinden, was geschehen ist, ist das der Anfang einer anderen, ungewohnten Liebe, die die Liebe zu seiner Frau nicht zu berühren scheint. Es fällt ihm schwer, den Weg zurück in sein altes Leben zu finden.
Valeska Grisebachs Sehnsucht erzählt in überraschender und berührender Balance zwischen Realismus und Melodram von der Liebe zwischen Markus und Ella. Von einem Glück, dessen verletzlicher Punkt seine Unbedingtheit ist.[69]

Ein letztes Beispiel dafür, wie Sehnsucht mit Religion, Spiritualität oder Gott verbunden wird, stellt der Film »Sehnsucht nach Klarheit – Faszination Jakobsweg« aus dem Jahre 2011 dar. Marcus Sassenrath, der selbst den Pilgerweg nach Santiago de Compostela ging, bringt eine zunehmende Sehnsucht nach innerer Klarheit und dem Wunsch nach Wandlung ins Wort und ins Bild, die spirituell suchende Menschen – gläubig oder nicht gläubig – seit gut 20 Jahren wieder neu ergriffen hat.

Was verbirgt sich hinter der Faszination Jakobsweg? Was veranlasst Menschen, sich Hunderte Kilometer zu

Fuß auf einen Weg zu machen, der so stark im Kontrast zu unserem Alltag steht?
Es ist eine Sehnsucht, die den Jakobspilgern die Kraft gibt, aufzubrechen, sich auf eine Reise einzulassen, die ihnen viel abverlangt und noch mehr zurückgibt. Es ist die Sehnsucht nach Klarheit. Klarheit in einer Welt, in der die Wegweiser abhanden gekommen sind.
Wer sich auf den Jakobsweg begibt, kommt anders zurück als er losgegangen ist. Irgendwo zwischen den Pyrenäen und der galizischen Küste vollzieht sich Verwandlung. Eine Verwandlung, die bleibt und die Bedeutung hat – weit über Santiago und das Ende der Welt hinaus …[70]

Pilgerwege, Wallfahrtswege erleben seit Jahren einen Boom bei unzähligen Menschen, die Wege zu sich selbst, zum Sinn des Lebens oder auch zu Gott finden wollen. Weggehen, um anzukommen. Aufbrechen, um ganz zu werden. Unterwegssein, um innere Heimat zu finden. Sehnsucht stillen, um satt und neu hungrig nach Tieferem zu werden. Sehnsucht und Spiritualität sind wie ein »Perpetuum mobile«. Sehnsucht und Spiritualität setzen sich immer wieder selbst in Bewegung und halten damit das Leben lebendig.

Sehnsucht in der Dichtung

»Es ist doch eigentlich der Hauptinhalt im Leben: Sehnsucht und wieder Sehnsucht.«
Franziska zu Reventlow (1871–1918)

Um 1900 schuf der österreichische Dichter Georg Trakl dunkel-romantische Werke. Es »überwiegen die Stimmung und die Farben des Herbstes, dunkle Bilder des Abends und der

Nacht, des Sterbens, des Todes und des Vergehens. Zwar sind die Gedichte reich an biblisch-religiösen Bezügen, und vielen eignet eine kontemplative Offenheit zur Transzendenz, doch nur selten bricht das Licht der Erlösung in das Dunkel.«[71] Eines seiner ersten Gedichte deutet diese Stimmung schon an, die dann zu einem existenziellen Grundgefühl moderner Dichter und Schriftsteller werden sollte: Sehnsucht nach Heilem und meist das Unvermögen, es zu finden. Folgendes Gedicht greift das bekannte romantische Motiv des Fensters und Sehnsucht nach der anderen Welt auf.

An einem Fenster (1909)

Über den Dächern das Himmelsblau,
Und Wolken, die vorüberziehn,
Vorm Fenster ein Baum im Frühlingstau,

Und ein Vogel, der trunken himmelan schnellt,
Von Blüten ein verlorener Duft –
Es fühlt ein Herz: Das ist die Welt!

Die Stille wächst und der Mittag glüht!
Mein Gott, wie ist die Welt so reich!
Ich träume und träum' und das Leben flieht,

Das Leben da draußen – irgendwo
Mir fern durch ein Meer von Einsamkeit!
Es fühlt's ein Herz und wird nicht froh![72]

Ähnlich dunkel und sehnsüchtig bringt Arthur Schnitzler, österreichischer Arzt, Schriftsteller und Dramatiker der Wiener Moderne, der in gutem Kontakt mit Sigmund Freud stand, in seinem Schauspiel »Der einsame Weg« Tragik,

Konflikte und Abgründe einer in sich bröckelnden Gesellschaft um 1900 ins Wort. »In der Welt Schnitzlers herrscht eine fatale Einsamkeit, eine prädestinierte Beziehungslosigkeit der Seelen. … Von den Schnitzlerschen Menschen wird der Tod, das Vergehn, das Aufhören gefürchtet, weil Lieben und Geliebtwerden ihnen niemals erschöpfend gelingt … (und) der Stand der Sehnsucht nicht überschritten wird.«[73]

Diese trostlose und triste Haltung und Einstellung, welche die »schwarze Sehnsucht« berührt, wird von vielen Dichtern als der Grundzug des modernen Menschen beschrieben. Der deutsche Dichter Hermann Kasack hat dies in seiner Erzählung »Die Stadt hinter dem Strom« (1947) in bedrückender Weise beschrieben: »In der Stadt gibt es zwei Fabriken: die eine stellt Kunststeine her, damit sie wieder zermahlen werden. Und die andere fertigt aus diesem Staub wiederum Kunststeine. Es ist ein sinnloser Kreislauf. Das Tempo von Aufbau und Zerstörung wird immer mehr erhöht, sodass die Menschen nicht über die Sinnlosigkeit nachdenken sollen. Ein lebloses Mumiengesicht, der Präsident dieser Stadt, sagt dem Archivar Robert, der dieses sinnlose Tun anzweifelt: ›In unserer Region, mein Herr, ist man über Romantik und Pathos hinaus.‹ Ohne Emotion, ohne Leidenschaft gibt es nicht nur keinen Schmerz, sondern auch kein Glück. Nur trostlose Leere. Alle Ablenkungsmechanismen können nicht darüber hinwegtäuschen.«[74]

Immer wieder zeigt sich diese existenzielle Leere, dieses Sinnvakuum des modernen Menschen, der gefangen ist in Abläufen und Prozessen, aus denen er scheinbar nicht fliehen kann. »In unserer Region, mein Herr, ist man über Romantik und Pathos hinaus«, so hieß es bei Kasack. Diese »unsere Region« kann man überall ansiedeln, weil der Mensch der Spätmoderne den tragenden Grund, den festen

Halt im Sein, die Ausrichtung auf Transzendenz und Gott meist verloren hat. Romantik und Pathos kehren aber eindeutig zurück, sie wollen den Menschen neu verwurzeln, vertiefen, ihn mit seinem Inneren, seiner Sehnsucht und seiner Spiritualität in Kontakt bringen. Die Sehnsucht nach etwas anderem, nach Leben, nach Halt, Geborgenheit und Sinn meldet sich im Laufe der Generationen immer wieder in regelmäßigen Abständen und will zu echtem Leben herausrufen.

Ein bisher unveröffentlichtes Gedicht von Tom J. Hartmann aus Augsburg aus dem Jahr 2001 spricht von der Sehnsucht, nach Hause, ins Paradies zu finden:

Sehnsucht

Ich will nach Haus ins Paradies,
ins Land wo Milch und Honig fließt,

wo Grenzen überwunden sind,
ich wieder sein darf wie ein Kind,

wo man mich liebt, so wie ich bin,
bis tief zu meiner Seele hin,

wo Freundlichkeit nicht aufgesetzt,
dort wo man mich nicht mehr verletzt,

wo Liebe aus dem Herzen scheint,
die jeden Gegensatz vereint,

wo wahre Freundschaft existiert,
die nicht zur Lüge pervertiert,

wo Krankheit, Siechtum, Tod und Leid,
vergangen sind für alle Zeit,

dort wo es Trennung nicht mehr gibt,
weil alles möglich ist, für den der liebt,

wo Geld und Titel nicht mehr zählen,
man gleich ist unter allen Seelen,

wo aller Kampf ein Ende findet,
und Ignoranz in Einsicht mündet,

wo ich erfass' den Sinn des Lebens,
den ich hier suchte so vergebens.

Dort zieht's mich hin, ins Heimatland,
wo alles seinen Ursprung fand,

ins Reich der grenzenlosen Freude,
am liebsten wär' es mir noch heute.

Es ist die Sehnsucht, die uns quält,
das Etwas, das uns allen fehlt,

ganz tief in uns liegt sie verborgen,
jenseits trivialer Alltagssorgen.

Was Dichter, Maler inspiriert,
des Künstlers Seele sanft berührt,

was im Genie um Ausdruck ringt,
die Ratio in die Schranken zwingt,

es ist die Sehnsucht, die ich mein',
die Wahrheit hinter blassem Schein,

das inn're Wissen um die Kraft,
die ganze Universen schafft,

und wenn du hinhörst, raunt der Wind,
dass wir ein Teil der selben sind.

Es ist die Macht, die uns befreit,
von Habgier, Selbstsucht, Hass und Neid,

der Glaube, dass es heller wird,
auch wenn man noch im Dunkeln irrt,

dass wir zum Höchsten sind geboren,
zu Glück und Freude auserkoren,

es ist der Wesensgrund des Lebens,
den du im Außen suchst vergebens,

der Silberstreif am Horizont,
für den zu leben es sich lohnt,

der Hort wahrer Geborgenheit,
fernab, jenseits von Raum und Zeit,

wo wir die Fesseln einst verlieren
und pure Freiheit in uns spüren.

Vielleicht kannst du mich nun verstehen,
weil du auch den Weg musst gehen.

Ich träum vom Land, das ich verließ,
will nur nach Haus, ins Paradies.

Daheim sein wollen, zu Hause sein wollen – dafür steht »Paradies« –, dieser Anruf der Sehnsucht ist viel mehr als ein Ort, eine Erinnerung und ein Gefühl. Es ist das Wissen um ein Unterwegssein in der Fremde mit der Ahnung um ein Ziel. Unser Leben kann als so eine »Fremde« empfunden werden. Sehnsucht darf hier – will sie eine produktive Sehnsucht sein – nicht zur Regression und Passivität verlocken, sondern durch das Wissen um die innere Kraft der Sehnsucht sich im Hier und Jetzt bewähren. Der Benediktiner Anselm Grün sagt hierzu: »Die Sehnsucht nach Heimat ist nicht rückwärts gewandt, sie hält uns auf unserem Weg lebendig. Der Weg führt uns oft in die Fremde, in unbekanntes Land, wo wir uns bewähren müssen. In der Fremde sehnen wir uns nach Heimat. ... Doch (die) Aufgabe besteht darin, mitten in der Fremde Heimat zu stiften, einen Raum zu schaffen, in dem Menschen sich zu Hause fühlen. Wo Liebe ist, dort entsteht Heimat.«[75]

Die Spannung zwischen Fremde und Heimat löst sich auf der Lebenswanderung produktiv und weise derart auf, besser gesagt, sie bekommt eine Lösung geschenkt, die auf einer höheren Ebene liegt, wenn man erkennt, dass die wahre Heimat zu Hause ist. Das Land und das Ziel unserer Sehnsucht finden wir letztlich in unserem unscheinbaren Alltag, in unserer Wohnung, in unserem Zimmer, in unserer Seele. – Weggehen, um anzukommen ...

Sehr schön hat diese Grundwahrheit der Kinderbuchautor Janosch in dem für mittlerweile mehrere Generationen beliebten Kinderbuch »Oh wie schön ist Panama!« dargestellt. Zwei Freunde, der kleine Tiger und der kleine Bär leben glücklich in ihrem Häuschen.

Eines Tages fischt der Bär eine leere Holzkiste mit der Aufschrift ›Panama‹ aus dem Fluss. Er schnuppert an der Kiste, und sie riecht nach Bananen, und er beschließt, dass Panama das Land seiner Träume sei. Der Bär erzählt seinem Freund Tiger phantasievoll, dass Panama ein Ort sei, wo alles besser, größer und schöner als Zuhause sein soll und dass sie nun in dieses Land reisen sollen. Am nächsten Tag machen sich die beiden mit einem Kochtopf, einer Fischerrute, einem Hut und der Tigerente auf den Weg nach Panama. Zuerst fertigen sie aus der Kiste einen Wegweiser und gehen in die gezeigte Richtung. Während ihrer Reise treffen sie auf die verschiedensten Tiere. Die meisten wissen nicht, wo Panama liegt, und einige geben ihnen falsche Richtungsangaben. Die beiden Freunde laufen durch diese Angaben im Kreis herum und kommen schließlich wieder in ihrem alten Zuhause an. Da in der Zwischenzeit ihr Haus durch die Witterung angegriffen worden ist sowie die Bäume und Sträucher gewachsen sind und die Brücke nicht mehr vollständig intakt war, ist ihnen nicht bewusst, dass sie wieder in ihrem ursprünglichen Zuhause angekommen sind. Sie finden auf dem Boden vor ihrem Haus den Wegweiser mit der Aufschrift »Panama« und glauben deshalb, dass sie tatsächlich an ihrem Ziel angekommen seien. Sie reparieren das Haus und sind glücklich, endlich im Land ihrer Träume zu sein.[76]

Kinderbücher sind nicht nur für Kinder geschrieben. Ich kenne ganz viele Erwachsene, die dieses Buch nicht nur kennen, sondern lieben, weil es auf schöne Weise ausdrückt, was sie selbst kennen: Weggehen, um anzukommen …

Mit einem Gedicht von Martin Gutl, einem österreichischen Priester und Dichter der 68er-Bewegung, möchte ich diesen

Teilpunkt abschließen. Gutl sieht die Sehnsucht als Triebkraft für alles, was geschieht, als Urkraft, die alles zum Leben bringen kann:

> Aus der Sehnsucht der Raupe,
> als Schmetterling
> ihre Flügel ausbreiten zu dürfen,
> aus der Sehnsucht
> des Vogels im Käfig,
> im Urwald von Ast zu Ast
> zu hüpfen,
> aus der Sehnsucht der Eisdecke
> als Welle tanzen zu dürfen,
> aus der Sehnsucht der erloschenen Sterne,
> noch einmal leuchten zu dürfen,
> aus der Sehnsucht des Blinden,
> sehen zu können,
> aus der Sehnsucht des Verfolgten,
> Frieden zu finden,
> aus Sehnsucht,
> nur aus der Sehnsucht
> ist das Weltall aufgebaut.[77]

Die Sehnsucht in der Natur, gläubig gesprochen: in der Schöpfung Gottes, die Sehnsucht im Menschen ist ein schlafender Riese und ein unstillbares Gefühl, dem ich nun in den nächsten Punkten noch näher kommen möchte.

6. Sehnsucht – ein unstillbares Gefühl und ein schlafender Riese

»Die Sehnsucht lässt alle Dinge blühen, der Besitz zieht alle Dinge in den Staub.«
MARCEL PROUST

Jeder kennt sie, immer wieder spüren wir sie und doch ist sie uns irgendwie unklar und undeutlich: die Sehnsucht.

Sehnsucht gehört zu den »Zauberworten für die Seele«.[78] Wir tragen sie in uns und gleichzeitig führt sie uns über uns selbst hinaus. Sie kann zu einer Quelle werden, aus der wir leben. Nicht selten führt sie in uns aber ein verschüttetes Dasein, dümpelt vor sich hin und wir wissen deswegen oft nicht, warum oder wie wir leben sollen. Wer keinen Zugang zu seiner Sehnsucht, zu seinen Sehnsüchten findet, der wird unzufrieden und energielos.

Ich erinnere mich an eine Alltagssituation: Ich war wieder einmal im Getränkemarkt, um dies und jenes für unsere Klostergemeinschaft zu besorgen. Beim Zahlen kam ich dann mit dem Verkäufer kurz ins Gespräch. Ich stellte einfach folgenden Satz in den Raum: »Ich schreibe gerade ein Buch über Sehnsucht und frage mich, welche Sehnsucht Sie wohl haben.« Das Gesicht des Filialleiters einer Getränkemarktkette werde ich nicht vergessen. Er sah mich verdutzt an und fragte zurück: »Was – Sehnsucht – was ist das? Kann man darüber ein Buch schreiben?«
Irgendwie ist es traurig, so eine Frage zu hören. Sie macht offenbar, dass da ein Leben ohne Sehnsucht, ohne Träume gelebt wird. Man hat sich wohl mit allem abgefunden und hat aufgehört, etwas zu suchen. So ein Mensch nimmt den

Alltag mit dem Blick der Gewohnheit wahr. Er kennt nicht die bereichernde Rückkehr in den Alltag, nachdem man sehnsüchtig seine Sinne nach dem »Mehr« ausgestreckt hat. Im Nachhinein denke ich mir, ich hätte eine Gegenfrage stellen sollen: »Wie sieht so ein Leben ohne Sehnsucht denn aus?« Leider endete das Gespräch aber früher. Doch mir hat es etwas gebracht – vielleicht aber auch dem Filialleiter, denn ich kann mich noch gut an seinen nachdenklichen Blick erinnern, mit dem er mir nachschaute.
Eine 45-jährige Mutter von drei Kindern (verheiratet, katholisch), die als Sterbe- und Trauerbegleiterin arbeitet, schreibt:

> *Das Gefühl von tiefer Sehnsucht kenne ich nicht, da ich durch meine Arbeit als Sterbegleiterin noch achtsamer mit der Zeit umgehe und viel bewusster im Hier und Jetzt lebe und jeden einzelnen Augenblick genieße. Wenn ich einen Wunsch habe, versuche ich diesen möglichst bald zu erfüllen. Nur allzu oft habe ich im Hospiz erfahren, dass viele Menschen ihre Wünsche oder Träume aufgespart haben, um sich diese dann während ihres Rentnerdaseins zu erfüllen … und dann kam die todbringende Krankheit dazwischen …*

Da ist was dran. Man darf die Wünsche nicht zu lange von sich schieben. Man muss sie tatkräftig anpacken. Das setzt aber voraus, dass man sich der Sehnsucht stellt, dass man sich erlaubt, sich der Sehnsucht und der mit ihr verbundenen Suche auszusetzen. So gesehen geht die Sehnsucht der Tat voraus.
Im Laufe der Zeit habe ich viele Männer und Frauen verschiedenen Alters zur »Sehnsucht« befragt und bekam unterschiedlichste und sehr interessante Rückmeldungen, die ich im Rahmen dieses Buches zu einem großen Teil einfüge. Im Laufe der Befragung und beim Schreiben dieser Zeilen

hat sich folgende Meinung zum Thema »Sehnsucht« in mir entwickelt:
Es gibt Menschen, die keine Ahnung von ihrer Sehnsucht haben, denen so etwas – genauso wie Visionen, Träume oder Phantasien – irgendwie fremd ist. Dass sie aber keine Sehnsucht haben – das glaube ich nicht …
Es gibt andere – und das sind nicht wenige –, die von allen möglichen Sehnsüchten getrieben und bewegt werden. Sie folgen diesen verschiedenen Arten von Sehnsüchten (zur Unterscheidung von »Sehnsucht« und »Sehnsüchten« später mehr) und fühlen dabei permanente Unzufriedenheit und Unzulänglichkeit. Wieder andere spüren genau das Gegenteil, nämlich Lebendigkeit und produktive Lebensspannung, wenn sie sich ihrer Sehnsucht stellen.
Und es gibt Menschen – diese Gruppe ist kleiner –, die aus und für die Sehnsucht leben, die sich ihr hingeben, die ein »tiefes Verlangen nach Mehr« in sich spüren und diesem Gefühl nachgehen. Nicht wenige dieser Menschen sind religiös und spirituell Suchende. Sie haben letztlich eine Sehnsucht nach Gott.

Zur letztgenannten Gruppe möchte ich eine Rückmeldung einer 47-jährigen Unternehmerin (geschieden, evangelisch) weitergeben, die diese grundsätzliche Sehnsucht schön ins Wort bringt:

> *Sehnen ist für mich ein wundervolles Gefühl der Erwartung, des Imaginären, aber auch der konkreten Vorstellung: wie das Meer rauscht, wie die erste Blüte duftet, wie es sich anfühlt, mit Herzklopfen den Ton einer neuen Nachricht auf meinem iPhone zu hören. All dieses Sehnen in mir kenne ich – in diesem oder einem anderen Leben erlebt – sonst hätte ich das Gefühl nicht. Ich erinnere mich …*

Und dann – eines Tages, tritt der Zustand der Erfüllung ein – das Sehnen ist am Ziel, Verwirklichung des Imaginären, der Vorstellungskraft – der Visualisierung.
Und so manches Mal hat sich mein Sehnen vergaloppiert, die Erfüllung ist eine ganz andere. Die Realität ist nicht so, wie erwartet.
Und ich vermisse das wundervolle und magische Gefühl des Sehnens. Ich liebe mein Sehnen! Ich sehne mich so …
Als ich heute morgen ein Buch suchte, fiel mir durch Zufall der Titel ›Ich sehne mich nach Licht und Liebe‹ auf – Erotische Frauengedichte mit Illustrationen von Gustav Klimt.
Sehne ich mich auch nach Licht? Und Liebe? Sind diese beiden Begriffe nicht die Krönung des Lebens? Bei Erfüllung?
Licht ist hell, ist Gegensatz von Dunkel. Licht assoziiert auch Wärme, Leichtigkeit, Geborgenheit. Licht ist unser aller Lebensspender. O ja, ich sehne mich nach Licht. Und durch viele Erfahrungen in meinem Leben, durch viele Erkenntnisse kann ich für mich feststellen, dass mein Licht immer dann besonders hell leuchtet, wenn es in der Welt sehr dunkel ist.
Ich habe gelernt, diesen ›Lichtschalter‹ durch meine tiefe Verbindung zu Gott Vater Mutter anzuknipsen. Denn diese Leitung ist meine Sicherheit, meine Geborgenheit, mein Dasein. DA SEIN.
Liebe, ein Begriff, der so viele Gefühle erweckt. Den jeder Mensch anders interpretiert. LIEBE IST …
Und ich für mich liebe mich sehr. Denn ich weiß, ich bin ein Gottesgeschöpf, und wenn ich mich selbst nicht liebe, dann liebe ich auch Gott nicht. ICH BIN.
Ja, Sehnen nach Licht und Liebe ist wundervoll. Und dabei hilft mir Gott und all seine Helfer. Immerdar. Danke!

Im Laufe der Zeit ist es mir wichtig geworden, die verschiedenen Gruppen nicht zu bewerten, sondern alle miteinander als Möglichkeiten im Umgang mit Sehnsucht und Sehnsüchten anzusehen. Denn: Die Menschen sind verschieden. Also gehen sie auch anders mit Sehnsucht um. Das »Sehnen« und die »Sehnsucht« aber verbinden als eine humane Grundkraft alle Menschen. Der Philosoph Ernst Bloch sagte einmal: »Die Sehnsucht scheint mir die einzige ehrliche Eigenschaft des Menschen.«[79]

Mit dem Blick auf alle Menschen ist mir folgender psychologischer Ansatz hilfreich geworden. Der humanistische Psychologe Abraham Maslow (1908–1970) entwickelte 1943 seine Theorie der menschlichen Motivationen (»A theory of human motivation«), die als die sogenannte »Maslowsche Bedürfnispyramide«[80] in die Geschichte einging. Anders als der Name »Pyramide« einen statischen Aufbau menschlicher Bedürfnisse vermuten lässt, ist dies aber eher als dynamisch (mit fließendem Übergang und Wechsel) anzusehen.

- Die Basis menschlicher Bedürfnisse stellen die sogenannten physiologischen Bedürfnisse (physiological needs) dar: Sauerstoff, Wasser, Minerale – kurz: Essen und Trinken. Daneben gibt es die Bedürfnisse, aktiv sein zu wollen, sich auszuruhen, zu schlafen, auszuscheiden sowie sexuelle Bedürfnisse.
  Diese Stufe entspricht der »Sehnsucht nach Leben«.

- Sicherheitsbedürfnisse – Bedürfnisse nach Schutz und Sicherheit (safety and security needs): Schutz, Struktur, Ordnung, Grenzen, materielle und finanzielle Sicherheit.
  Diese Stufe entspricht der »Sehnsucht nach Sicherheit«.

- Soziale Bedürfnisse – Bedürfnisse nach Liebe und Zugehörigkeit (love and belonging needs): Freunde, Beziehun-

gen, Partner, Kinder, soziale Netzwerke, soziales Dazugehören, Gemeinschaft.
Diese Stufe entspricht der »Sehnsucht nach dem anderen«.

- Individualbedürfnisse – Bedürfnisse nach Wertschätzung (esteem needs): Stärke, Erfolg, Unabhängigkeit und Freiheit sowie der Wunsch nach Ansehen, Respekt, Prestige, Status, Aufmerksamkeit, Wertschätzung, Achtung und Wichtigkeit. Weiterentwicklungen sind: Selbstachtung, Selbstvertrauen, Kompetenz, Leistung, Unabhängigkeit und Freiheit.
Diese Stufe entspricht der »Sehnsucht nach sich selbst«.

- Selbstverwirklichung – Die höchste Stufe. Motivation, sich selbst zu entwickeln (growth motivation – beeing needs): Eine neue Unruhe und Unzufriedenheit erwacht nach der »Befriedigung« der vorhergehenden Stufen. Selbstverwirklichung wird von dem Wunsch getrieben, eigene Potenziale zu entdecken, auszuschöpfen, auszuleben, also die mitgegebenen inneren Anlagen zu verwirklichen. Solche Menschen sind wirklichkeitszentriert (reality-centered), problemzentriert (sehen Probleme als Herausforderungen), sind gerne mit sich alleine und schätzen dabei aber vertraute persönliche Beziehungen. Sie genießen innere Autonomie, sind also relativ unabhängig von Kultur und Umfeld und widersetzen sich gesellschaftlichem Druck (Nonkonformisten). Ihr Humor geht nicht auf Kosten anderer. Sie akzeptieren sich selbst und andere. Spontaneität und Schlichtheit, auch ein Sinn für Demut und Respekt kommen hinzu. Solche Menschen haben die Fähigkeit zu staunen, sind erfinderisch, kreativ und originell. Laut Maslow erreichen nur etwa zwei Prozent der Weltbevölkerung diese Stufe. Heute, einige Jahrzehnte nach Maslow, vermute

ich, dass es doch ein paar Prozentpunkte mehr geworden sind …
Diese Stufe entspricht der »Sehnsucht des Herzens«.

Bertolt Brecht reduzierte die verschiedenen Bedürfnisse des Menschen einmal sehr drastisch in seiner berühmten »Dreigroschenoper«: »Zuerst kommt das Fressen, dann die Moral.« Hart, aber letztlich wahr. Zuerst kommen die Grundbedürfnisse. Erst, wenn diese gestillt sind, dann können wir den »höheren« Bedürfnissen folgen. Der, der Hunger und Durst leidet, der kein Dach über dem Kopf hat, kennt zwar vielleicht Sehnsüchte, diese müssen aber zurückgestellt werden.

Der Mediziner und Psychologe Victor Chu nennt dies folgendermaßen:

> *[D]ie »höheren« Bedürfnisse haben etwas mit unserem Wesenskern zu tun, die »niederen« mehr mit dem nackten Überleben. Als Selbsterhaltungstriebe garantieren sie unser Überleben. Die Selbstverwirklichungs-Bedürfnisse stillen dagegen nicht unseren körperlichen Hunger, sie stillen unseren inneren Durst – nach Glück, Erkenntnis, Freiheit, Wahrheit, Lebenserfüllung, Leichtigkeit. So sprechen wir erst bei diesen höheren Bedürfnissen von Sehnsucht, nicht bei den niederen. Hier brauchen wir etwas, dort sehnen wir uns nach etwas. … Glück spüren wir, wenn unser Wesenskern zu schwingen beginnt. Dies geschieht, wenn wir etwas außerhalb von uns finden, das uns tief innen berührt. Dann geraten wir in Resonanz. Dies ist die Basis für Sehnsucht: Wir suchen außen nach etwas, was uns innen Erfüllung bringt.*[81]

Folgendes Beispiel will zeigen, dass es Ausnahmen von der Regel »Zuerst die niederen, dann die höheren Bedürfnisse« gibt: Es gibt sie, die Menschen, die materiell einiges in Kauf nehmen, um zum Eigentlichen ihres Lebens vordringen zu können. Solche Menschen verlebendigen die vorher beschriebene Stufe der Selbstverwirklichung nach Abraham Maslow auf besondere Weise.

Der weltberühmte Maler Paul Gauguin[82] entwickelte sich vom erfolgreichen, aber innerlich unzufriedenen Börsenmakler zu einem am Hungertuch nagenden, aber innerlich glücklichen Maler, der nach seinem Tode weltberühmt wurde. Seine vulkanische Energie und seine leidenschaftliche Sehnsucht führten dazu, sich immer mehr der Malerei, der Bildhauerei und der Kunst hinzugeben. »Als ein künstlerisch besonders begabter Mensch hatte er den verständlichen Drang, diese Begabung zu leben, weil er beim Malen seinem inneren Kern, seiner Identität oder seiner Bestimmung am nächsten war. Beim Malen hatte er sich selbst vergessen können, aber bei diesem Vergessen war er erst wirklich bei sich.«[83]

Hier sehen wir schon einen wichtigen Zusammenhang von Sehnsucht und Bedürfnisbefriedigung. Paul Gauguin stellte die unteren Bedürfnisse für die Verwirklichung des Bedürfnisses der Selbstverwirklichung zurück und entwickelte dabei seine Originalität. Dieser »Maler des Sehnens«[84] fand den Ort seiner Sehnsucht (Panama, Martinique, Provence in Südfrankreich, Tongking in Vietnam, Madagaskar und schließlich Tahiti) letztlich nie. So schmerzhaft es auch für ihn war, immer wieder enttäuscht zu werden, er hielt an seiner Sehnsucht fest und schenkte der Nachwelt damit »Bilder der Sehnsucht«, seine berühmten Paradiesbilder. Die Sehnsucht Gauguins war in seiner eigentümlichen Weise auch eine »Sehn-Flucht« – eine Flucht vor der Realität, die ihn frustrierte. So schrieb er auf einer Nachbarinsel von Tahiti Folgendes:

Hier, nahe meiner Hütte, tiefes Schweigen. In den berauschenden Düften erträume ich mir wilde Harmonien. Ahnung eines heiligen Schauers, aus grauer Vorzeit kommend, füllt meine Seele mit Entzücken. Dann wieder atme ich den Duft der Freude in der Gegenwart. Sinnreizende Gestalten stehen da, unbeweglich wie Statuen. Im Rhythmus ihrer Gebärden, selbst in ihrer Regungslosigkeit offenbart sich Uraltes, Erhabenes – Religion … Ich will ihn nicht begreifen, nur sehen, den Traum im Unendlichen, der vor mir flieht … (Und dann die Ernüchterung:) Es war wirklich zu Ende. Nur noch Zivilisierte, leider! Soldateska, Geschäftemacherei und Beamtenwirtschaft. Die tiefe Trauer überkam mich. Einen so langen Weg zurückgelegt zu haben, um nun dies anzutreffen, gerade das, wovor ich geflohen war! Der Traum, der mich nach Tahiti führte, wurde durch die Gegenwart grausam gestraft. (Und doch und wieder zum Trotz:) Mein künstlerisches Zentrum ist in meinem Gehirn und nicht anderswo, und ich bin stark, weil ich mich nie von außen habe beirren lassen und nur meinem Inneren folge.[85]

Durch seine »Flucht nach Innen«, durch seine Sehnsucht nach dem Paradies, trotz aller Ernüchterung schuf er für sich und unzählige andere Bilder des Trostes.

Es geht aber auch anders. Viele Menschen bleiben in der sogenannten Sicherheit verhaftet, kennen zwar ihre Sehnsucht, folgen dieser aber aus verschiedensten Gründen nicht: Eine 50-jährige selbstständige Geschäftsfrau formulierte ihren Umgang mit Sehnsucht so:

Meine Sehnsucht besteht darin, dass ich gerne viel von der Welt sehen möchte, dies aber mit meinem Mann ab-

solut nicht realisierbar ist. Es gibt noch mehr, was ich zwar allein tun könnte, was dann allerdings meinem Mann sehr weh tun und meine Ehe eventuell dadurch gefährden würde.

Es gibt also auch Menschen, die zwar sehr wohl Sehnsucht und Sehnsüchte in sich verspüren, diese aber aus falscher Rücksicht auf andere zurückstellen.

Meine Erfahrung als Seelsorger und Lebensberater zeigt mir aber, dass gerade hier eine Sprengkraft liegen könnte, weil man Sehnsucht auf Dauer nicht verdrängen oder kleinlaut halten kann.
Denn: Nicht selten »lodert unsere Sehnsucht mächtig empor, ergreift uns mit voller Wucht und wirbelt unser ganzes Leben durcheinander. In den Nächten wühlt sie sich in unsere Träume und bei Tageslicht nimmt sie plötzlich Gestalt in einem Menschen an. Sie lockt uns mit Bildern, Düften und Melodien, ruft uns in die Ferne oder zur Heimkehr. Zahllose Gesichter, Formen und Facetten hat sie. Und in allen verkörpert sich der Ruf nach einem erfüllten Leben.«[86]

Sehnsucht nach dem »ganz Anderen«, nach dem Wunderbaren, nach dem, das größer als ich selbst ist, führte dazu, dass Abraham Maslow kurz vor seinem Tod im Jahre 1970 seine »Bedürfnispyramide« um die oberste Stufe, die Stufe der »Transzendenz« erweiterte. Diese stellt eine irgendwie geartete Suche nach Gott, einer »Dimension«, die das Selbst des Menschen überschreitet und auch außerhalb des beobachteten Systems liegt, dar. Dabei entwickelte sich Maslow selbst weiter: vom humanistischen zum transpersonalen Psychologen.
Diese letzte Stufe der »Bedürfnispyramide« entspricht der »Sehnsucht nach dem Ursprung und nach Ziel«.

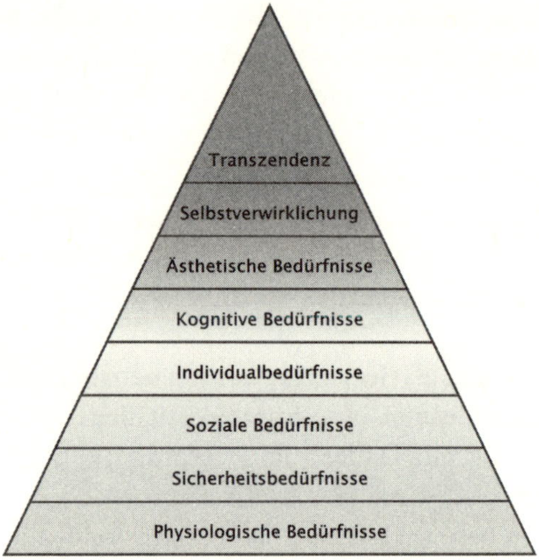

[87]

Sehnsucht, die Suche nach dem »Göttlichen« bzw. Transzendenten, das alles andere überragt, die Sehnsucht nach dem Geistigen ist im Menschen als Möglichkeit seiner Bedürfnisse angelegt. Der Wiener Psychiater und Begründer der Logotherapie und Existenzanalyse Viktor E. Frankl sprach von der Wirklichkeit einer unbewussten Religiosität und Gottbezogenheit des Menschen, die eine notwendige Ergänzung der Freud'schen Erkenntnis vom unbewusst Triebhaften darstellt. Dieses geistig Unbewusste nannte er den »unbewussten Gott«.[88]

Folgende Darstellung eines spirituell-mystischen Erlebnisses der französischen Philosophin Simone Weil beschreibt deren spirituelle Hinwendung zu Gott und damit die Fähigkeit zur »Selbsttranszendenz«: »Im Jahre 1938 verbrachte ich zehn Tage in Solesmes (gemeint ist die Benediktinerabtei Abbaye Saint-Pierre de Solesmes), von Palmsonntag bis Osterdienstag, und wohnte allen Gottesdiensten bei. Ich hatte bohrende Kopfschmerzen; jeder Ton schmerzte wie ein Schlag. Da erlaubte mir eine äußerste Anstrengung der Aufmerksamkeit, aus diesem elenden Fleisch herauszutreten, es in seinen Winkel hingekauert allein leiden zu lassen und in der unerhörten Schönheit der Gesänge und Worte eine reine und vollkommene Freude zu finden. Diese Erfahrung hat mich besser verstehen lassen, wie es möglich ist, die Liebe Gottes auch durch das Unglück hindurch zu empfinden und zu lieben.«[89]

Ja, hinter aller Sehnsucht steht der Hunger nach Leben, der Durst nach Erfüllung (m)eines Lebenssinns, ein drängendes und treibendes Bedürfnis, das alle Menschen in sich tragen, bewusst oder unbewusst. Alter, Rasse, Geschlecht oder Religions- oder Konfessionszugehörigkeit sind zwar für die unterschiedliche Ausformung der jeweiligen Sehnsucht wichtig, die Grundlinien der Sehnsucht umfassen aber alle Menschen. »Der Mensch ist Sehnsucht«[90] so lautet in Anlehnung an den französischen Existenzphilosophen Gabriel Marcel ein Buch, das sogar jede Sehnsucht als »Gottessehnsucht« annimmt. Selbst ein Artikel in der Frauenzeitschrift »Brigitte« spricht von einer »Sehnsucht nach einer übergeordneten Instanz«.[91]

Ob dies so ist, werden wir noch sehen. Vorerst will ich bei den grundsätzlichen Bedingungen der Sehnsucht, der Sehnsüchte bleiben. Auf jeden Fall gibt es offensichtlich »eine Hierarchie der Sehnsüchte, die sich an den menschlichen Grundbedürfnissen orientieren. … Menschliche Sehnsüchte beziehen sich auf das Haben und auf das Sein, auf das Materielle und auf das Geistige.«[92]

Der Hamburger Psychologe und Psychotherapeut Wolfgang R. Hantel-Quitmann gibt mit seinem Buch »Sehnsucht. Das unstillbare Gefühl« eine fundierte Hilfe zum Verständnis menschlicher Sehnsucht und Sehnsüchte. So schreibt er zum Beispiel:

Sehnsucht ist vom Anspruch her ein Raum der Möglichkeiten, letztlich also ein kreativer, unbegrenzter Raum. Und als solcher ist er gefüllt mit Hoffnungen. Keine Realität der Welt kann es mit diesem imaginären Raum jemals aufnehmen. … Sehnsucht ist der permanente Stachel in der Selbstgenügsamkeit unseres Daseins. Und das ist gut so. Sehnsucht mahnt uns, niemals in banaler Zufriedenheit zu versinken, unsere ganz persönlichen Träume und Wunschträume zu verfolgen, manchmal auch unsere sozialen Utopien. Sehnsucht ist eine permanente Suche nach Vollkommenheit, nach Perfektion oder gar dem Absoluten. Sie weist stets über das Reale und Konkrete hinaus, deshalb ist sie dem Göttlichen auch so nahe, sind Spiritualität und Transzendenz ihre Schwestern.[93]

7. Arten der Sehnsucht

»Nicht die sind also zu bedauern, deren Sehnsüchte nicht in Erfüllung gehen, sondern diejenigen, die keine mehr haben.«
RAINER MARIA RILKE

Jeden Menschen erfasst früher oder später in seinem Leben das Gefühl der Sehnsucht. Die Sehnsucht kommt in vielen Spielarten daher, die verschiedenen Hierarchien von Bedürfnissen und den dazugehörigen Sehnsüchten entsprechen. Spannend empfinde ich, das große Feld »Sehnsucht und Sehnsüchte« nun einmal genauer aufzugliedern, um herauszubekommen, welche Sehnsüchte den Menschen antreiben, welche ihm schaden und welche ihm nützen und zur eigentlichen Persönlichkeit werden lassen.

Lesen Sie die folgende Sehnsuchtsaufzählung bitte nicht nur mit dem Verstand, sondern lassen Sie die verschiedenen Arten der Sehnsucht auch gefühlsmäßig an sich heran. Spüren Sie dabei, was bei Ihnen ins Schwingen kommt, welche inneren Bilder auftauchen, vielleicht sogar Gerüche und andere Empfindungen. Empfinden Sie auch den Schmerz oder die Beglückung, die die eine oder andere Sehnsucht in Ihnen auslösen kann.

- Sehnsucht nach Wiederfinden
- Sehnsucht nach Zukunft
- Sehnsucht nach der guten alten Zeit
- Sehnsucht nach einer vergangenen Zeit
- Sehnsucht nach Freiheit
- Sehnsucht nach sich selbst
- Sehnsucht nach Wärme und Geborgenheit

- Sehnsucht nach Verständnis und Verstandenwerden
- Sehnsucht nach Vertrautem
- Sehnsucht nach Vertrauen
- Sehnsucht nach Gemeinschaft
- Sehnsucht nach unendlichen Weiten
- Sehnsucht nach einer Gegenwelt
- Sehnsucht nach Glaubwürdigkeit
- Sehnsucht nach Ehrlichkeit
- Sehnsucht nach Rehabilitation (nach Rufmord oder Mobbing)
- Sehnsucht nach Identität
- Sehnsucht nach Klarheit
- Sehnsucht nach Einfachheit
- Sehnsucht nach Natürlichkeit
- Sehnsucht nach der Kindheit
- Sehnsucht nach Glück und Wohlergehen
- Sehnsucht nach Gesundheit
- Sehnsucht nach Freude
- Sehnsucht nach Liebe
- Sehnsucht nach der großen Liebe
- Sehnsucht nach dem abwesenden Anderen
- Sehnsucht nach Treue
- Sehnsucht nach Heimat
- Sehnsucht nach der Ferne
- Sehnsucht nach fernen Ländern
- Sehnsucht nach einer heilen Welt
- Sehnsucht nach dem Paradies
- Sehnsucht nach Utopia
- Sehnsucht nach Mehr
- Sehnsucht nach dem Meer
- Sehnsucht nach Natur
- Sehnsucht nach Abenteuer
- Sehnsucht nach Berührung
- Sehnsucht nach Zärtlichkeit

- Sehnsucht nach Nähe
- Sehnsucht nach Partnerschaft
- Sehnsucht nach dem Geliebten / der Geliebten
- Sehnsucht nach Hingabe (an eine Beschäftigung, einen anderen Menschen, in Gott)
- Sehnsucht nach Stabilität und Sicherheit
- Sehnsucht nach Sorglosigkeit
- Sehnsucht nach Eigenem
- Sehnsucht nach Rückzug
- Sehnsucht nach Leichtigkeit
- Sehnsucht nach einem Leben ohne Hunger
- Sehnsucht nach einem Leben ohne Krankheit
- Sehnsucht nach Heilung
- Sehnsucht nach dem Frühling
- Sehnsucht nach Sonne und Erholung
- Sehnsucht nach Vergebung und Versöhnung
- Sehnsucht nach Unzerbrechlichkeit
- Sehnsucht nach Ganzheit
- Sehnsucht nach kindlicher Unbekümmertheit
- Sehnsucht nach Kindern
- Sehnsucht nach Familie
- Sehnsucht nach Harmonie
- Sehnsucht nach Einssein
- Sehnsucht nach Spiritualität
- Sehnsucht nach besseren Zeiten
- Sehnsucht nach dem »starken Mann«
- Sehnsucht nach einem anderen Leben
- Sehnsucht nach Wahrhaftigkeit
- Sehnsucht nach Stille
- Sehnsucht nach Ruhe, Entspannung, Gelassenheit
- Sehnsucht nach Lebendigkeit
- Sehnsucht nach Kreativität
- Sehnsucht nach Werten
- Sehnsucht nach dem Verlorenen

- Sehnsucht nach dem verstorbenen Partner / der verstorbenen Partnerin
- Sehnsucht nach Schönheit
- Sehnsucht nach der Sehnsucht
- Todessehnsucht
- Sehnsucht nach dem Himmel
- Sehnsucht nach Erleuchtung
- Sehnsucht nach Erlösung
- Sehnsucht nach Unsterblichkeit
- Sehnsucht nach Heil
- Sehnsucht nach Heilsein
- Sehnsucht nach Frieden
- Sehnsucht nach ewigem Frieden
- Sehnsucht nach Licht
- Sehnsucht nach Vollendung und Vollkommenheit
- Sehnsucht nach Transzendenz
- Sehnsucht nach Gott
- Sehnsucht nach Sinn
- Sehnsucht nach Zeit (Zeit für sich selbst)
- ...

Die genannten Sehnsüchte – und es wäre interessant, diese immer wieder zu ergänzen – sind verschiedenen Bedürfnissen des Menschen zugeordnet: von eher materialistischen über das Selbst erweiternde und das Soziale betreffende bis hin zu den geistigen und spirituellen. Ich bin mit dem Franziskaner Heribert Arens der gleichen Meinung, wenn er schreibt: »Ich bin überzeugt, den Menschen kannst du nur verstehen, wenn du die unbändige Kraft der Sehnsucht in ihm wahrnimmst und zu verstehen suchst.«[94]

Daneben gibt es die Unterscheidung zwischen weiblichen und männlichen Sehnsüchten, die mehr als nur die »Sehnsucht, begehrt zu werden« oder die »Sehnsucht, etwas zu gelten« darstellen. Wenn es um Freundschaft, Liebe und Erfüllung, wenn es um Glück, Aufgehobensein und Verstandenwerden geht, dann gibt es ausnahmsweise kaum Unterschiede zwischen Männern und Frauen. Beide Geschlechter kennen das Sehnen und die Vorstellung eines »optimalen Lebens«.[95]

Je nach Charakter und Persönlichkeitsmodell unterscheiden sich des Weiteren die Sehnsüchte von Menschen. Ein Romantiker hat andere Sehnsüchte als ein kühl rechnender Banker. Ein Helfer hat andere Sehnsüchte als ein Lebenskünstler.[96] Der zwanghaft orientierte Mensch empfindet anders als der hysterische, der schizoide anders als der depressive. Der Psychoanalytiker Fritz Riemann hat dies in seinen »Grundformen der Angst« sehr anschaulich herausgearbeitet.[97]

Außerdem werden einige Sehnsüchte und Sehnsuchtsinhalte bestimmten Lebensaltern zugeordnet[98]:

- ob es Sehnsüchte bei Kindern gibt, darüber ist die Wissenschaft sich noch nicht einig. Es kommt auf den Blickwinkel an. Erwachsene Sichtweisen verneinen dies, die kindliche Perspektive sieht vor allem die »Sehnsucht, von den Eltern nicht verlassen zu werden« und die »Sehnsucht einer selbstvergessenen Hingabe«.[99] Der Mediziner und Psychologe Victor Chu sieht ganz viel Sehnsucht bei Kindern und ich möchte ihm beipflichten, wenn er schreibt:

  Wer von uns kennt (solche) Sehnsüchte nicht aus der eigenen Kindheit? Wenn wir uns zurückerinnern, kommt es uns fast vor, als sei unsere Kindheit mit Sehnsüchten und Tagträumen randvoll gefüllt gewesen, als wäre der sonstige kindliche Alltag mit Kindergarten, Schule und den häuslichen Pflichten bloße Unterbrechung im unendlichen Strom von Phantasien und Traumgebilden gewesen. ... Meist sind sie (die Kinder) im Land ihrer Sehnsucht. Bloß kennen sie diesen Begriff noch nicht. Sie können daher den Zustand, in dem sie geistig viel Zeit verbringen, nicht benennen. Sie können ihn uns nicht begreiflich machen, ist doch die Welt ihrer Träume so flüchtig, gemessen an den handfesten Realitäten unserer Erwachsenenwelt ...[100]

- die Sehnsucht des jungen Menschen nach dem richtigen Partner und der Identität, des Selbstvertrauens und der Selbstfindung, der Verortung im Leben, der sozialen Vernetztheit und des beruflichen Weiterkommens;
- die Sehnsucht des Menschen im mittleren Alter nach Sicherheit, Frieden (mit sich, mit dem Partner, im Beruf), nach Ruhe, Erholung, Gesundheit und Sinn;
- und die Sehnsucht des älteren Menschen nach Gesundheit, Versorgung, Angenommensein, Weisheit, Sinn, Sehnen nach verstorbenen Partnern, Sterben, Tod und nach einem »Weiterleben«.

Dabei ist auffallend, dass ein Mensch mehrere Sehnsüchte gleichzeitig haben kann, Sehnsüchte also im Plural vorkommen.

Dieser Plural birgt aber genau ein grundsätzliches Problem in sich. Der Franziskaner Heribert Arens sieht im Plural von »Sehnsucht«, also in »Sehnsüchte«, eine Gefahr lauern:

»Sehnsüchte« ist mir ein äußerst unsympathisches Wort, weil es im Menschen der Illusion Nahrung gibt, er selbst

sei in der Lage, Antwort auf seine Sehnsucht zu geben, seiner Sehnsucht Erfüllung und Befriedigung zu schaffen. ... Doch das führt in die Enttäuschung:
Da hat jemand Sehnsucht nach einem Menschen – und wechselt auf der Suche nach Erfüllung von einem zum anderen, weil keiner seine Sehnsucht wirklich beantworten kann. Da hat einer Sehnsucht nach Liebe, nach Zärtlichkeit, sucht sein Glück im sexuellen Rausch, dem nur zu schnell die Ernüchterung folgt, wenn er nicht eingebettet ist in liebende Beziehung. Da hat einer Sehnsucht nach Glück und rast den Glücksangeboten der Werbung nach, die verkaufen will, nicht Sinngebung schenken. Da hat einer Sehnsucht nach Leben und lebt ›auf Teufel komm raus‹ – und der kommt tatsächlich manchmal dabei heraus, nicht Leben.
Bei der menschlichen Sehnsucht, die in Angeboten des Hier und Heute Antwort zu finden meint, bleiben immer Reste. Es gibt hier und jetzt keine voll beantwortete und erfüllte Sehnsucht. Selbst wenn zwei Menschen in ihrer Partnerschaft mit dem Gefühl leben: Ich habe den Partner fürs Leben gefunden, der die Antwort auf meine Sehnsucht ist! – spätestens am Grab des anderen merkst du, dass er begrenzt, weil sterblich, ist; er lässt dich mit deiner Sehnsucht zurück.[101]

Der Plural von »Sehnsucht« birgt mit dieser grundsätzlichen Aussage noch weitere Probleme in sich. Ist ein Sehnsuchtswunsch erfüllt, gebiert er drei neue. Ist eine Sehnsucht nicht erfüllt, kann sie in die Wehmut, die Melancholie oder die Enttäuschung führen. Es bleiben immer Reste übrig, die nicht befriedigt werden können. Novalis drückte dies so aus: »Wir suchen überall das Unbedingte, und finden immer nur Dinge.« Das ist das Wesen der Sehnsucht – sie kann in unserer Lebenszeit nie endgültig zur Ruhe kommen.

Heribert Arens bringt dies in folgende Worte: »Es gibt keine erfüllte Sehnsucht, solange der Mensch auf der Erde lebt. Das hat seinen Grund darin, dass Sehnsucht ihrem Wesen nach maßlos ist. Es gibt keine maß-volle Sehnsucht: maßvoll wäre sie keine Sehnsucht. Wer mit der Sehnsucht lebt, ist hier nie am Ziel. Augustinus hat recht, wenn er in seinen ›Bekenntnissen‹ schreibt: ›Unruhig ist unser Herz bis es zur Ruhe kommt in Gott.‹ Weil sie maßlos ist, habe ich den Eindruck: Meine Sehnsucht hat mit Gott zu tun. Warum? Weil Gott selbst maßlos ist.«[102]

Der Bezug zwischen »Sehnsucht« und Gott wird in späteren Kapiteln noch von Bedeutung sein. Die Maß-losigkeit, die Ungeduld, die ziehende und treibende Kraft der Sehnsucht in diesem Leben hat eine 31-jährige Sekretärin (ledig, katholisch) in einem »Brief an meine Sehnsucht« beschrieben. Diesen Brief möchte ich gerne weitergeben:

Brief an meine Sehnsucht

Was treibst du mich umher, unruhig und rastlos wie einen hungrigen Löwen? Wie ein Schiff, das nie im Hafen ankommt. Als Gefährten erwählst du dir die Nacht und mein Alleinsein. Meine Traurigkeit nährt dich, meine Ungeduld lässt dich wachsen. Ich klage dich manchmal an, weil du mich nicht lachen lässt, mir Freude verwehrst. Du bist eitel, denn du denkst nur an dich. Du bist hochmütig, denn du willst Dinge, die du nie erreichen kannst. Du bist dumm, denn du begreifst nicht, dass es eine Realität gibt.
Aber ich will dir auch danken. Denn oft trägst du meine Gedanken wie auf Adlers Schwingen fort in andere Welten. Meine Träume bekommen Raum. Wegen dir

erscheinen mir die Sterne heller, das Meer schöner als sonst. Du erhebst mein Herz und verleihst ihm einen reinen Schliff, einem Diamanten gleich. Nur wegen dir blicke ich weiter – über den Horizont meines Lebens hinaus.
Berühr mich! Zieh mich! Reiß mich fort! Nimm mich mit und lass mich wieder los. Ergreif mich und gib mich wieder frei. Nicht mit dir und nicht ohne dich. Ich tanze immer weiter …

Sehnsucht gehört wie Freude, Angst, Vertrauen, Eros, Aggression, Liebe, Sinn und vieles andere mehr zu den Grundkräften[103] in unserem Leben. Sie treibt uns an wie eine Schwungfeder, sie zieht uns an wie ein Magnet. Wie ein roter Faden im Leben will sie uns zwischen Misslingen und Erfolg, zwischen Scheitern und Gelingen am Leben halten. Sie kann uns anspornen oder auch melancholisch-traurig werden lassen.

Die Stärke der Sehnsucht und der Umgang mit ihr ist vielleicht – so sagt der Hamburger Psychologe Hantel-Quitmann – ein Indikator für die persönliche Reife einer Person. Deshalb ist es wichtig, zu lernen, mögliche von den unmöglichen und wichtige von den unwichtigen Sehnsüchten zu unterscheiden.[104] Die Groninger Psychologin Susanne Scheibe, die in ihrer Dissertation »Sehnsucht als ein neuer Lebensspannen-Begriff« das Thema wissenschaftlich behandelte, sieht auch zwei Richtungen der Sehnsucht: »Auf der einen Seite kann Sehnsucht eine Vision sein und zu einer produktiven Spannung führen, die Personen motiviert, aktiv auf ihre Erfüllung hinzuarbeiten. Auf der anderen Seite kann Sehnsucht auch eine Illusion oder ein imaginärer Ersatz sein, der Personen daran hindert, ihr ›wirkliches Leben‹ wertzuschätzen und aktiv zu gestalten.«[105] Ich möchte im

Folgenden beide Positionen vereinen und zwischen »Echter Sehnsucht«, die uns fördert, und einer »Scheinsehnsucht«, die uns hemmt, differenzieren.[106]

Merkmale der »Scheinsehnsucht«:

- sie konzentriert sich auf Gegenstände, bestimmte Menschen oder Geschichten in der Zukunft und verpasst das Hier und Jetzt;
- Gedanken an sie rauben Energie und machen unzufrieden;
- vorherrschende Gefühle sind Wehmut, Melancholie, Traurigkeit, Unzufriedenheit, Enttäuschung, Leid;
- oft mündet sie in ein materielles Ziel. Viel Energie und Geld ist notwendig, diese Sehnsucht zu befriedigen – und sie wird doch nicht befriedigt;
- die Schritte zum Ziel sind nicht selten zäh und anstrengend. Irgendwie gibt es innere und äußere Widerstände;
- das Ziel erscheint auch nach langer Zeit in weiter Ferne und kommt kaum näher;
- Einwände anderer bringen leicht aus dem Gleichgewicht und erzeugen Zweifel – eine »innere Stimmigkeit« fehlt;
- der Plan, ihr zu folgen, verschiebt Veränderungen im Leben in eine oft ferne Zukunft.

Die »Scheinsehnsucht« ist letztlich ein Energieräuber. Sie hindert am Leben im Hier und Jetzt und vertröstet mit falschen und leeren Versprechungen auf später. Im Laufe der Zeit hinterlässt sie »innere Leere« (existenzielles Vakuum) und raubt Lebenslust und Lebenskraft. Sie kann zu einer »neurotischen Sehnsucht«[107] werden, deren Merkmale folgende sind:

- kompliziert, vielschichtig, undurchsichtig und ambivalent. Sie genügt sich selbst und bleibt Selbstzweck. Sie kreist um sich selbst. Es wird keine »Erlösung« gefunden;
- eine neurotisch gewordene Sehnsucht macht sich an Ersatzobjekten oder -handlungen fest. Sie wird zwanghaft und suchtgefährdet;
- sie bedroht unsere innere Stabilität und unsere seelische Gesundheit;
- sie bleibt dem rein Irdischen verhaftet und ist für Selbsttranszendenz (das Über-sich-selbst-Hinausgreifen) und Transzendenz (Gott, Spirituelles) nicht offen;
- sie kommt im realen Leben nicht an.

Die eher bedenkliche Natur der »Scheinsehnsucht« bringt eine 46-jährige Journalistin und Kommunikationswissenschaftlerin (katholisch, verheiratet) zum Ausdruck:

> *(Sich) Sehnen (nach) hat für mich mit Begehren, mit Verlangen zu tun, mit Hoffnung, Ahnung, einem Versprechen, das in der Zukunft liegt, nicht greifbar, aber erstrebenswert ist. Wenn ich mich nach etwas sehne, ist es noch vage, noch nicht klar umrissen, deshalb ist der Weg dorthin noch unbestimmt. Dieses Sehnen fühlt sich an wie ein »Ziehen in der Brust«, entzieht sich meinem Verstand, erfüllt mich mit den beiden Extremen »himmelhoch jauchzend – zu Tode betrübt«, da es in dem Stadium des Sehnens noch nicht in klare, nachvollziehbare und erreichbare Einzelschritte eingeteilt ist.*
>
> *Der zweite Teil des Wortes ist die »Sucht«. Und zwar für mich nicht im Sinne der medizinisch-psychologischen Krankheitsbilder, sondern im Sinne einer Tendenz zur Abhängigkeit. Wenn ich nach etwas, nach jemandem, nach einem Gefühl, einem Zustand … »süchtig« bin,*

bin ich nicht dafür verantwortlich, was der Mensch/Sache/Gefühl/Zustand mit mir macht. Ich belege ihn jedoch mit so viel positiven, »glücklich-machenden« Assoziationen, dass ich ihn unbedingt erreichen will. Daher sind fast alle Wege in Ordnung, diesen zu erreichen (sind sie aber nicht).

Sehn-Sucht ist für mich eine Gemütsverfassung / ein Streben, die / das nur bedingt positiv besetzt ist. Denn sie hat die Tendenz, den Blick auf die Dinge, die erreichbar sind, zu »vernebeln« und liefert gleichzeitig einen Entschuldigungsgrund, passiv zu bleiben.
Um das an einem Beispiel zu verdeutlichen: Sehnsucht nach Nähe ist etwas, das viele Menschen antreibt. Dabei wird diese »Nähe« häufig derart überhöht, dass sie kaum realisierbar ist. Statt also reale Verbindungen einzugehen, wird ein Idealbild von »Übereinstimmung / Verschmelzung …« entworfen, das so nicht erreichbar sein kann und letztlich frustriert.

Der Pädagoge und Heilpraktiker für Psychotherapie Jürgen Bendszus teilt die »Scheinsehnsucht«, also eine Sehnsucht, die sich in Teilsehnsüchten zeigt, die unerfüllbar sind und unglücklich machen, in zwei Grundtypen ein[108]:

A) Unerfüllbare Sehnsüchte aufgrund von biosozialen Veränderungen, Schicksalsschlägen oder ungünstigen Lebensumständen und
B) Unerfüllbare Sehnsüchte als Illusionen, Traumwelten, unrealistische Erwartungen und neurotische Persönlichkeitszüge.

Bei den Sehnsüchten vom Typ A liegen Trennungs-, Scheidungs- oder Verlusterfahrungen geliebter Angehöriger oder

Freunde zugrunde. Man wünscht sich Vergangenes zurück, was aber nicht möglich ist, weil Vergangenes unwiederbringlich vorbei ist.

Das Älterwerden gehört dazu. Der Verlust von Leistungsfähigkeit und Belastbarkeit, von Attraktivität und Unbefangenheit kann so nicht wett gemacht werden – die Sehnsucht danach geht ins Leere.

Der Wert und Sinn dieser Sehnsüchte liegt darin, dass sie uns zu persönlicher Weiterentwicklung herausfordern. Nicht das Sich-Zurück-Sehnen, sondern das Sich-Weiterentwickeln führt letztlich weiter. Unerfüllte Sehnsüchte fordern heraus und können zu ganz neuen Sinnerfahrungen führen.

Zu den Sehnsüchten vom Typ B gehören zum Beispiel die sogenannten Romantiker, die lebenslang an unerfüllter Sehnsucht leiden, weil ihre Sehnsucht sie dem wirklichen Leben entzieht. Sie erleben die Gegenwart, das Hier und Heute nicht, sie weichen aus in Richtung »Was wäre wenn …?«. Ihr Grundgefühl signalisiert immer wieder schmerzlich, dass etwas fehlt. Verschiedene belastende Grunderfahrungen, die sich mit Gefühlen der Hilflosigkeit verbinden, können zu unveränderbaren, zwanghaften und fixierten Sehnsuchtsbildern führen, die zwar kompensatorische Wirkung haben, letztlich aber dem Leben nicht dienen, sondern eher lebensuntüchtig machen. Die Sehnsucht wird dann zur Sehnflucht. Nicht selten hat so ein Mensch das »Gefühl, gänzlich im falschen Leben zu stecken oder ohne die erfüllte Sehnsucht nicht weiterleben zu können.«[109]

Das Enneagramm[110], welches ein altes Persönlichkeitsmodell darstellt, das seit den 1980er-Jahren weltweit neue und große Verbreitung gefunden hat, teilt die menschlichen Charaktere in neun Grundtypen ein, die hier sehr verkürzt dargestellt werden:[111]

- *Typ 1*: Der Reformer, Perfektionist und Kritiker (Bauchzentrum) – er ist von der Sehnsucht nach einer wahrhaftigen, gerechten und moralischen Welt angetrieben. Er will hoch hinaus und gibt sich nicht rasch zufrieden. Er will verändern – sich selbst und auch die Welt. Er kann sich auch dahin verändern, dass er vieles sein lassen kann, wie es ist.

- *Typ 2*: Der Helfer, Geber und Fürsorger (Herzzentrum) – er setzt sich unermüdlich für die Bedürfnisse anderer ein und stellt dabei seine in den Hintergrund. Er möchte gebraucht werden – darin liegt der Sinn für ihn. Er verschenkt seine Liebe, aber manchmal auch sich selbst. Wenn er sich selbst lieben lernt, dann wird auch er glücklich.

- *Typ 3*: Der Leistungs- und Erfolgsmensch (Herzzentrum) – er zeichnet sich durch die Fähigkeit aus, andere Menschen zu begeistern. Er fokussiert seine Ziele und hat einen »sechsten Sinn« für die Umsetzung seiner Ideen. Er liebt es, bewundert zu werden. Dafür tut er sehr viel. Oft trägt er Masken, hinter denen er kaum noch zu erkennen ist. Doch wenn er zu sich selbst stehen lernt, dann wird sein Erfolg auch für andere zum Nutzen.

- *Typ 4*: Der Romantiker, Melancholiker und Künstler (Herzzentrum) – das Sehnen ist wichtiger als das Haben. Er liebt das Besondere und befindet sich auf der Suche nach dem besonderen Schatz. Der Weg ist für ihn das Ziel. Doch wenn er seine innere Heimat findet, wird auch die »gewöhnliche« Welt der Ort, wo er leben kann.

- *Typ 5*: Der Beobachter, Denker und Sammler (Kopfzentrum) – er denkt, bevor er handelt, und braucht den Abstand. Leicht bricht er Brücken ab, wenn andere ihm zu nahe kommen. Sein Leitsatz lautet: »My home is my castle.« Alles, was mit zu viel Emotionalität zu tun hat, ist nicht »sein Ding«. Lernen zu lieben, Emotionen zu spüren und Nähe zuzulassen sind seine großen Herausforderungen.

- *Typ 6*: Der Skeptiker, Loyale und Verteidiger (Kopfzentrum) – sein Leitsatz lautet: »Achtung! Die Welt ist gefährlich, sei immer auf der Hut.« Daraus ergibt sich seine große Sehnsucht nach Sicherheit. Gerne schließt er sich anderen Autoritäten, Personen oder Gruppen an. Angst begleitet ihn ein Leben lang und deshalb kann er großen Mut entwickeln, wenn er zu sich selbst gefunden hat.

- *Typ 7*: Der Optimist, Glücksucher und Genießer (Kopfzentrum) – er strahlt viel Optimismus und Freude aus. Er sucht die Lust, die Freude und das Glück und findet sie auch oft. Wenn dies »in den Niederungen des Lebens« nicht möglich ist, dann sucht er »hinter den Wolken«. Wenn er Ernüchterung in seinem Leben integrieren kann, dann wächst aus oberflächlichem Vergnügen tiefgründige Hoffnung.

- *Typ 8*: Der Starke, Führer, Boss und Beschützer (Bauchzentrum) – sein Leitsatz lautet: »Ich habe die Macht, ich bin stärker als ihr!« Er braucht Herausforderungen, um seine Kraft zu spüren. Kampf ist für ihn Leben. Wenn er seine eigenen Schwächen erkennt und integrieren lernt, dann wird seine Stärke zu sozialer Stärke.

- *Typ 9*: Der Ursprüngliche, Friedensstifter, Mediator und Bewahrer (Bauchzentrum) – er fühlt sich in seiner eigenen, verborgenen Welt am wohlsten. Das Äußere lenkt ihn nur ab von dem, was er in sich selbst erlebt. In seiner Nähe fühlt man sich angenommen und geborgen. Konflikte scheut er. Sein sehnlichster Wunsch ist Harmonie. Findet er seinen »Kern aus Gold«, dann schafft er es, entschlossen seine tiefe Energiequelle auf einen Orientierungspunkt zu richten und sich im Außen einzusetzen.

Der Romantiker ist im Enneagramm der Persönlichkeitstyp Nr. 4, der auch als Melancholiker, Künstler oder Individualist bezeichnet wird. Er gehört zu den sogenannten »Herzmenschen« des Enneagramms. Daneben gibt es »Kopfmenschen« und »Bauchmenschen«.
Die *Vierer* setzen ihre Gaben dafür ein, in ihrer Umgebung den Sinn für Schönheit und Harmonie zu wecken. »Ihr Leben besteht aus großen Dramen, Sehnen ist wichtiger als Haben. Die ständige Sehnsucht, sich selbst zu finden, findet Ausdruck im künstlerischen Bestreben nach Extravaganz. … Obwohl die Vierer auf ihre Gefühlswelt bezogen wirken, richten sie ihren Blick ständig nach Außen. Ihre Selbstwahrnehmung ist unsicher, ihren Zorn gegen früher erlittenen Verlust richten sie gegen sich selbst und fühlen sich als Außenseiter.«[112]

Eine 51-jährige Fachärztin (katholisch, geschieden) bezeichnet sich als Vierer und lässt uns hier an einer interessanten Entwicklung ihrer Sehnsucht teilhaben:

Sehnsucht ist für mich als »Vierer« des Enneagramms ein sehr vertrautes Gefühl. Als ich noch jünger war, konnte ich damit nicht so gut umgehen. Als Jugendliche kannte ich oft ein sehr unspezifisches Sehnen nach dem Leben, das aufgrund seiner Unerfülltheit gelegentlich in Melancholie umschlug. Dann sehnte ich mich ganz

konkret nach einem Partner, nach Kindern, nach einem Haus … Und als dies alles erfüllt war, war die Sehnsucht umso stärker und die Ratlosigkeit groß.
Eigentlich ist für mich Sehnsucht in ihrem Kern immer ein Sehnen nach Liebe und Lebendigkeit. Es ist im Grunde immer die Sehnsucht nach Gott, nach dem »Eins-Sein«. Und immer, wenn eine vordergründige, konkrete Sehnsucht erfüllt wird, bleibt die unerfüllte Sehnsucht in der Tiefe umso deutlicher spürbar.
Im Enneagramm wird dies beim »Vierer« als die Sehnsucht nach der blauen Blume beschrieben. Es ist die Sehnsucht nach dem Eigentlichen hinter allem Vordergründigen.

Diese Rückmeldung bestätigt auch die wissenschaftlichen Untersuchungen von Susanne Scheibe über »Sehnsucht«, wenn diese festhält: »Je intensiver und umfassender die Sehnsucht, desto häufiger und langanhaltender wird sie erlebt, desto stärker richtet sie sich auf das gegenwärtige und zukünftige Leben und desto mehr gibt sie Richtung für die Gestaltung des weiteren Lebens.«[113]

Merkmale »echter Sehnsucht«:

- ein tiefes Gefühl steht immer im Vordergrund und nicht eine Geschichte, eine konkrete Person oder ein Gegenstand;
- natürliche Fähigkeiten passen zur Sehnsucht;
- die Gedanken an die Sehnsucht und das Engagement, diese zu erreichen, geben deutlich Kraft;
- das vorherrschende Gefühl ist »hier bin ich richtig« und Begeisterung;
- Mangel an Geld oder materiellen Ressourcen ist kein Hinderungsgrund, der Sehnsucht zu folgen;

- Einwände anderer bringen einen nicht vom Weg ab, der Sehnsucht zu folgen;
- es wird vor allem in Chancen und nicht in Widerständen gedacht;
- der Plan, der Sehnsucht zu folgen, bewirkt die Veränderung im Hier und Jetzt;
- aus der Sehnsucht wird eine Vision, die durchs Leben zieht und motivierend und energetisierend begleitet.

Die »echte Sehnsucht« gibt Kraft im Leben sogar in schweren und verzweifelten Situationen. Sie hat mit seelischer Widerstandskraft (Resilienz) und der seelisch-geistigen Grundkraft »Hoffnung« zu tun. Wie ein inneres Feuer kann sie in kalter Umgebung Leben erhalten und erhellen. Wie ein Magnet zieht diese Kraft zum Leben hin.

Diese Natur echter Sehnsucht hat ein 48-jähriger Sänger und Musiker (evangelisch, geschieden, in neuer Beziehung lebend) sehr schön beschrieben:

> *Es ist Dezember. Ich laufe an Ackerfeldern entlang. Schwerer Erdgeruch steigt mir wohlig in die Nase. Ich singe immerzu vor mich hin: »Sehnend, sich dehnend in Lieben und Hoffen!« Ein richtiger Ohrwurm. Ich orte ihn: Hugo Wolfs Vertonung von Eduard Mörikes herrlichem Gedicht »Im Frühling«. Ausgerechnet jetzt, kurz vor Weihnachten. Doch der Erdgeruch, die Worte und die Melodie begleiten meine Winterwanderung weiter.*
>
> *»Ich denke dies und denke das. Ich sehne mich, und weiß nicht recht nach was.«*
> *Ja, das ist wohl die größte, die tiefste Sehnsucht, die nicht recht benennen kann, wohin sie eigentlich gerichtet ist. In diesem Augenblick fühle ich sie, und deshalb singe ich.*

Das Wunderbare an der Sehnsucht ist, dass sie den Glauben an die Erreichbarkeit des Ersehnten in sich trägt.
»Halb ist es Lust, halb ist es Klage«, singt mein inneres Ohr weiter.
Sehnsucht kann Lust sein, Lust am Ersehnten, Lust am Gedanken ihrer Verwirklichung – sie ist Klage: Schmerz über das »Noch nicht!«, das Unerreichte des Ersehnten.
»Noch unerreicht!«, verbessert mich die Sehnsucht, und wird wieder zu Lust.

Ich weiß hier im tiefen Winter um den nächsten Frühling. Die Sehnsucht ist immer schon einen Schritt weiter. Deshalb taucht das Lied gerade jetzt in mir auf.
Ich zweifle nicht: auch im Lebenswinter, im Alter, wird mir diese schmerzlich-schöne Weise noch Hoffnung auf ein neues Aufblühen zurufen.
Hoffnung und Sehnsucht sind Zwillingsschwestern.
An den Äckern weiterwandernd, suche ich, während mein Blick über reifglitzernde Felder und an kahlen Bäumen entlang schweift, das ganze Mörike-Gedicht in meinem Hirn zusammen:

»Hier lieg ich auf dem Frühlingshügel.
Die Wolke wird mein Flügel,
ein Vogel fliegt mir voraus.
Ach, sag mir, all-einzige Liebe,
wo du bleibst, dass ich bei dir bliebe!
Doch du und die Lüfte, ihr habt kein Haus.

Der Sonnenblume gleich steht mein Gemüte offen,
sehnend,
sich dehnend
in Lieben und Hoffen.

Frühling, was bist du gewillt?
Wann werd ich gestillt?

Die Wolke seh ich wandeln und den Fluss,
es dringt der Sonne goldner Kuss
mir tief bis ins Geblüt hinein.
Die Augen, wunderbar berauschet
tun, als schliefen sie ein.
Nur noch das Ohr dem Ton der Biene lauschet.
Ich denke dies und denke das,
ich sehne mich
und weiß nicht recht nach was:
halb ist es Lust, halb ist es Klage;
mein Herz, o sage,
was webst du für Erinnerung
in golden grüner Zweige Dämmerung?
– Alte unnennbare Tage.«

Kann man Sehnsucht schöner beschreiben, als es dem schwäbischen Dorfpfarrer Eduard Mörike hier gelungen ist?

Sehnsucht ist das Beste, was neben Glaube, Hoffnung und Liebe in uns wohnt. Diese Grundkräfte sind wie Trieb- und Schwungfedern unseres Lebens. Für den Benediktiner Anselm Grün ist die Sehnsucht die wichtigste spirituelle Kraft in uns Menschen. Sein Rat lautet: »Das Feuer in der Seele nicht ausgehen lassen, sondern es schüren, damit die Welt nicht erkaltet und verhärtet. Die Ziele weit stecken – und so Raum lassen für Hoffnung und Traum. Das Herz weit machen, denn in unserer Sehnsucht erst finden wir wirkliche Heimat. Geborgenheit suchen – aber nicht stehen bleiben beim einmal Erreichten. … Lass deine Träume nicht versanden. Suche Räume, in denen du sein und werden kannst, was

du bist. Lebe Beziehungen, die heilsam sind. Verlass die starren Gleise des Gewohnten, bleib auf dem Weg. Geh deiner Sehnsucht auf den Grund – und halte sie wach.«[114]
Wer die Sehnsucht, wer seine Sehnsucht nicht kennenlernt, ihr nicht auf den Grund geht, sie nicht wach hält, der wird zu einem Spießbürger, dem alles Materielle und alles Gegebene genug ist. Er wird zum »Homo faber«[115] (zum arbeitenden Menschen) und zum »Homo technicus«, der in sich die Stimmen der Angst, der Unzufriedenheit und der existentiellen Leere nie ganz abstellen können wird. »Eine sehnsuchtslose Welt wäre ein Albtraum – wenn das Leben nur die ›letzte Geborgenheit‹ wäre, alles noch in sich hineinzustopfen, oder alles zu horten in der Gefriertruhe des Ego.«[116] Sehnsucht erlöst uns vom Machbarkeitswahn, dem unsere Zeit erlegen ist. Sehnsucht hat das Potenzial in sich, sich auf den Weg zu machen, innerlich lebendig zu bleiben, mutig zu werden. Der Dichter Rainer Maria Rilke brachte diese Erkenntnis in folgende Worte: »Wenn die Sehnsucht größer als die Angst ist, wird Mut geboren. Ohne Sehnsucht machen wir uns nicht auf den Weg.«

Die Verbindung von Sehnsucht und den drei göttlichen Tugenden Glaube, Hoffnung und Liebe wurde mir im Laufe meines Lebens einmal so richtig bewusst. Mit all meinem inneren Suchen, Fragen und Ringen und all meinem äußeren Tun kam ich im Laufe der Zeit an den Punkt, wo ich der Verzweiflung nahe war. Obwohl schon Franziskaner – also ein gläubiger Gottsucher –, der sich viel für andere engagierte, verlor ich immer mehr meinen Draht zu Gott und auch zu mir selbst. Kaum jemandem konnte ich meine Not klagen, sogar Gott nicht mehr, an den ich eine längere Wüstenzeit lang kaum noch glauben konnte. Eines Tages erzählte ich diese innere Not meiner damals noch lebenden Mutter, die mich daraufhin groß und ernst ansah. Nach einer Zeit des

Überlegens kamen folgende Worte aus ihrem Mund, die ich nie vergessen habe: »Du bist nun also an diesem Punkt angekommen. Wenn du nicht mehr ein noch aus weißt, wenn du sogar nicht mehr beten kannst, dann bete einfach um Glaube, Hoffnung und Liebe. Hab Geduld und Vertrauen. Bete einfach weiter. Mit der Zeit wird wieder Licht in dein Leben kommen.«

Ich beherzigte diesen Rat und er trägt mich bis heute. Dieser lebenskundige Rat einer Mutter von neun Kindern und drei Pflegekindern war konkret, erdig, von persönlicher Erfahrung geprägt.
Als ich mich dann ganz dem Franziskanerorden anschloss, wählte ich folgende Zeilen des Frankfurter Pfarrers Lothar Zenetti als Motto für meinen weiteren Lebensweg:

Menschen, die aus der Hoffnung leben, sehen weiter.
Menschen, die aus der Liebe leben, sehen tiefer.
Menschen, die aus dem Glauben leben,
sehen alles in einem anderen Licht.

Glaube, Hoffnung und Liebe werden hier in einer sehr griffigen Weise als Lebenshilfen genannt. Im Laufe der weiteren Jahre entdeckte ich dann die Sehnsucht als weiteren Energie- und Kraftspender. Die Sehnsucht hat nämlich eine Dynamik in sich, sich nicht mit dem Leben, wie es halt so ist, abzufinden, sondern nach besseren Verwirklichungen zu suchen:

Sehnsucht lebt von dem Bewusstsein einer Möglichkeit, die das Leben von Grund auf anders werden lässt. Aber nur auf der Basis des Bewusstseins der Gebrochenheit und Unvollkommenheit des Lebens hat die Sehnsucht überhaupt ihre Kraft und Gültigkeit. Nur deshalb ist sie kein Wahn. Sie zehrt von dem Gefühl, dass die vorge-

gebene Wirklichkeit nicht in Ordnung, sondern durch Entfremdung gekennzeichnet ist. Wahnhaft wäre es in Anbetracht dieses wachen Bewusstseins für das Nicht-in-Ordnung-Sein der vorgegebenen Lebenswelt vielmehr, wenn wir unsere Sehnsucht ausblenden und verdrängen würden. … Ein sehnsüchtiges Ich hat das Potenzial in sich, nicht auf der Strecke zu bleiben, sondern auf Höheres, ja auf das Höchste hin orientiert zu sein. Dass es im Menschen diese Sehnsucht gibt … – ein solches Potenzial, über alles Endliche hinauszufragen – ist im Kern die Basis aller Religion.[117]

Die vorher zitierte 51-jährige Fachärztin umschreibt diese Erkenntnisse mit ihren eigenen Worten, die Sehnsucht und Spiritualität eng miteinander verbunden wissen:

Wie es ja so schön heißt, ist die Sehnsucht das Einfallstor Gottes. Sie ist der Antrieb, der mich immer wieder Gott suchen lässt. Am besten geht es mir dann, wenn ich in die Natur gehe, wo ich schnell den Grund des Lebens spüre, oder wenn ich in Stille, Meditation und Gebet den direkten Kontakt zu Gott suche. Dann kann es sein, dass die Unruhe der Sehnsucht in stille Freude, Frieden oder Glückseligkeit umschlägt.

Spiritualität ist ein großes Wort und ein weites Feld. Für mich ist sie sehr wichtig und bedeutet die Anerkennung, dass es Gott gibt, dass er der Grund des Lebens ist, ja dass er Leben und Liebe ist: Der ICH BIN, so wie er sich schon im brennenden Dornbusch geoffenbart hat.

Dann bedeutet Spiritualität für mich alles, was mich Gott näher bringt, bzw. alles, was mir zu dem Bewusstsein verhilft, dass er zu jeder Zeit in mir ist und dass ich in ihm bin. Also alles, was mir zum Bewusstsein des ›Eins-Seins‹ verhilft, zur Wahrnehmung der göttlichen

Weisheit, Liebe und Macht in allem und jedem, und was mich entsprechend handeln lässt.
Sehnsucht und Spiritualität sind somit eng miteinander verbunden. Die Sehnsucht führt mich zur Spiritualität. In dem Maße wie ich mich nach Gott sehne, kann er in meinem Leben wirksam werden.

Diese Zusammenhänge zwischen Sehnsucht, Spiritualität und Religion werden in späteren Kapiteln dieses Buches beleuchtet werden. Zuvor will ich mich nun an die »Psychologie der Sehnsucht« heranwagen.

8. Die Psychologie der Sehnsucht

»Sehnsucht hilft, dem Leben eine Richtung zu geben und mit dessen Unvollkommenheit fertig zu werden.«
ALEXANDRA M. FREUND

Sehnsucht ist ein sehr komplexes Gefühl. So viel haben wir in den letzten Punkten schon kennengelernt. Sie umfasst Gedanken, Gefühle, Wünsche, Phantasien, Träume und Tagträume zum erwünschten, optimalen, idealen oder utopischen Leben. Die Züricher Psychologin Alexandra Freund forschte mit Kollegen ihres Faches über dieses Thema und kam zu der Grundaussage: »Sehnsüchte sind sehr glänzend, sehr glitzernd. … Das beschreiben unsere Probanden immer wieder. Sehnsüchte stehen für etwas sehr Schönes, aber Unerreichtes. Deshalb können sie auch so wehtun, weil man das Objekt der Sehnsüchte ja eben nicht besitzt und meistens auch weiß, dass man es nur sehr schwer oder gar nicht erreichen kann. Das Gefühl der Sehnsucht ist immer *bittersüß*.«[118]

Im Folgenden will ich der »Psychologie der Sehnsucht« nachgehen und Erkenntnisse dieser Wissenschaft zu Hilfe nehmen, um der Sehnsucht, die in uns zieht und wirkt, noch näher zu kommen. »Vielleicht ist die Sehnsucht in der Evolution des Menschen entstanden, um ihn immer wieder nach neuen Wegen zum Glück suchen zu lassen. Ein Gefühl, das zur Veränderung drängt.«[119] Und: Vielleicht ist die Sehnsucht uns von Gott in unsere Seele gelegt worden, damit wir nach dem Sinn unseres Lebens suchen, uns auf Wege der Verwirklichung machen und dadurch glücklich werden, weil wir die Bestimmung unseres Lebens gefunden und umgesetzt haben.

Es ist wirklich erstaunlich, dass sich die Psychologie dem Gesamtthema »Sehnsucht« so richtig erst in den letzten Jahren angenommen hat. Der 2006 verstorbene Entwicklungspsychologe, führende deutsche Gerontologe und international viel geehrte Paul B. Baltes begann mit seinem Mitarbeiterinnenteam Susanne Scheibe, Alexandra Freund und Dana Kotter-Grühn, das Phänomen der Sehnsucht theoretisch und empirisch zu erforschen. Persönlicher Auslöser war für ihn höchstwahrscheinlich der Tod seiner Frau, die er vermisste, nach der er sich sehnte.[120] Der Psychologe entdeckte aufgrund seiner eigenen Betroffenheit ein bisher kaum bearbeitetes Feld psychologischer Forschung und kam dabei zu erhellenden Erkenntnissen.

Ausgehend von vielen Forschungen aus entwicklungspsychologischer Perspektive entwickelte sich das Modell von sechs Merkmalen der Sehnsucht[121], die in der Psychologie der Lebensspanne und der deutschen Kulturgeschichte (Malerei, Musik, Literatur und Philosophie) verankert sind. Diese Ergebnisse wurden immer wieder durch neuere Erkenntnisse belegt.

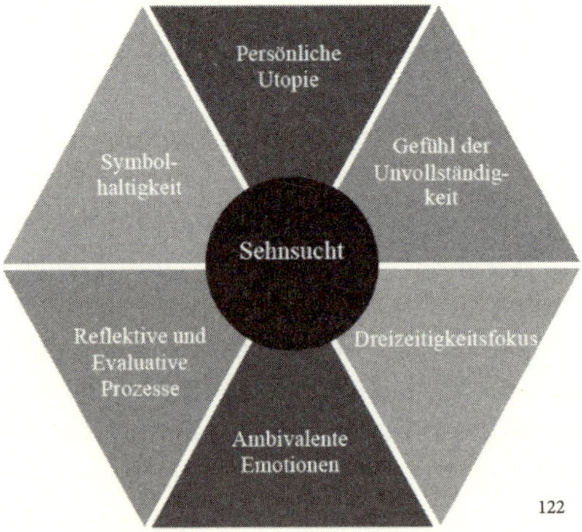

122

Sehnsucht hat nach diesem Modell sechs Aspekte:

(1) Unerreichbarkeit einer persönlichen Utopie (*Persönliche Utopie*): Im Zentrum steht eine persönliche Utopie, eine Vorstellung davon, was das »perfekte Leben« wäre, der man sich zwar annähern kann, sie aber wohl nie erreichen wird. (»Ich habe Sehnsucht nach etwas, das zu vollkommen ist, um sich zu erfüllen.« Oder »Ich sehne mich nach jemandem, den ich nie erreichen oder gewinnen kann.«)

(2) Unvollkommenheit und Unfertigkeit des eigenen Lebens (*Gefühl der Unvollständigkeit*): Man hat das Gefühl, dass einem etwas im Leben fehlt oder dass etwas unfertig ist (»Ich weiß, dass ohne die große Liebe, nach der ich mich sehne, mein Leben nie ganz vollkommen ist.«)

(3) *Dreizeitigkeitsfokus*: Sehnsucht ist immer auf die Vergangenheit, Gegenwart und die Zukunft ausgerichtet. Bedeutsame Erfahrungen, momentanes Erleben und vorausschauende Erwartung durchdringen sich (»In meiner Sehnsucht sind Erinnerungen an meine Vergangenheit und die Phantasien über meine Zukunft miteinander verbunden.«) Dieser Dreizeitigkeitsfokus ist unter anderem etwas, was Sehnsucht von Zielen oder Bedauern unterscheidet. Während Ziele primär auf die Zukunft ausgerichtet sind und Bedauern primär auf die Vergangenheit, bezieht sich Sehnsucht auf alle drei Zeitphasen (wenn auch mit unterschiedlicher Gewichtung).

(4) Gefühlsambivalenz (*Ambivalente Emotionen*): Da man ein ersehntes Ziel vor Augen hat und gleichzeitig weiß, dass man dieses nie erreichen wird, sind die Gefühle immer angenehm (Freude, »Süße«) und zugleich unangenehm (Traurigkeit, »Bitterkeit«). Bittersüße Gefühle, die in der Literatur zum Beispiel als »lustvolles Leiden« oder »verzehrendes Verlangen« beschrieben werden.

(5) Reflexion, Rückschau und Lebensbewertung (*Reflektive und evaluative Prozesse*): Sehnsucht dient auch zur Bewer-

tung des eigenen Lebens. (»Bin ich auf dem richtigen Weg? Was fehlt in meinem Leben? Wohin soll es gehen?«) Man denkt über das, was man sich wünscht, intensiv nach, ist mitunter selbstkritisch und bewertet es ausgiebig. (»Meine Sehnsucht veranlasst mich dazu, viel über die Bedeutung und den Sinn meines Lebens nachzudenken.«)

(6) Symbolgehalt und Symbolcharakter (*Symbolhaltigkeit*): Meistens stehen Sehnsüchte für etwas anderes. Sehnsucht ist reich an symbolischer Bedeutung. Die einzelnen Sehnsuchtsobjekte oder -ziele sind sozusagen nur Stellvertreter für viel weiter reichende mentale und emotionale Bedeutungshorizonte. (»Das, wonach ich mich sehne, stellt ein Gefühl dar, das für etwas in meinem Leben steht.«)

Das Beispiel »Ich wäre gerne Musiker geworden« unterstreicht das Modell der sechs Merkmale der Sehnsucht:

> *Ich wollte immer Sänger werden. Die meiste Zeit im Leben Musik zu machen – das fehlt mir (Unvollständigkeit). Hauptberuflich werde ich wohl nicht mehr in einer Band singen oder in einem Club spielen können, obwohl das immer noch mein großer Lebenstraum ist (Unerreichbarkeit). Es macht mich glücklich, an einen Bob-Dylan-Song zu denken. Gleichzeitig bedauere ich, das nicht jeden Tag tun zu können (Gefühlsambivalenz). Ich frage mich oft, was ich im Leben hätte anders machen können, um mir eine Karriere als Sänger oder Songwriter aufzubauen (Reflexion). Ich habe schon als Kind gerne gesungen und Klavier gespielt. Und jetzt träume ich manchmal nachts davon. Es beschäftigt mich, und es ist immer noch ein inniger Wunsch von mir (Dreizeitigkeitsfokus). Singen stellt für mich eine kreative Energie dar, die man aufs Publikum übertragen und den Zuhörern schenken kann (Symbolgehalt).*[123]

Neben den sechs beschriebenen Merkmalen hat die Sehnsucht nach der Forschung um Paul B. Baltes auch zwei Grundfunktionen, eine richtungs- beziehungsweise zukunftsweisende Funktion und eine Hilfefunktion (Regulation von Verlust und Nichtrealisierbarkeit):[124]

- *»richtungs-/zukunftsweisende Funktion: Sehnsucht kann dem Leben eine neue Richtung geben, sei es in Teilbereichen oder in Teilschritten, sei es radikal und ganz neu. Sie kann dabei helfen, sich Ziele in den Lebensbereichen zu setzen, die einem besonders wichtig sind. Wenn diese Funktion nicht (ganz) in die praktische Umsetzung führt, so hat sie doch große Kraft für die eigene Persönlichkeitsentwicklung. Ideale Lebensverläufe können durchgespielt werden. Auf diese Weise entstehen Anreize, auf die Realisierung solcher Idealvorstellungen hinzuarbeiten.*
- *Hilfefunktion (Regulation von Verlust und Nichtrealisierbarkeit): Sehnsucht kann helfen, mit eigener Unfertigkeit, mit Verlusten oder dem nicht-perfekten Leben umzugehen. Für eine gewisse Weile kann man sich ausklinken und in ein für einen erstrebenswertes Leben eintauchen. Dabei zeigt sich nicht selten der bittersüße Beigeschmack der Sehnsucht: ein gewisser Wohlfühleffekt, gepaart mit dem bitteren Beigeschmack der Realität, die eine andere ist. Die Beschreibung der Verwaltungsangestellten zu Beginn dieses Teilpunktes hat dies gut in Worte gebracht und vor allem die hier benannten Punkte angesprochen.*

Sehnsucht kann, wenn sie nicht mehr kontrollierbar ist, in Melancholie oder sogar Depression umkippen, aber – und nun kommt eine wirklich tröstende Erkenntnis von der Psychologin Alexandra Freund:

Gegenwärtig gibt es hierzu noch keine Untersuchungen, aber ›eine Vermutung ist, dass im Leben von klinisch Depressiven Sehnsüchte eher fehlen. Depressive führen ein Leben im Grau. Aber Sehnsüchte glänzen‹, sagt Freund. In der Depression fehlt diese glänzende Seite der Sehnsucht, das, was einen auf das Ersehnte hin ausrichtet und vielleicht auch antreibt.[125]

Eine 46-jährige Haushaltshilfe (katholisch, verheiratet), deren positive Entwicklung im Umgang mit Depression und dunklen Gedanken ich in meinem Buch »GLAUBE an die KRAFT der GEDANKEN« erwähnt habe,[126] schreibt zu ihrer Sehnsucht etwas, was mir zeigt, dass – obwohl als depressiv diagnostiziert und schulmedizinisch behandelt – in ihr eine »glänzende Seite der Sehnsucht« das Grau der Depression übertönt. Sie ist lebenstüchtiger und froher – trotz allem – geworden. Dabei spielt ihre wieder neu entdeckte Spiritualität und Glaubenspraxis eine wichtige Rolle.

Nicht nur für mich, sondern für immer mehr Menschen in helfenden Berufen zeigt sich, dass Psychologie und Spiritualität nur miteinander und nicht gegeneinander zum Wohle der Menschen dienen. »Seit den 1980er-Jahren wächst eine Verbindung, eine Brücke zwischen Psychotherapie und Spiritualität. Dies ist erwähnenswert, weil diese Bereiche sich vorher eher bekämpften. Doch ist hier Vorsicht geboten, denn nicht überall, wo Spiritualität draufsteht, ist Spiritualität im eigentlichen Sinne drin. Der Jesuit Bernhard Grom sieht in diesem neuen Miteinander weniger die Rückkehr der Religion in die Gesellschaft, sondern mehr das Entdecken positiver Spiritualität als einer psychisch-seelischen Ressource innerhalb der Psychologie und Psychotherapie.«[127]

Das Entdecken oder Wiederentdecken positiver Spiritualität als psychisch-seelische Ressource – dies gilt ebenso für die Sehnsucht. Auch die Sehnsucht ist so eine Grundlage, so ein Medium der Seele, um lebendig bleiben zu können. Nicht nur die einzelnen Wissenschaften entdecken dies verstärkt wieder, sondern auch die einzelnen Menschen.
Die 46-jährige Frau schreibt also:

> *Mir ging es sehr lange nicht gut. Ich hatte Depressionen, mir fehlte Liebe (obwohl ich verheiratet bin) und ich hatte viele liebe Menschen verloren. Doch dann, eines Tages, bekam ich ein sehr großes Geschenk. Ich durfte einen Seelsorger finden, der auch psychologische Kenntnisse besitzt. Ich führte mit ihm viele Gespräche, ging mit ihm mit Hilfe von Imaginationen in die Tiefe meiner Seele und wurde dabei innerlich heller.*
>
> *Jede Krise öffnet eine neue Tür in unserer Seele. Jedoch mussten sich erst viele Türen öffnen, durch die ich gehen musste, um diese Sicht im Laufe der Zeit zu gewinnen. Blockaden wurden bearbeitet, Ängste losgelassen … Ich merkte schon bald, dass ich mit meinen Sorgen und Ängsten nicht alleine bin. Da ist JEMAND, dem ich ALLES sagen kann, der mich an der Hand nimmt und führt. Dieser JEMAND ist für mich GOTT.*
>
> *Wie gestaltet sich die Begegnung mit Gott? Er kommt ja nicht wie ein Gast, den ich in mein Wohnzimmer lasse und dem ich Kaffee und Kuchen serviere.*
> *Er kommt in mein Herz. In meinem Herzen biete ich ihm einen Platz an. Solch einen kleinen Ort in meinem Herzen zu schaffen, ist gar nicht so schwer. Gott diesen kleinen Platz freizuräumen ist viel wert, doch man kann das mit Worten gar nicht richtig beschreiben.*

Dieser Raum entsteht durch die Sehnsucht, die ich nach Gott aussende. Wenn ich mich auf ihn konzentriere, mich mit allen meinen Sinnen, mit Herz und Verstand auf ihn ausrichte, dann kommt er. Ich muss nicht einmal dabei beten, ich spüre nur, dass da etwas mit mir geschieht und ich fange zu lächeln an.

In mir spüre ich Ermutigung, dann Freude und zugleich einen Frieden in meinem Herzen. Ich spüre in mir Dank und Lob, eine herzliche Freude über diesen Gott und eine Gewissheit, dass ER mich, genau MICH im Blick hat.

Gott tröstet. Wenn Gott kommt, dann wird es eine Zeit der Freude. In meiner Dunkelheit und in meiner Sorge lässt mir Gott Trost zukommen. Und überall da, wo ich Enge und Unterdrückung erfahre, tut sich eine neue Zukunft für mich auf.

Von Gott her ist alles schon vorbereitet, was zur Begegnung nötig ist. Er wartet nicht nur hinter der Kirchentür.

Sehnsüchtig warten – das ist doch nichts. Ungenutzte Wartezeit ist verlorene Zeit, denkt man. Aber: wie soll dann die Sehnsucht wachsen, diese wichtige Vorbereitung des Menschen auf die Begegnung mit Gott? Sehnsucht braucht Zeit zum Wachsen.

Gott erhört Gebete. Und ER will sich auch um die kleinen und großen Anliegen kümmern. Manchmal auf unerwartete Weise erfüllt er Bitten, die ich schon lange vergessen habe. Es ist nicht so, dass alle meine Wünsche erfüllt werden, und das ist gut so. Denn oft kommt es anders, als ich es mir wünsche. Doch eines ist sicher: Wie es kommt, ist es gut, und ich weiß, dass es einen Sinn hat. Ich glaube, der Sinn meines Lebens liegt schlicht und einfach darin, die vielen kleinen Wunder der Welt zu bemerken und mich an ihnen zu erfreuen. Und ich erfahre JEDEN Tag kleine Wunder, ich muss mich nur dafür öffnen.

Gott kennt meinen Lebensplan und sorgt dafür, dass ich mich entwickle und verändere. Meine Aufgabe ist es, das Leben zu genießen und meinen Lebensplan mit Lebensfreude zur Erfüllung zu bringen.

Dieser Beitrag zeigt mir verschiedene Erkenntnisse:

- trotz Dunkelheiten offen bleiben für das Geschenk heilsamer Begegnungen;
- Blockaden und andere Störungen im Denken und Fühlen bearbeiten;
- Grundannahme der Geborgenheit und des Angenommenseins entdecken, stärken und einüben;
- die Sehnsucht ist dabei die Ausrichtung auf den, der kommen soll, auf das, was erfahren werden will. Hier bestätigt sich der Zielsatz über dem gesamten Buch, der mir persönlich seit vielen Jahren als Lebensweisheit aufgegangen ist: »Wenn du dich wirklich auf die Suche machst, dann kommt dir das Gesuchte entgegen«;
- die »andere Seite«, das Gesuchte bereitet »Begegnung« vor;
- Annahme des Guten, Positives bewusst wahrnehmen, größer werden lassen und genießen;
- Sehnsucht braucht Zeit zum Wachsen;
- Sehnsucht eröffnet Lebenssinn.

Die Sehnsucht hat einen eindeutigen und klaren Einfluss auf unser Leben. Ihr geht es weniger um Materielles, sondern viel mehr um ein Lebenskonzept. »›Sehnsüchte ranken sich um die wirklich wichtigen Entwicklungsaufgaben und Grundmotive des Lebens‹, sagt (Dana) Kotter-Grühn ... Ganz oben in der Liste: Partnerschaft, Familie, eigene Persönlichkeitsmerkmale. Weitere bevorzugte Sehnsuchtskategorien: Arbeit, Freundschaft, Gesundheit, Freizeit und Lebensqualität. Ganz unten in der Beliebtheitsskala: finanzielle Angelegenheiten, gesellschaftliche Werte oder Religion – wobei anzumerken ist, dass die meisten Probanden (der von Kotter-Grühn gemachten Studie) aus dem eher atheistisch geprägten Raum Berlin-Brandenburg stammten.«[128]

Den letzten Satz des Zitates möchte ich unterstreichen, da aufgrund der »unbewussten Spiritualität«, die im Menschen verborgen ist, sehr wohl Sehnsüchte nach Geistigem, Angenommensein, Spiritualität und letztlich Gott wirken. Vor allem in den Punkten über »Aktive Imagination« und »Wertimagination« werde ich auf wichtige Erkenntnisse der Psychologen Carl Gustav Jung und Viktor Emil Frankl und deren praktische Umsetzung durch Verena Kast und Uwe Böschemeyer eingehen.

Wer seine Sehnsucht kennt, der kann daran reifen! Psychologische Forschungen zeigen: »›Sehnsucht dient der Bewertung der eigenen Entwicklung‹, betont Susanne Scheibe. Sie vermittelt auf der Fantasieebene ein Gespür für andere, bessere Zustände, verweist somit auf neue, mitunter sehr langfristige Richtungen im Leben. ›Sie ist eine Art Metaziel‹, erklärt Alexandra Freund. Zwar kann sie mitunter zur Tat verführen und so zu einem Ziel reifen. Doch ist dies keineswegs zwingend. Ob sich Sehnsüchte zu Zielen entwickeln, hängt von mehreren Parametern ab: wie unsicher sich die Menschen fühlen, wenn es um die Realisierung geht, wie hoffnungsvoll sie sind, wie positiv sie aufs Leben blicken und ob sie ihre Sehnsucht als kontrollierbar wahrnehmen.«[129]

Noch mehr: Wer seine Sehnsucht kennt, mit ihr im Kontakt bleibt und sich durch sie auf Neues ausrichtet, der wird privat und beruflich erfolgreicher und glücklicher werden. Durch die Sehnsucht »werden eigenständig Ziele angesteuert und sie kann Auslöser für herausragende Leistungen sein. Baltes resümiert dazu: Und in dieser Rolle schätzen auch Künstler und Kunsthistoriker die Bedeutung von Sehnsucht als Auslöser von Kreativitätsschüben, die zu Spitzenleistungen führen.«[130]

Da Erfolg und Spitzenleistungen aber in der Gefahr sind, zu Götzen einer nur auf Produktivität, Leistung, Fortkommen und Karriere ausgerichteten Gesellschaft hochstilisiert zu werden, darf Sehnsucht nicht funktionalisiert, instrumentalisiert (wie etwa in der Werbung) oder missbraucht werden. Nach Ernst Bloch ist sie die ehrlichste Eigenschaft des Menschen, die dabei helfen kann, dem eigenen Leben auch ehrlich zu begegnen. Der Benediktiner Anselm Grün beschreibt diese entscheidende Grundnote der Sehnsucht als Lebenshilfe:

> *Ich muss den anderen nicht beweisen, wie tief meine Erfahrungen sind und welche Riesenfortschritte ich auf meinem Weg mache. Ich nehme mich so an, wie ich bin … Ich darf mein Leben so anschauen, wie es ist. Denn meine Sehnsucht geht über dieses Leben hinaus. In der Sehnsucht manipuliere ich nicht. Die Sehnsucht ist einfach da. Und nur dort, wo die Sehnsucht ist, ist wirkliches Leben. Nur dort, wo ich mich meiner Sehnsucht stelle, bin ich auf der Spur des Lebens, entdecke*

ich meine eigene Lebendigkeit. Und auf der Spur der je größeren Lebendigkeit überwinde ich meine eigene enge Begrenztheit.[131]

Nach diesen hauptsächlich psychologischen Erkenntnissen über die Sehnsucht will ich nun mehr auf die Tiefendimensionen der Seele und des Herzens eingehen, in denen die Sehnsucht wohnt.

9. Sehnsucht als Sprache der Seele und Stimme des Herzens

»Die Seele regiert den Körper vom Herzen aus.
Die Kraft, die das Herz antreibt, ist die Seele.«
Aristoteles

Ein 41-jähriger Gärtner (gelernter Elektroniker, ledig, evangelisch) sagt über seine Sehnsucht:

Sehnsucht ist etwas, was ich nicht selber machen kann. Sie überkommt mich oft ohne Vorahnung und bleibt so lange sie will. Obwohl sie manchmal durch einen äußeren Reiz, zum Beispiel einen Duft, Klang oder Blick ausgelöst wird, kann ich die eigentliche Quelle meiner Sehnsucht nicht greifen. Sie liegt tief in meinem Inneren – vielleicht im Unterbewusstsein oder meiner Seele.
Überhaupt habe ich oft den Eindruck, dass meine Sehnsucht gar nicht von mir ausgeht, sondern sich wie ein Ruf aus meiner inneren Welt an mich richtet.
Sollte ich der Sehnsucht eine Bewegung zuschreiben, dann wäre es eine Strömung nach oben, ein Ausstrecken oder Hinneigen zu etwas Begehrenswertem, wie sich eine Pflanze dem Licht entgegenstreckt.
Oftmals bedient sich meine Sehnsucht anderer Gefühlsregungen. Da spüre ich Wärme, Geborgenheit, ein grandioses Freiheitsgefühl oder manchmal auch Wehmut, etwas wie Heimweh. Sie kann so stark werden, dass mir die Tränen kommen. Fast immer habe ich das Bedürfnis, der Sehnsucht zu antworten, weiß aber meistens nicht wie. Dann hilft mir nur noch die Dankbarkeit weiter.

Intuitiv erkennt dieser Mann den tiefen Zusammenhang zwischen der Unauflösbarkeit seiner Sehnsucht und der Dankbarkeit als befreiende Antwort darauf. Dies ist »keine Dankbarkeit der bloß hellen Töne und lichten Farben, naiv, euphorisch und lebensuntauglich, sondern eine Dankbarkeit, die diese gemachte Erfahrung … wahrnimmt und sie aller Lebensantwort wert hält.«[132] Dieser Mann lebt seinen christlichen Glauben und kann die Dankbarkeit als Antwort auf seine Sehnsucht auf ein »Objekt« hin ausrichten – seine Dankbarkeit meint letztlich Gott, dem er für sein Dasein dankbar ist, auch wenn dieses immer wieder bruchstückhaft erfahren und erlebt wird.

Wie wird Sehnsucht wahrgenommen?

Diese Frage ist für viele Menschen sehr leicht zu beantworten. Ein Ziehen im Oberbauch, die berühmten »Schmetterlinge im Bauch«, ein Gefühl von Herzschmerz bis hin zu Herzstechen, ein eher seelisches »Sich-unvollkommen-und-unfertig-fühlen«, eine Wehmut und Melancholie, ein geistiges Sehnen nach philosophisch-metaphysischer Sinngeborgenheit oder das Sich-Austrecken und Sehnen nach Gott im weitesten Sinne.

Die Sehnsucht kann mit dem Körper, der Seele (dem Herzen) und dem Geist vernommen und gespürt werden. Neben unserem geistig-rationalen Suchen mit Sitz im Gehirn weiß man schon länger vom »Bauchhirn«, der menschlichen Intuition.[133] Unser Herz ist auch viel mehr als nur ein Muskel, der das Blut durch unseren Körper pumpt. Seit jeher wird es als der Sitz unserer Gefühle und Emotionen angesehen und erfreulicherweise auch wieder neu entdeckt.[134]

Dementsprechend möchte ich zwischen einer Kopfsehnsucht, einer Bauchsehnsucht und einer Herzenssehnsucht unterscheiden.

- Die *Kopfsehnsucht* speist sich aus Ansichten, Überlegungen, Abwägungen und indirekt auch aus Gefühlen. Logische Verknüpfungen führen zu Entscheidungen.
- Die *Bauchsehnsucht* hat tiefere Verankerungen, sie hat mit unseren inneren Überzeugungen und Werten zu tun. Sie ist wie eine innere Stimme, die warnt, wenn du gegen deine eigenen Werte handelst. Die Bauchsehnsucht hat »vulkanische Energie« und Leidenschaften.
- Die *Herzenssehnsucht* ist in Verbindung mit der inneren Welt der Träume, der Lebensvisionen, der imaginativen Bilder. Auch sie äußert sich mit einer Stimme, die lockt. Sie will uns mit unseren inneren Zielen und den damit verbundenen Gefühlen in Kontakt halten und uns von Zeit zu Zeit wieder in Richtung »Herzensweisheit« lenken. Antoine de Saint-Exupéry sagte dies in seinem weltberühmten Büchlein »Der kleine Prinz«: »Man sieht nur mit dem Herzen gut, das Wesentliche ist für die Augen unsichtbar.« Jeder kennt irgendwie diesen Satz, wir vergessen ihn nur allzu oft im Alltag. Der Ruf des Herzens will gehört werden. Er wird nicht still und ist nicht zu stillen – nur wenn man ihm folgt, wird seine Stimme die Stimme eines wohlmeinenden inneren Begleiters, der nicht selten auf unbekannte Straßen zu neuem Leben lockt.

Die Erkenntnisse des Enneagramms, einer alten Persönlichkeitskunde, die erfolgreich in Beratung, Coaching, Persönlichkeitsentwicklung und anderen Feldern eingesetzt wird, unterstreichen meine Vermutung, Sehnsüchte auf die drei Zentren des Menschen – Kopf, Herz und Bauch – anwenden zu können. Kopf, Herz und Bauch werden verschiedenen Arten von »Intelligenz« zugeordnet: »dem Kopf das mentale Zentrum, dem Herz das emotionale Zentrum, dem Bauch das sexuelle, instinktive und Bewegungs-Zentrum. Bei jedem Menschen dominiert einer der drei Körperbereiche …«[135], auch wenn sie alle zusammen im Menschen zusammenspielen. Dementsprechend gibt es dann auch entsprechende Formen der Spiritualiät, die eher zu dem einen als zu dem anderen »Menschentyp« passen.[136]

Wie hört man auf die Stimme des Herzens, die Stimme der Sehnsucht?

Die italienische Schriftstellerin Susanna Tamaro (geboren 1957) wurde durch ihren als Brieftagebuch geschriebenen Roman »Geh, wohin dein Herz dich trägt« weltberühmt. Dieses Buch stellt das Herz als moralische Instanz, als Stimme der Wahrhaftigkeit in den Mittelpunkt und ist somit als Ausdruck einer verbreiteten Sehnsucht nach Sinn zu sehen. Die Quintessenz dieses zu Herzen gehenden Buches lautet: »Und wenn sich dann viele verschiedene Wege vor dir auftun werden und du nicht weißt, welchen du einschlagen sollst, dann überlasse es nicht dem Zufall, sondern setz dich und warte. Atme so tief und vertrauensvoll, wie du an dem Tag geatmet hast, als du auf die Welt kamst, lass dich von nichts ablenken, warte, warte noch. Lausche still und schweigend auf dein Herz. Wenn es dann zu dir spricht, steh auf, und geh, wohin es dich trägt.«[137]

Neben diesem achtsamen Warten und Lauschen auf die Stimme des Herzens können wir auch Zwiesprache mit unserer Sehnsucht führen. Folgende Übung[138] will dabei behilflich sein:

Ziehen Sie sich für diese Übung an einen ungestörten und ruhigen Ort zurück …, einen Platz also, an dem Sie sich mit der Lebensenergie verbunden fühlen. Das kann der Meditationsplatz in Ihrer Wohnung ebenso sein wie ein Ort in der Natur. Sammeln Sie sich innerlich. Rufen Sie dann Ihre Sehnsucht herbei und bitten Sie diese, sich zu zeigen. Schauen Sie genau hin, welche Bilder vor Ihrem inneren Auge entstehen. Welches hat die größte Anziehungskraft?
Fragen Sie dieses Sehnsuchtsbild:
Was möchtest du mir sagen?
Wohin möchtest du mich führen?
Sie werden überrascht sein, wie deutlich die Stimme der Sehnsucht zu Ihnen sprechen wird. Wenn Sie auf diesem Wege erst einmal in Kontakt mit Ihrer Sehnsucht gekommen sind, können Sie diese jederzeit und überall um Rat fragen.

Der Psychotherapeut Georg Rupp gliedert die Befragung des eigenen Herzens noch genauer auf[139]: von einfachen Fragen, die uns wirklich betreffen und uns im Innersten berühren, über die Auseinandersetzung mit Leitgedanken (er hat dafür 72 Leitgedanken entwickelt) hin zum dritten Schritt: der Bewegung, der Gehmeditation, in der die bisherigen Fragen und die aufkommenden Gefühle und Antworten im wahrsten Sinne des Wortes bewegt werden. Dann folgt der vierte Schritt: eine Art Vorentscheidung und Zwischenbilanz. Danach folgt eine Art Schreibmeditation in Felder von »Ja«, »Nein« und »Keine Entscheidung«, wo Kopf, Bauch und Herz in einen inneren Dialog treten. Letztlich schließt sich dann der sechste Schritt an: die dankbare Würdigung des Ergebnisses im Vertrauen darauf, dass im Geschehen des Gesamtprozesses mehr als nur Kopf und Gefühl zur Sprache kamen. Eine innere Regie und eine Anbindung an »Göttliches« führten zur »Weisheit des Herzens«, zu inneren Entscheidungen, die weiterbringen. Der gläubige Christ nennt diese Erfahrung »Gottes Vorsehung« oder Heiliger Geist.

»Alles beginnt mit der Sehnsucht«, so heißt ein bekanntes Gedicht der jüdisch-deutsch-schwedischen Schriftstellerin, Lyrikerin und Literaturnobelpreisträgerin Nelly Sachs:

> Alles beginnt mit der Sehnsucht,
> immer ist im Herzen Raum für mehr,
> für Schöneres, für Größeres.
> Das ist des Menschen Größe und Not:
> Sehnsucht nach Stille, nach Freundschaft und Liebe.
> Und wo Sehnsucht sich erfüllt,
> dort bricht sie noch stärker auf.
> Fing nicht auch deine Menschwerdung Gott,
> mit dieser Sehnsucht nach dem Menschen an ?
> So lass nun unsere Sehnsucht damit anfangen,
> dich zu suchen,
> und lass sie damit enden,
> dich gefunden zu haben.[140]

Dieses Gedicht kann man überall zitiert finden. Im Internet kursiert es, um sehnsuchtsvolle Gefühle nach dem Geliebten ins Wort zu bringen. Auffallend ist dabei oft, dass die letzten Sätze über Gott weggelassen werden. Nelly Sachs ortet die Sehnsucht auch im Herzen, wenn sie schreibt: »Immer ist im Herzen Raum für mehr, für Schöneres, für Größeres.« Und dann erkennt sie die bittersüße Doppelnatur der Sehnsucht: »Das ist des Menschen Größe und Not.«

Ein Weg, für mich der »Königsweg«, wie wir unserer Sehnsucht ganzheitlich (Körper – Seele – Geist) nachspüren können, ist der Weg in die Tiefe, in die »innere Welt«. Bewusstsein und Unbewusstes werden hier verbunden. Menschen, die diesen Weg »gegangen sind, haben erfahren, dass dieser Weg mehr ist als eine Technik, mehr auch als eine psychotherapeutische Methode. Er ist ein jedem Menschen möglicher Zugang zur geistigen Basis seines Lebens und daher ein Weg, der in der ›Tiefe‹ die Persönlichkeit bildet. … Das Unbewusste ist … die uns nicht bewusste Welt der Seele, deren Mitte der Geist und in dem die ›Logik des Herzens‹ (Blaise Pascal) zu Hause ist.«[141]

Diese Aussage soll schon neugierig machen auf spätere Kapitel in diesem Buch, die vor allem den Weg der »aktiven Imagination« (C. G. Jung) und der »Wertimagination« (U. Böschemeyer) als sehr hilfreiche Methoden darstellen werden, wie wir als Menschen Bewusstsein und Unbewusstes heilsam in Einklang bringen können und dabei auch unserer Sehnsucht und unserer »unbewussten Spiritualität« näher kommen können. Dies gilt für gläubige Menschen, aber genauso auch für Personen, die keiner Glaubensrichtung oder Konfession angehören. Und das ist genau das Höchstinteressante daran.

10. Innere Wege zur Sehnsucht und Spiritualität

»Träume sind der Sonntag des Denkens.«
Henri-Frédéric Amiel (1821–1881)

Wer sich mit Sehnsucht beschäftigt, wird sehr bald auf den Bereich der Wünsche und Phantasiereisen, der Träume und Tagträume, der inneren Bilder und der Imagination in unserer Seele stoßen. Viele therapeutische Ansätze[142] haben sich mit unserer Innenwelt und der inneren Bilderwelt befasst und Brücken zwischen dem Unbewussten und dem Bewusstsein gebaut. Allen gemeinsam ist, dass sie einen Weg zu unserem inneren »Paralleluniversum (darstellen), um unser Selbst zu bewahren.«[143] Ich sehe diese Aussage des Psychologen Heiko Ernst als sehr wichtig an, denn wir leben nicht nur im Bewusstseinszustand, sondern werden von unserer Innenwelt und der geistigen Umwelt inspiriert, genährt und befruchtet, aber beizeiten auch gestört und bedrängt.

Einer der führenden Gerontologen weltweit war der 2006 verstorbene Direktor am Max-Planck-Institut für Bildungsforschung und Professor Paul B. Baltes. Als einer der ersten Wissenschaftler näherte er sich dem Phänomen »Sehnsucht« aus psychologischem Blickwinkel an. Für unsere weitere Beschäftigung mit inneren Wegen zur Sehnsucht und auch zur Spiritualität ist folgende Aussage von ihm sehr wichtig, da sie den Bereich »Phantasie« und »Imagination« erwähnt.
Je weiter der Mensch in seiner Entwicklung fortschreitet, desto

> *häufiger lösen Aspekte der Nichtrealisierbarkeit und Unvollständigkeit Sehnsüchte aus. Ihre Funktion (die*

Funktion der Sehnsucht) besteht dann in der Regulation von (irreversiblen) Verlusten und unrealisierbaren Lebenswegen. Es ist zu vermuten, dass Sehnsüchte sich oft auf ehemalige Ziele oder Zielsysteme richten, die unerreichbar sind, aber auf Phantasieebene weiterhin existieren ... Gerade in der Imagination, losgelöst von Verhalten, könnte Sehnsucht ein Mechanismus sein, mit Verlust, Versagen und Unerreichbarkeit umzugehen. Sie kann in dieser Form dazu beitragen, dass ursprüngliche Ziele, wenn auch in transformierter Form, aufrechterhalten werden können. ... (Sehnsucht kann) von der aufkeimenden Erkenntnis begleitet sein, dass nicht alle erwünschten Ziele im Leben auch ihre Erfüllung finden und dass eine »Realisierung« in der Phantasie auch etwas Positives hat. Persönliche Ziele, deren Erfüllung als relativ unwahrscheinlich gilt, können in Sehnsucht transformiert werden, wo sie zwar wirklichkeitsferner sind, aber dennoch auf Imaginationsniveau gelegentlich motivierende Kraft ausüben. ... In diesem Sinne wäre Sehnsucht eine Möglichkeit, das zu erreichen, was für Kulturanthropologen die Quintessenz »erfolgreichen« Alterns ist: Wege zu finden, wie der Geist die Biologie und Gesellschaftsdefizite überlisten könnte.[144]

Bevor ich mit Ihnen diese interessanten und möglichen Wege zur inneren Kontaktaufnahme mit unserer Sehnsucht in den nächsten Punkten kennen lerne, möchte ich die Hirnforschung zu Rate ziehen.
Sie sagt uns, dass Menschen in sich die Fähigkeit besitzen, an innere Bilder, an Innenwelten heranzukommen, die ihr Leben beeinflussen: belastende, aber auch befreiende Bilder, je nachdem, wie sie geprägt wurden und sich entwickelten. Mit Hilfe der Vorstellungskraft, indem man an die alle Menschen verbindenden Grundbilder im kollektiven Unbewusstsein

andockt, und mit Hilfe des Kontaktes zum lebendigen »unbewussten Geist« (Viktor E. Frankl) werden wir lebendiger, ganzheitlicher, stimmiger, reifer und glücklicher. »In diesem unbewussten Geist steht uns eine wirkliche Schatzkammer zur Verfügung. Wir sollten sie nutzen, um unser Leben zu öffnen und zu seinem vollen Potenzial zu verhelfen. Durch die Entwicklungen der Wissenschaften in den letzten Jahrhunderten haben wir diese metaphysischen Bereiche unserer Lebenswirklichkeit zunehmend vernachlässigt und unsere Sicht einengend reduziert auf das rein Sichtbare und Physische. Wir Menschen werden einen enormen Entwicklungsschub erreichen, indem wir lernen, diese reichen Quellen unseres unbewussten Geistes in unser Leben zu integrieren.«[145] Dann kommen wir auch mit der uns grundlegenden Sehnsucht nach Ganzheit, nach Heilsein in Kontakt. Und dieser Kontakt wird uns lebendig werden lassen.

Im Menschen gibt es also eine Fähigkeit, heilsame Bilder in sich entwickeln zu können, die therapeutisch gezielt genutzt werden kann und auch genutzt wird:

> *Hirnforscher sagen, dass innere Bilder auf der neurologischen und biochemischen Ebene ein Als-Ob-Handeln sind. D.h. für das Gehirn macht es keinen Unterschied, ob eine körperliche Bewegung oder der Anblick eines Baumes wirklich erlebt oder in der Phantasie ausgemalt wird. Der Göttinger Hirnforscher Gerald Hüther: Man kann sich ja nicht nur Bewegungsmuster vorstellen und dann die Bewegung sozusagen innerlich im Gehirn nacharbeiten oder vorarbeiten. Man kann sich auch schöne Situationen in seinem Leben vorstellen und das Gefühl damit im Hirn wachrufen, was immer mit dieser nennen wir es mal sicheren Insel, die man aufrufen kann, verbunden war, sodass man also auch seine*

Gefühle verändern kann. Man kann sich Vorstellungen über den Körper machen. Man kann sich zum Beispiel vorstellen, dass das rechte Bein ganz heftig durchblutet wird, weil die Gefäße aufgehen, und das dauert nicht lange, wenn man das ein bisschen übt, dann kann man das.[146]

Ich lade Sie nun zu einer sehr interessanten Reise durch verschiedene Felder ein, wie wir in Kontakt mit unserer Sehnsucht und auch mit unserer Sehnsucht nach Spiritualität kommen können. Diese Reise führt nach Innen, diese Reise gehört zu den spannendsten Erlebnissen im Leben überhaupt.

Zu jedem einzelnen Bereich gibt es eine Fülle von Literatur im Bereich Psychologie, Lebenshilfe, Esoterik und Spiritualität. Im Dschungel der Unübersichtlichkeit all dessen, was es hier an Hilfreichem, aber leider auch an Trivialem und auch Gefährlichem gibt, möchte ich eine persönliche Auswahl treffen, die versucht, wichtige Zusammenhänge zwischen Sehnsucht und den vorher genannten anderen Bereichen in notwendiger Kürze darzustellen.

11. Wünsche(n)

> *»Wünsche – das sind die Träume der Wachen.«*
> RICHARD WIGGINS
> (geboren 1923, amerikanischer Politologe)

Ein 67-jähriger Polizeidirektor a. D. (verheiratet, evangelisch) reflektiert für sich den Unterschied zwischen Wünschen und Sehnen so:

> *Sehnsüchte? Die Frage danach überrascht mich, denn die Antwort fordert viel von mir preiszugeben. Ich lausche dem Wort nach … Habe ich Sehnsüchte? Und wenn ja – wonach? Wünsche, die gibt es für mich zur Genüge, aber Sehnsüchte?*
> *Ich bin es gewohnt, zuerst Begriffe zu definieren, um dann ein Thema zu bearbeiten. Doch ich spüre, hier komme ich damit nicht weiter. Denn Sehnen und Sehnsucht wohnen im Gemüt und entziehen sich der kognitiven Logik. Also fühle ich in mich hinein, folge meinen Empfindungen.*
> *Ich kann diese Sehnsucht zwar beschreiben, aber dann weiß ich immer noch nicht, was sie ist. Ich ahne, dass ein Sehnen weit mehr ist als ein bloßes Wünschen.*

Der Befragte sieht also einen konkreten Unterschied zwischen »Sehnen« und »Wünschen«. Für ihn entzieht sich die Sehnsucht der Vernunft und sie ist mehr als ein »bloßes Wünschen«. Ich möchte ihm hier zustimmen. Was ist aber der Unterschied zwischen Wünschen und Sehnsucht?
Die bekannte Züricher Psychologin Verena Kast meint: »Wünsche sind konkreter und fassbarer als das Sehnen und enthalten doch all das, wonach wir Sehnsucht verspüren.«[147]

Und der Pädagoge und Heilpraktiker für Psychotherapie Udo Baer sieht das Wünschen als eine Brücke »zwischen der Gegenwart und dem Ersehnten, zwischen der aktuellen Lebenswirklichkeit und der Lebensmöglichkeit«.[148]

Das Konkrete der Wünsche ist ein echter Vorteil gegenüber der oft geheimnisvoller daherkommenden Sehnsucht. Diese ist aber weiter und damit gehaltvoller als bloßes Wünschen. In seinem Buch »Oskar und die Dame in Rosa«[149] weist der französische Schriftsteller Éric-Emmanuel Schmitt auf die kindliche Kunst des Wünschens hin, die wir alle in uns tragen. Der zehnjährige Oskar ist unheilbar an Leukämie erkrankt, lebt mit anderen schwer kranken Kindern in einem Sanatorium und ist von allem enttäuscht: von seinen Eltern, vom Weihnachtsmann, von Gott. Eine zufällige Bekanntschaft mit Madame Rosa, die ihn immer wieder besucht, bringt eine zu Herzen gehende Wende in die letzten Tage des Lebens von Oskar. In 13 Briefen an den lieben Gott beschreibt Oskar sein Leben im Zeitraffer und kann – nicht enttäuscht – auf gute Weise diese Welt verlassen.

Diese Geschichte erwähne ich nicht nur, weil sie seit einigen Jahren zu meinen Lieblingsbüchern gehört, sondern weil hier auch eine Verbindung von Wünschen und dem Adressaten des Wunsches hergestellt wird, auf die es mir hier nun ankommt. »Kinder wünschen sich etwas von den Eltern, von Oma und Opa und anderen Menschen. Der Star unter den kindlichen Wunscherfüllern ist der Weihnachtsmann. Und Gott. Auch wenn für viele Kinder der Wunschzettel das Beten ersetzt hat, ist Gott, in welcher Vorstellung auch immer, vor allem im Gebet für viele Kinder Adressat des Wünschens.«[150]
Das ist für Kinder okay so – wenn Beten und Wünschen aber verwechselt werden, dann ist Frustration vorprogrammiert,

wie bei Oskar in dem erwähnten Buch. Und wenn Erwachsene bei kindlich-magischen Vorstellungen von Gott als großem Wunscherfüller stehen bleiben, dann ist nicht nur Frustration, sondern auf Dauer auch Glaubensverlust die Folge. Metaphysische Einsamkeit und Verlorenheit ziehen in die Seele ein und diese Zustände zeichnen ja den modernen Menschen besonders aus. Auf der anderen Seite haben viele heutige Menschen zunehmende Sehnsucht nach Transzendenz und nach Gott.

Erkannt hatte diese Zusammenhänge zwischen Wunsch und Wunschadressat schon im 19. Jahrhundert der Philosoph Ludwig Feuerbach. Seine diesbezüglichen Erkenntnisse gingen in die Geschichte als »Projektionstheorie« ein. Gott sei »die Summe aller Wünsche nach Unsterblichkeit, Vollkommenheit, Glückseligkeit, Gleichberechtigung eines Menschen, der diese aber nicht als eigene Wünsche erkenne, sondern diese auf eine Gottheit projiziere.«[151] Im Originalwortlaut heißt es: »Was er (der Mensch) selbst nicht ist, aber zu sein wünscht, das stellt er sich in seinen Göttern als seiend vor; die Götter sind die als wirklich gedachten, die in wirkliche Wesen verwandelten Wünsche des Menschen; ein Gott ist der in der Phantasie befriedigte Glückseligkeitstrieb des Menschen.«[152]

Puh – starker Tobak … Vieles ist daran wahr … Der Glaube eines jeden Gläubigen muss im Laufe des Lebens durch den »Feuerbach«. Entweder verbrennt dann der nicht tragfähige Glaube oder er wird gereinigt und damit umso wertvoller.

Heutzutage, wo der Glaube an einen persönlichen Gott immer mehr verloren geht, wird anstelle von Gott gerne »das Universum«, »die göttliche Energie« oder »die kosmische Kraft« gesetzt – und das nicht nur bei Esoterikern, sondern auch zunehmend bei verunsicherten Christen. Dazu wäre viel zu sagen, ich möchte mich hier auf den Bereich des Wünschens konzentrieren.

In unserer postmodernen Gesellschaft, wie Deutschland es heute erlebt, wird der Glaube an Gott, wenn es ihn überhaupt noch gibt, gerne privatisiert, entinstitutionalisiert und vor allem stark kommerzialisiert. In fast jeder größeren Buchhandlung begegnen uns Bücher wie folgende in Hülle und Fülle. Und sie werden fleißig gekauft:

- »Ein Kurs in Wundern: Textbuch/Übungsbuch/Handbuch für Lehrer« von USA Foundation for Inner Peace, Margarethe Randow-Tesch und Franchita Cattani und »Einführung in Ein Kurs in Wundern« von Kenneth Wapnick und Margarethe Randow-Tesch;
- »Bestellungen beim Universum. Ein Handbuch zur Wunscherfüllung«, »Übungsbuch zu den Bestellungen beim Universum: Den direkten Draht nach oben aktivieren« oder »Reklamationen beim Universum« von Bärbel Mohr;
- »Erfolgreich wünschen: 7 Regeln wie Träume wahr werden«, »Wünsch dich schlank: 11 Schlüssel zum idealen Wunschgewicht« oder »Wünsch es dir einfach – aber richtig« von Pierre Franckh;
- »The Secret – Das Geheimnis«, »The Secret – Das Praxisbuch für jeden Tag« von Rhonda Byrne oder »The Missing Link: So wenden Sie ›The Secret‹ richtig an« von Roy Martina;
- »Gespräche mit Gott« (mehrere Bände und sogenannte Praxisbücher) und »Gemeinschaft mit Gott« von Neale Donald Walsch;
- »Wunscherfüllung« von Esther und Jerry Hicks, »Wünschen und bekommen: Wie Sie Ihre Sehnsüchte erfüllen«

von Michael und Thomas Görden und Esther und Jerry Hicks;
- »Meine Beziehung zur universellen Energie«, »Spiel dir das Lied vom Leben … und erfüll dir jeden Wunsch« und »Das Geheimnis des Wünschens (DVD)« von Kurt Tepperwein und seit Neuem eine Newcomerin auf dem deutschen Buchmarkt: »E im Quadrat: Wie Ihre Gedanken die Welt verändern« von Pam Grout.

Auf der Rückseite des letztgenannten Buches von Pam Grout, die sich als Weltreisende, Abenteuererin und Autorin bezeichnet, ist Folgendes zu lesen: »Pam Grouts Buch ist eine wirkliche Entdeckung. Sie hilft Zweiflern wie mir (Christiane Northrup), unsere Sehnsucht nach Spiritualität zu stillen. Sie zeigt uns auf sehr unterhaltsame und allgemein verständliche Weise, dass spirituelle Energie, Kraft und sogar Wunder existieren und allen Menschen zugänglich sind. … Ich empfehle dieses Buch ausdrücklich allen, die spirituelle Ideen besser verstehen wollen und lernen möchten, sie im Alltag anzuwenden – sogar jenen, die wie ich Zweifel bezüglich der organisierten Religion hegen.«
Solche Sätze machen neugierig, denn wer will denn nicht Zugang zu Kraft und Energie bekommen und wer hegt denn in heutiger Zeit keine Zweifel gegenüber Kirchen und Religionen. Also versorge ich mich mit Material, um meinen eigenen Weg zu »Gott« zu finden und seine Gesetze für mein Leben nutzbar zu machen…

Hinter all diesen Büchern – und es sind noch lange nicht alle – verbergen sich sogenannte hermetische oder kosmische Gesetze, wie das »Gesetz der Anziehung«, das »Gesetz der Resonanz«, das »Gesetz der Polarität«, das »Gesetz der Analogie«, das »Gesetz der Schwingung«, das »Gesetz des Rhythmus« und das »Gesetz von Ursache und Wirkung«.

Diese sogenannten universalen Gesetze waren lange unbekannt (»The Secret«) oder nur besonderen Persönlichkeiten zugänglich. Jetzt kann jeder, der sich auf den Weg der »Kommunikation mit dem Universum« (Elfrida Müller-Kainz in ihrem Buch »Lebensgesetze als Wegweiser von universeller Gültigkeit«) begibt, zum Eingeweihten werden. Das für mich in der Fülle all dieser Bücher noch seriöseste Buch stammt von Rüdiger Dahlke mit dem Titel »Die Schicksalsgesetze. Spielregeln fürs Leben. Resonanz – Polarität – Bewusstsein«.[153]

Ich möchte hier einfach einmal ein paar kritische Fragen stellen. Sie, lieber Leser, liebe Leserin, können sich ja selbst ein Bild machen.

Auf der Rückseite des Bestsellers von Bärbel Mohrs »Bestellungen beim Universum. Ein Handbuch zur Wunscherfüllung« heißt es: »Bärbel Mohr zeigt, wie man sich den Traumpartner, den Traumjob oder die Traumwohnung und vieles mehr einfach ›herbeidenken‹ und quasi beim Universum ›bestellen‹ kann.«

Also, ich weiß nicht … Folgebücher hießen »Der kosmische Bestellservice« und »Reklamationen beim Universum«. Reklamationen als neuer Verkaufsschlager, wenn das Wünschen nicht funktioniert?
Ein »Shoppingguide für inneren Reichtum« treibt die Verzweckung des Göttlichen und die Vergöttlichung des Menschen auf die Spitze. Die Grenze zur Magie und letztlich zu Humbug ist dabei mehr als überschritten. Hier kann ein vernünftig und auch christlich orientierter Mensch nicht mehr mitgehen. Dieser macht keine »Bestellungen« bei Gott, auch wenn er vertrauensvolle Bitten an ihn richtet. Der Christ weiß immer, dass die Vater-unser-Bitte »Dein Wille gesche-

he« über und hinter allem steht. Sehr nachdenklich stimmend ist für mich, dass Bärbel Mohr einen Burn-out erlitt und mit 46 Jahren im Herbst 2010 nach einem Krebsleiden verstarb. Ihre Fangemeinde trauerte, ihre Kritiker fragten teilweise hämisch nach, warum ihre »Bestellungen beim Universum« nicht funktionierten …

Unser Gehirn funktioniert nicht wie ein Computer, und Gott oder der in der Esoterik so gern genannte Kosmos ist kein Automat, der nach unseren Vorstellungen zu funktionieren hat.

Der ehemalige Schauspieler Pierre Franckh und seine mittlerweile im gleichen Boot mitschwimmende Partnerin Michaela Merten verdienen mit ihren Büchern, DVDs und »Wunsch-Seminaren« sehr viel Geld. Die Hamburger Sektenexpertin Ursula Caberta, die erst 2011 mit ihrem Buch »Schwarzbuch Esoterik«[154] mit so manch Bedenklichem in der Esoterikszene aufräumte, behauptet in einem Interview der Zeitschrift BUNTE:

> *Die beiden nutzen die Hilflosigkeit der Menschen nur aus. … Das Wünschen sei »das unterste Niveau im Bereich der esoterischen Angebote und an Banalität nicht mehr zu unterbieten. Zudem sei die Vorgehensweise des Paares riskant«, so Caberta zu BUNTE. Wenn Menschen in ihr System hineingezogen würden, werde es oft lebensbeeinflussend und damit gefährlich. »Nicht nur für den Einzelnen, auch für andere. Denn ein von Merten und Franckh ausgebildeter Wünsche-Coach wendet sich an seine nächsten Freunde und Verwandten und zieht die wiederum mit rein. Das Ganze erinnert schon stark an Sektenstrukturen, weil es eben aufgebaut ist wie ein Strukturvertrieb.« Caberta zufolge werden die »Wunsch-Experten« vor allem für schwer*

kranke Menschen gefährlich, die aus Verzweiflung in das Wünschesystem gerieten. »Er glaubt dann, dass sein Wunsch erfüllt wird, setzt Medikamente ab, die Linderung brachten, und fällt schlimmstenfalls tot um. Wer übernimmt dann die Verantwortung?«[155]

In der gleichen Ausgabe der BUNTE werden dann auch noch Kollegen aus dem Showbusiness mit ihrer Kritik an den Merten-/Franckhschen-Wunschvorstellungen zitiert, nämlich namentlich Jacky Dreksler und Hugo Egon Balder, die das etwas unter die Gürtellinie gehende, aber trotzdem sehr lesenswerte Buch »Wunsch-Bullshit im Universum«[156] geschrieben haben. Auch hier möchte ich die Rückseite des Buches teilweise zitieren:

> *Du kannst alles haben: Geld ohne Arbeit, Jobs ohne Suchen und Parkplätze ohne Mühe. Das liebe Universum gibt es dir. Garantiert. Du musst es dir einfach nur wünschen. ... Einige Wünschelwichte, so die Autoren, nehmen es dabei mit der Wahrheit nicht sehr genau, um ihre grotesken Verheißungen zu begründen. Sie verdrehen und erfinden Fakten, nennen falsche Zahlen oder brüsten sich mit selbst gewirkten Wundern, die keine sind – nur um ihre Botschaft werbe- und verkaufswirksam »rüberzubringen«. ... Hinter diesen Ideen steckt einerseits positives Denken – nichts dagegen! Aber, warnen sie, dahinter verbirgt sich andererseits auch eine aus Esoterik, Magie und verschiedenen Religionen zusammengeklaubte Weltanschauung, die allen Ernstes behauptet: Du bist Gott. Durch das esoterische Gesetz der Anziehung erschaffst du dich und den Kosmos allein durch deine Gedanken.* Gutes wie Böses. *Die beiden Autoren kritisieren die Konsequenz und Kehrseite dieser gefährlichen Mischung aus positivem Denken*

und göttlichen Allmachts-Fantasien: Arm? Fett? Krebs? Hunger? Keinen Job? Haus abgebrannt? – Selber schuld, so sagen die Extremwünscher: Du hast das Übel mit dem angeblich »unfehlbaren« Gesetz der Anziehung selbst angezogen. … Die Wünschelwichte … präsentieren sich als allwissende Gurus, Magier, Psychologen, Philosophen und Seelsorger. Sie greifen tief in das Leben von Menschen ein, die in Not, krank oder verzweifelt sind oder nach dem Sinn ihres Lebens suchen. Die aber bekommen Bullshit statt Lebenshilfe.

Auf höchst aktuelle Weise zeigt die Projektionstheorie Ludwig Feuerbachs ihre Aktualität. Wo der Glaube zur Vordertüre hinausgeht, kommt der Aberglaube zur Hintertüre herein. Du kannst dir alles wünschen, das »liebe Universum« wird dich erhören. Und wenn nicht: dann bist du entweder selbst schuld oder du musst Reklamationen beim Universum aufgeben. Hallo, geht's noch? Ich kann hier nur noch auf nachdenklich-amüsante Weise sagen »Danke, liebes Universum, jetzt reicht's!«[157]

Die Welt des Wünschens ist zu einem großen Geschäft geworden und die Produkte dieser Art werden mehr oder weniger direkt unter der Rubrik »Esoterik« verkauft. Die ursprünglich sinnvollen Ansätze dieser philosophisch-spirituellen Ausrichtung wird heute »von Profitmachern in ihr Gegenteil verkehrt. Es geht nicht mehr um die Erkenntnis dessen, was die Welt im Innersten zusammenhält, sondern um die Erforschung des eigenen Ego: Besonderheit erlangt mein Leben, indem ich mir ein Universum schaffe, dessen Mittelpunkt ich selbst bin. Die Esoterik ersetzt das Erlösungsversprechen der Religion durch das Versprechen der Selbsterlösung. Denn trostbedürftig sind wir noch immer. Mit der Aufklärung mögen wir unabhängiger geworden sein von religiösen Heilslehren, doch seit sich die metaphysische Verankerung des Christentums gelockert hat, boomen spirituelle Ersatzangebote.«[158]

Am Ende dieses Teilpunktes über Wünsche(n) möchte ich mich an Ernsthaftes halten und Ihnen 10 erprobte Schritte des Wünschens der Autoren Udo Baer und Gabriele Frick-Baer[159] weitergeben:

1. Schritt: Einen Ausgangspunkt suchen und finden. Wo soll der Weg des Wünschens konkret beginnen?
2. Schritt: Alte Wunschverknüpfungen erkennen und beiseite stellen. Unterscheidung in »Zwangswünschen«, d. h. Wünsche mit Gewalt und Zwang durchzusetzen und »Offenes Wünschen«, das sich an andere richtet, die dann frei entscheiden können, ob und wie sie auf den Wunsch reagieren.
3. Schritt: Einen Wunsch konkretisieren.
4. Schritt: Einen Wunschbegleiter als Unterstützung dazuholen
5. Schritt: In Bewegung kommen – konkret einen Schritt zur Verwirklichung des Wunsches machen.
6. Schritt: Der Angst einen neuen Job geben, d. h. die nützliche Seite der Angst nutzen.
7. Schritt: Den Wunsch erklingen lassen, ihn ausdrücken, aussprechen, aussenden.
8. Schritt: Den Wunsch in die Welt hineinrichten und an Adressaten senden. Dann geschieht Neues und Unbekanntes, das Angst machen kann. Schritt 6 dabei bedenken und weitergehen.
9. Schritt: Die Hand ausstrecken. Neben der Sprache verfügen wir auch über Körpersprache, Gedanken-, Gefühls- und spirituelle Kraft. Hier gilt die alte spirituelle Weisheit: »Wenn du dich wirklich auf die Suche machst, dann

kommt dir das Gesuchte entgegen.« Meinetwegen kann man das auch das »Gesetz der Anziehung und der Resonanz« nennen.

10. Schritt: Das Erwünschte ergreifen. Das Erfahrene annehmen, wahrhaben und als Neues ins Leben integrieren.

Der befragte 67-jährige Polizeidirektor a. D., der zu Beginn dieses Teilpunktes zitiert wurde, schreibt dann am Ende seiner Ausführungen:

> *Ich weiß und schicke mich darein, dass nicht alle Wünsche und alles Sehnen in Erfüllung gehen. Und das ist gut so. Denn wie arm wären wir Menschen, wie arm wäre ich, und wie kalt die Welt, wenn es keine Hoffnungen, Wünsche, keine Sehnsüchte und Träume mehr gäbe.*

12. Phantasiereisen

»Phantasie ist wichtiger als Wissen, denn Wissen ist begrenzt. Was wirklich zählt, ist Intuition.«
ALBERT EINSTEIN

Ich möchte Ihnen nun einmal die Frage hinhalten, wann Ihnen – wenn überhaupt – das letzte Mal eine Geschichte vorgelesen wurde.
Können Sie sich daran erinnern? Erinnern Sie sich auch an die Empfindungen, Gefühle und Eindrücke, die während des Vorlesens bei Ihnen entstanden sind? Man sollte das wieder viel öfter tun: kleinen Kindern Gutenachtgeschichten vorlesen, Gedichte rezitieren und sich gegenseitig aufbauende Texte vorlesen. Das innere Erleben mit seiner großen Phantasiebreite wird es uns danken und unser Leben dadurch bereichern.
Viele Menschen nutzen zum Beispiel längere Autofahrten heute bewusst, indem sie sich Hörbücher anhören. Die Wirkung dabei ist oft verblüffend: lange Fahr- oder Wartezeiten (Stau) werden stressfreier erlebt und die gehörte Geschichte wirkt wie ein dreidimensionales Kopfkino mit Farben, Gerüchen, Geschmack und Empfindungen weiter. Das nicht selten eher graue Alltagsleben wird dadurch aufgehellt, lebendiger und farbiger.
Dies funktioniert sogar beim normalen Lesen, zum Beispiel einer Sinngeschichte wie dieser:

Zwei Engel

Zwei reisende Engel machten Halt, um die Nacht im Hause einer wohlhabenden Familie zu verbringen.

Die Familie war unhöflich und verweigerte den Engeln, im Gästezimmer des Haupthauses auszuruhen. Anstelle dessen bekamen sie einen kleinen Platz im kalten Keller. Als sie sich auf dem harten Boden ausstreckten, sah der ältere Engel ein Loch in der Wand und reparierte es.
Als der jüngere Engel fragte, warum, antwortete der ältere Engel: »Die Dinge sind nicht immer das, was sie zu sein scheinen.«
In der nächsten Nacht rasteten die beiden im Haus eines sehr armen, aber gastfreundlichen Bauern und seiner Frau.
Nachdem sie das wenige Essen, das sie hatten, mit ihnen geteilt hatten, ließen sie die Engel in ihrem Bett schlafen, wo sie gut schliefen.
Als die Sonne am nächsten Tag den Himmel erklomm, fanden die Engel den Bauern und seine Frau in Tränen. Ihre einzige Kuh, deren Milch ihr alleiniges Einkommen gewesen war, lag tot auf dem Feld.
Der jüngere Engel wurde wütend und fragte den älteren Engel, wie er das habe geschehen lassen können.
»Der erste Mann hatte alles, trotzdem halfst du ihm«, meinte er anklagend.
»Die zweite Familie hatte wenig, und du ließest die Kuh sterben.«
»Die Dinge sind nicht immer das, was sie zu sein scheinen«, sagte der ältere Engel. »Als wir im kalten Keller des Haupthauses ruhten, bemerkte ich, dass Gold in diesem Loch in der Wand steckte. Weil der Eigentümer so von Gier besessen war und sein glückliches Schicksal nicht teilen wollte, versiegelte ich die Wand, sodass er es nicht finden konnte.
Als wir dann in der letzten Nacht im Bett des Bauern schliefen, kam der Engel des Todes, um seine Frau zu holen. Ich gab ihm die Kuh anstatt dessen.

Die Dinge sind nicht immer das, was sie zu sein scheinen.«

Manchmal entwickeln sich die Dinge nicht genau so wie wir es uns vorstellen oder wünschen. Wenn du Vertrauen hast, werden sich all die Dinge so entwickeln, wie es deinem höchsten Wohl dient. Manchmal bemerken und verstehen wir es erst, wenn ein bisschen Zeit vergangen ist …[160]

Merken Sie, wie Sie die Engel gesehen haben, wie Sie sie gehört haben? Ich vermute auch, dass diese Geschichte mit tieferem Wahrheitsgehalt in Ihnen weiterarbeiten wird. Unsere Phantasie wurde lebendig, sie arbeitete mit den Informationen und schuf sich ihre Eigenwelt. Durch Phantasiereisen kann man gezielt unsere Innenwelt wieder aktivieren.

Nicht nur in Kliniken oder bei Kuren, sondern auch in der psychotherapeutischen Praxis, in der Schule, in der Erwachsenenbildung oder bei Coachingseminaren werden immer wieder und immer mehr sogenannte Phantasiereisen verwendet, damit Menschen wieder ausbalancierter, ganzheitlicher, geerdeter, kreativer und zufriedener werden können.
Intellekt, Leistungsdenken sowie Konkurrenzdenken werden in unserer westlichen Kultur gepflegt und gefördert. Taktisches und rein funktional ausgerichtetes Denken und Handeln kommt aber an seine Grenzen, wenn es nicht mit den Tiefenschichten unserer Seele im Kontakt ist. Immer mehr Menschen sind an der Grenze ihrer Belastbarkeit angekommen, fühlen sich ausgelaugt und erschöpft.

Phantasiereisen sind gelenkte Tagträume, Ausflüge zu inneren Bildern und innerem Erleben. Sie arbeiten meist suggestiv oder affirmativ[161], das heißt sie erzeugen durch aktives Zutun eines Vorlesers innere Bilder, Gefühle und Empfindungen, die aber mit den inneren Bildern, Gefühlen und Empfindungen des Unterbewussten in einen konstruktiven Austausch treten können. »Im Laufe unseres Lebens verwandelt sich alles, was wir erleben, lesen und lernen, in Bilder und wird zu unserer Phantasie. Diese Phantasie ist das Fundament unserer Persönlichkeit. Sie verbindet uns mit dem eigenen, tiefen Selbst, mit der Erde und mit der Weite des Himmels.«[162] Unsere Persönlichkeit wird von Bildern durchdrungen.

Die Phantasiewelt von Kindern, wenn sie nicht schon von früh an mit der Hyperrealität des Fernsehens, der Computerspiele oder anderer medialer Ablenkungen in unguten Kontakt kommt, ist phänomenal und gesund. Im Laufe des sogenannten Erwachsenwerdens verlieren die meisten Menschen den Zugang zu Ihrer Innenwelt. Phantasiereisen können dabei helfen, hier wieder Zugänge zu bekommen. Außerdem besitzen gut geführte Phantasiereisen einen nachweisbaren therapeutischen Wert. Das Ideale daran ist, dass man keine Vorkenntnisse haben muss und sie sofort einsetzbar sind. Sie führen nicht nur in die Innenwelt und zu Entspannung, sondern können diverse seelische oder psychische Problemlagen entkrampfen und ungenutzte innere Kraftreserven mobilisieren. Phantasiereisen geben aber – und das ist ein wichtiger Unterschied zu dem Bereich der Imagination, der noch beschrieben wird – »spontanen Bildern aus dem psychischen und geistigen Unbewussten, der Tiefenperson (Frankl) und der persönlichen Lebenslage wenig Raum.«[163] Auf diesen entscheidenden Unterschied werden wir noch kommen.

Was sind Phantasiereisen und wie wirken sie?

Eine auf einer Homepage gefundene Definition gibt hier gute Informationen:

> *Phantasiereisen sind Hörerlebnisse von oft nur fünfzehn bis dreißig Minuten Dauer, in denen der Hörer die Hauptfigur in einer kurzen Geschichte ist. In dieser Zeit erlebt der Hörer (ganz ähnlich wie zum Beispiel beim Autogenen Training oder der progressiven Muskelentspannung nach Jakobson) einen tiefen Entspannungszustand, in dem die Stimme eines Sprechers oder einer Sprecherin ihn durch die Handlung führt, wobei er sich seine Umgebung möglichst plastisch vorstellt.*
> *Die kraftvollen Vorstellungsbilder und Suggestionen, mit denen manche Phantasiereisen arbeiten, wirken dabei nicht nur auf die Psyche des Hörers ein, sondern bewirken auch körperliche Reaktionen, die effektiv zu mehr Wohlbefinden, Ausgeglichenheit und Leistungsfähigkeit beitragen können.*
> *Im Verlauf dieses gelenkten Tagtraums werden dem Hörer in einigen Phantasiereisen auch verschiedene positive Suggestionen vermittelt. Der tiefe Entspannungszustand sorgt dafür, dass diese Suggestionen – zum Beispiel »Ich lasse alle belastenden Dinge los. Ich fühle mich frei und entspannt« – sich im Bewusstsein des Hörers verankern und auch nach dem Ende der Reise noch in seinem Inneren fortwirken und durch weitere Wiederholung noch verstärkt werden können.*[164]

Positive Gefühle, wie Zuversicht, Optimismus und Glück, Lebensfreude, Selbstvertrauen und Gelassenheit werden aktiviert. Innere Unruhe, Schlafstörungen, Kopfschmerzen und andere psychosomatische Auffälligkeiten werden gedämpft und mit der Zeit findet man den Weg zur eigenen inneren Kraftquelle.

Wenn es eine Nähe von Phantasiereisen zu Esoterik oder Magie überhaupt gibt, dann hängt dies vom Anwender und vom Inhalt der Reise ab. Grundsätzlich gilt aber: »Phantasiereisen beruhen auf Erkenntnissen aus der Psychologie, den Neurowissenschaften, die sich mit der Funktionsweise des Nervensystems beschäftigen, fachübergreifenden Ansätzen wie der Psycho-Neuroimmunologie, auf kommunikationstheoretischen und pädagogischen Überlegungen … – ganz ohne Rückgriff auf esoterische Denkmuster. … Durch Phantasiereisen wird die Integration körperlicher und seelischer Prozesse gefördert und gestärkt – ein ›Abtrennen‹ der Seele vom Körper während der Phantasiereise gehört ins Reich der Fabel.«[165]

13. Träume

»Nur wer seine Träume lebt, kann seine Sehnsucht stillen.« –
SERGIO BAMBAREN
(peruanischer Schriftsteller, geboren 1960,
Zitat aus: »Das weiße Segel«)

Der Dichter der deutschen Frühromantik, Novalis, schrieb in seinem Spätwerk »Heinrich von Ofterdingen«, über die Welt der Träume:

Mich dünkt der Traum eine Schutzwehr gegen die Regelmäßigkeit und Gewöhnlichkeit des Lebens, eine freie Erholung der gebundenen Fantasie, wo sie alle Bilder des Lebens durcheinander wirft und die beständige Ernsthaftigkeit des erwachsenen Menschen durch ein fröhliches Kinderspiel unterbricht. Ohne die Träume würden wir gewiss früher alt, und so kann man den Traum, wenn auch nicht als unmittelbar von oben gegeben, doch als eine göttliche Mitgabe, einen freundlichen Begleiter auf der Wallfahrt zum heiligen Grabe betrachten. Gewiss ist der Traum, den ich heute Nacht träumte, kein unwirksamer Zufall in meinem Leben gewesen, denn ich fühle es, dass er in meine Seele wie ein weites Rad hineingreift und sie in mächtigem Schwunge forttreibt.[166]

Solche Worte aus der Zeit der Romantik zeigen noch vor aller Psychologie, Psychoanalyse und Traumdeutung intuitiv das Wesen des Traumes: Einerseits kommt er aus unserem Unbewussten, aus den Tiefen unserer Seele und andererseits gibt er uns Botschaften, die aus einer höheren Sphäre – als »göttliche Mitgabe« – kommen.

Im Folgenden will ich den Träumen etwas auf die Spur kommen. Sie können innere Wege zu unserer Sehnsucht und unserer Spiritualität sein und aufzeigen.
Ein 63-jähriger Polizeihauptkommissar a. D. (verheiratet, katholisch) bringt die Verwandtschaft zwischen Träumen und Sehnsucht in folgende Worte:

> *Was ich persönlich mit »Sehnsucht« verbinde? Ein sporadisches melancholisches Träumen, an einem anderen Ort oder in einer anderen Zeit zu sein; gedankliche Auszeiten fernab vom Alltag, hinaus aus der Enge des begrenzten Denkens; Tagträume, Wunschgedanken; ich brauche die Sehnsucht wie die Träume – sie sollen nie enden …*

Und ein 64-jähriger Industriemeister (ledig, katholisch), der ein Anhänger des »positiven Denkens« ist, meint:

> *Sehnsucht ist das Träumen mit offenen Augen. Sie ist der Beginn, etwas in seinem Leben oder in der Welt zu verändern. Dr. Harold Schuller sagte einmal: Wenn du es träumen kannst, kannst du es auch tun …*

Träume und Träumereien bereichern unser Leben, sie korrigieren es und verarbeiten Erfahrungen, die wir gerne verdrängen. Manchmal beflügeln sie unser Leben, manchmal bedrücken sie es. Und ab und zu entspringt der Traumfabrik unseres Unterbewussten und unserer Phantasie der Mut zu neuen Wegen.

> Traumgesichte in der Nacht,
> Gottes Botschaft uns gebracht,
> Träume sind nicht Schäume!

Wenn du dem Traum zu trau'n beginnst,
dann ist das der Beginn,
dass deine Wünsche Wirklichkeit
und deine Wege Wege hin zum Leben sind.

Wenn du dem Traum zu trau'n beginnst,
dann kann es manchmal sein,
dass das, was dich oft träge macht,
die Macht verliert und Kräfte in dir weckt.

Wenn du dem Traum zu trau'n beginnst,
dann wirst du sehr schnell seh'n,
dass dir dein Weg entgegenkommt,
und mit ihm Gott, der dir die Träume schickt.

Traumgesichte in der Nacht,
Gottes Botschaft uns gebracht,
Träume sind nicht Schäume![167]

Sigmund Freud sah in den Träumen Ventile für unterdrückte Gefühle und die Möglichkeit der menschlichen Psyche, unbewusste und durch gesellschaftliche Konventionen verpönte Bedürfnisse und Wünsche auszudrücken. Unsere Träume müssen wir Menschen nicht rechtfertigen, unsere Handlungen und Worte sehr wohl. Deshalb halten sich viele Menschen gerne in ihren Traumvorstellungen auf. Träume können vom wirklichen Leben abhalten. Träume können aber, wenn sie fachlich gedeutet und aufgearbeitet werden, Verschüttetes zu Tage fördern und hilfreich für die konkrete Lebensgestaltung werden. Sigmund Freud ist es zu verdanken, dass dieser wichtige Bereich der menschlichen Seele erforscht wurde und bis heute erforscht wird.

Freuds Zeitgenosse und Fachkollege Carl Gustav Jung, der die sogenannte analytische Psychologie begründete, vertrat die Annahme, dass Träume die psychische Entwicklung fördern. Sie besitzen spezielle, sehr individuell zu deutende Inhalte im persönlichen Unbewussten und zugleich haben sie Teil am großen Pool der sogenannten Archetypen[168] im kollektiven Unbewussten, der alle Menschen verbindet. Die Trauminhalte (Bilder, Figuren, Landschaften, Gerüche, Farben, Gefühle ...) stehen für etwas im Inneren des Träumenden, das erkannt und integriert werden will. C. G. Jung ging auch davon aus, dass die Beschäftigung mit diesen Trauminhalten zu erlernen ist. Dadurch wird das menschliche Leben reicher, integrierter und ganzheitlicher.

Heutige Psychologen haben diese Erkenntnisse und noch andere (zum Beispiel dass Träumen eine Art Datenreorganisation von Informationen im Gehirn ist) zusammengeführt und unterscheiden zehn Arten von Traumtypen mit unterschiedlichen Funktionen:[169]

1. Psychologisch heilende Träume

Sie sind relativ selten und lassen eine innere Stimme hörbar oder innere Bilder sichtbar werden, die helfen können, Lösungsstrategien aus unheilen Situationen zu finden.

2. Glaubensträume

Solche Träume spielen in allen Kulturen und Religionen eine wichtige Rolle, da lange Zeit die Vorstellung bestand (und oft auch heute noch besteht), dass Träume verschlüsselte Botschaften von Göttern, Dämonen oder von GOTT sein können. Orakelbefragungen waren (und sind es heute wieder) sehr wichtig.

In der Bibel (Judentum und Christentum) finden sich im Alten und im Neuen Testament zahlreiche Träume, die das Leben der Einzelnen entscheidend beeinflussten.
Buddha (Buddhismus) und Mohamed (Islam) erhielten ihre Berufungen in Träumen.

3. Problemlösende Träume

Solche Träume im Unterbewusstsein helfen Probleme im Bewusstsein zu lösen und das oft sehr konkret. Albert Einstein gab zum Beispiel an, dass sein gesamtes Denken und Tun durch folgenden Traum stark beeinflusst worden war: »Mitten in der Nacht raste er mit einem Schlitten einen Abhang hinunter und wurde immer schneller. Als er beinahe Lichtgeschwindigkeit erreicht hatte, brachen die Sterne über ihm ihr Licht in Farbspektren, die er noch nie gesehen hatte. Er habe diesen Traum sein ganzes Leben lang nicht vergessen.«[170]

4. Physiologische Träume

Solche Träume machen Bedürfnisse der Bewusstseinsebene deutlich. Jemand friert im Traum – er friert auch wirklich und benötigt zum Beispiel die Decke, die ihm weggerutscht ist. Oder: Bilder des Urinierens im Traum machen deutlich, dass jemand auch mitten in der Nacht sich vom Schlaf erheben sollte, um die Blase zu entleeren.

5. Träume des Alltags

Gesichter, Personen, Orte, Tätigkeiten des Alltags kommen in solchen Träumen vor und müssen nicht unbedingt tieferliegende unbewusste Botschaften aus dem Unterbewusstsein sein. Hier findet sich auch die Annahme wieder, dass Träume die Aufarbeitung von Tagesresten und eine Art Organisation und Reorganisation von den vielfältigen Informationen des Tagesbewusstseins sind.

6. Kompensierende Träume

Hier werden Impulse, Wünsche, Informationen u. Ä. m., die wir im Wachzustand unterdrücken, zum Ausdruck gebracht. Solche Träume helfen bei der Integration von Verdrängtem (Schatten) und dem Zulassen von Bedürfnissen und Gefühlen, die sonst unterdrückt werden. Sie umgreifen unter anderem die Bereiche Sexualität, Gewalt, Perversion, Größenvorstellungen oder Mord.

7. Wiederkehrende Träume

Solche Träume deuten auf etwas Ungelöstes und Unverarbeitetes hin. Sie sollten wahrgenommen und beachtet werden, da sie etwas Mahnendes haben.

8. Bewusste Träume

Der Träumer/die Träumerin ist sich bewusst, dass er/sie träumt. Der Traum ist sehr lebendig. In der Traumwelt kann Einfluss genommen werden, sodass sich alte Muster auf der Bewusstseinsebene aufbrechen und ändern lassen können.

9. Prophetische Träume

Manche Menschen besitzen die seltene Fähigkeit, vorausahnende Träume zu haben. Die Bibel ist voll davon. Solche Ahnungsträume können helfen, Entwicklungen im Wachzustand zu ändern, solche Träume können aber auch Angst machen. Aus der Fülle von Beispielen sei eines erwähnt: Abraham Lincoln sah im Traum seine Ermordung voraus. »Der 1860 zum Präsidenten der USA gewählte Politiker fiel 1865 einem Attentat zum Opfer. Wenige Nächte zuvor träumte er von einer Beerdigung. Da er nicht wusste, wer beerdigt wurde, fragte er im Traum einen Wachsoldaten. Dieser antwortet, dass der Präsident von einem Attentäter getötet worden sei. Lincoln erzählte den Traum seiner Frau Mary und seinem Leibwächter. Drei Tage später wurde der 16. Präsident der USA während eines Theaterbesuchs von einem fanatischen Südstaatler erschossen.«[171]

10. Albträume

Sie gelten als die emotionalsten Träume. Sie machen Angst. Diese Angst will wahrgenommen werden, da hinter ihr sich Botschaften verbergen, die mit Problemen aus dem Tagesbewusstsein zu tun haben.

Die Berliner Psychologin Katharina Hartmann nennt in ihrem Internetblog »Träume – Botschaften aus dem Unterbewusstsein oder Datenmüll« dann acht konkrete Tipps, wie man mit schlechten Träumen (Albträumen) umgehen und ihnen sogar vorbeugen kann.[172] Des Weiteren gibt sie neun Tipps, wie man Träume Schritt für Schritt behalten kann, sie also nicht verliert.[173]
Der sehr erfolgreiche amerikanische Fernsehprediger Robert A. Schuller ist davon überzeugt, dass Träume der Same zum Erfolg sind. Gepaart mit biblischer Hoffnung und Vertrauen in Gottes Handeln führen unsere Träume und unsere Sehnsucht zu einer neuen und erfüllenden Wirklichkeit. Folgende Geschichte von R. A. Schuller will dies verdeutlichen:

Wir sind Angler

Ein Mann saß eines Nachmittags an einem Bootssteg und angelte. Jedes Mal, wenn er einen Fisch fing, nahm er ein kleines Lineal aus seiner Tasche und maß den Fisch. Wenn er kleiner als 25 cm war, warf er den Fisch in seinen Eimer, um ihn mitzunehmen. Wenn er aber größer als 25 cm war, warf er ihn zurück ins Meer.
Ein anderer Mann, der in der Nähe saß und ihn beobachtete, dachte sich, dass der Mann verrückt sein musste, schließlich warf er immer die größeren Fische wieder zurück ins Wasser.
Nach einer Weile fragte er den Mann: »Entschuldigen Sie, warum werfen Sie die großen Fische zurück und behalten nur die kleinen?« Der Angler antwortete: »Tja, das ist einfach: Meine Bratpfanne ist nur 25 cm groß!«

Nun, Sie lachen vielleicht bei dieser Antwort.
Was ich Ihnen aber heute sagen möchte, ist Folgendes:
Sie und ich sind genau wie dieser Angler!
Jedes Mal sind wir wie dieser Angler, wenn wir Träume wegwerfen, die uns zu groß erscheinen, um sie zu erreichen.
Wenn man Träume in unser Herz legt und sie klein genug sind, dann ergreifen wir sie.
Wenn uns aber die Träume zu groß erscheinen und wir sicher sind, dass sie unmöglich sind, verfolgen wir sie nicht weiter, aus Angst zu versagen. Infolgedessen kehren wir einigen der größten Möglichkeiten, die das Leben uns jemals bietet, den Rücken![174]

Werfen wir unsere Träume nicht weg, wenden wir uns Ihnen doch stärker zu! Träume können Brücken zwischen der realen und der geistigen Welt sein.

14. Tagträume

»Gib deinem Leben einen Traum und deinen Träumen ein Leben.«
FRITZ DETERING

Die »Wikipedia« gibt für den Tagtraum folgende Definition, die ich bewusst an den Anfang des Drüber-Nachdenkens, dieses lange als Zeitverschwendung, nutzlose Träumerei und lebensferne Phantasterei abgewerteten menschlichen Verhaltens stellen möchte: »Tagträume (engl. Daydream; franz. Réverie) sind bildhafte, mit Träumen vergleichbare Phantasievorstellungen und Imaginationen, die im wachen Bewusstseinszustand erlebt werden. Diese Szenen können im Gegensatz zum gewöhnlichen Traumgeschehen entweder willentlich gesteuert und bewusst herbeigeführt werden oder sich durch Unaufmerksamkeit und Nachlassen der Konzentration von selbst entfalten. Hierbei entfernt sich die Aufmerksamkeit von den äußeren Reizen der Umwelt, von Einflüssen und Aufgaben und wendet sich der inneren Welt zu.«[175]

Und genau diese innere Rückzugsmöglichkeit in die Innenwelt, diese »Alleinzeit als Chance, zu sich zu kommen« (Heiko Ernst) wird heute mehr und mehr überlebensnotwendig. Früher sah man es noch öfters und man erlaubte es sich selbst: Das zwischenzeitliche Abwesendsein, das Vor-sich-hin-Träumen, das gedankliche Abschweifen … Langweilige Vorträge, Vorlesungen, Predigten und Arbeitsabläufe, eintöniger Unterricht, monotone (U- oder S-)Bahn- oder Busfahrten. Sich »wegbeamen«, den geistigen Modus auf »Kopfkino« umschalten kann sehr entspannend und regenerierend sein. Heute sieht man überall, in den U-Bahnen und in ICEs, an Ampeln, ja sogar beim Gehen auf der Straße, in Cafes und Wartezim-

mern: Die Leute simsen, posten bei Facebook und anderen sozialen Netzwerken oder spielen irgendein Spiel auf ihrem Smartphone oder Tablet-PC. Niemand ist mehr bei sich, immer mehr Menschen kennen ihre Innenwelt nicht mehr, weil sie sich durch immer stärker werdende Außen(ab)lenkung bis hinein in die kleinen Alltagsfluchten bestimmen lassen.
Viele Menschen erkennen dies und einige steigen ganz bewusst aus der »neuen Medienfalle« aus. Andere sind nie eingestiegen, wie etwa die in Deutschland sehr beliebte Schauspielerin Iris Berben. Sie liebt das Tagträumen und liest lieber Bücher, als im Internet zu surfen. »Ich bin offline und finde das total befreiend. … Früher sei sie dafür ausgelacht worden, heute gebe es viele, die sie beneiden. Statt mit Smartphone oder Computer verbringe sie ihre Zeit lieber mit Büchern und Tagträumen. … Ich mag es, mir jede Schräglage des Lebens vorzustellen und mir Dinge auszumalen.«[176]

Der Chefredakteur der Zeitschrift »Psychologie Heute«, Heiko Ernst, sieht zwei mächtige Trends der Jetztzeit, die uns überlastig außenorientiert sein lassen und dadurch innerlich auslaugen: »Zum einen wird unsere Aufmerksamkeit durch Medien und Ablenkungsindustrie immer mehr absorbiert, zum anderen breitet sich der Körper-, Fassaden- und Eindruckskult mächtig aus. Die Vielfalt der inneren Verarbeitungsprozesse, das Sinnieren, Reflektieren und Fantasieren, wird ersetzt durch eine permanente Oberflächen- und Außenorientierung.«[177] Und das führt von unserem inneren Personenkern weg, psychosomatische Krankheiten nehmen zu, Erschöpfung und Burn-out wird Tür und Tor geöffnet.

Tagträume als »Ausflüge in die Phantasie« rühren an »unsere tiefsten Wünsche und Sehnsüchte. Wenn wir tagträumen, nähern wir uns dem Glutkern unseres Selbst. Mehr noch als die nächtlichen Träume sind die Träume mit offenen Augen ein

Königsweg zu dem, was uns im Innersten zusammenhält. … Psychologen, Neurowissenschaftler, Therapeuten und Künstler (haben) vieles über diese geistige Aktivität herausgefunden. Sie haben sie vom Verdacht der Realitätsverweigerung oder der bloßen Langeweilebewältigung befreit. Tagträume sind nicht das Reservat von realitätsuntüchtigen Romantikern, Fantasten oder Losern. Wir wissen heute, wie ungeheuer wichtig diese Ausflüge in die Innenwelt für die Persönlichkeitsentwicklung und die geistige Gesundheit sind.«[178]

»Eigentlich bin ich ganz anders, ich komme nur so selten dazu.« Dieser Satz von Ödön von Horváth bringt es auf den Punkt.[179] Wir müssten wieder mehr dazu kommen, zu uns selbst zu kommen. Tagträume sind hier als ein bewusstes Gegensteuern anzusehen. Das Die-Seele-baumeln-Lassen hilft bei der Regeneration des Gehirns, trägt zur Stärkung des Gedächtnisses und zum Schutz für Reizüberflutung bei. Danach fühlt man sich erfrischt und wie neu geboren.

Bei meinen Vorträgen stelle ich oft Sätze in den Raum, die ich bewusst nicht zu Ende führe, um das Auditorium aus der Reserve zu locken und zu verblüffen. Hier ein Beispiel: »Müßiggang ist …« Und schon sagen viele der Zuhörer »… aller Laster Anfang.« Eben nicht, widerspreche ich dann auf produktive Weise und wiederhole den Satz anders: »Müßiggang ist aller Kreativität Anfang.« Wir haben viele Schlüsselsätze in uns abgespeichert, die bewusst oder unbewusst unser Fühlen, Denken und Tun bestimmen. Ohne geistige Auszeiten, ohne »Zero-tasking« (Nichtstun) wären viele Inspirationen bei Dichtern, Musikern, Künstlern und eben auch bei uns allen nicht gekommen. Wer immer online ist, wer immer beschäftigt ist, kann sich nicht überraschen lassen: von Begegnungen in der Außenwelt, aber eben auch von Botschaften aus dem Unterbewussten oder Inspirationen aus der geistigen Welt.

Beim »Tagträumen« gilt, dass »immer ein starkes emotionales Moment einfließt, ein Wünschen, Hoffen, Begehren, Bedauern oder Sehnen. … Eric Klinger, einer der bekanntesten Erforscher von Tagträumen, … unterscheidet drei Arten, Tagträume zu definieren:

- Sie können als eine geistige Aktivität gesehen werden, die in einer vorgestellten, bildhaften Wunscherfüllung besteht, außerhalb jeder Realität. Das deckt sich mit Sigmund Freuds ursprünglicher Definition.
- Sie sind ein Denkakt, eigentlich jeder geistige Prozess oder Inhalt, der sich nicht auf eine aktuelle äußere Aktivität bezieht: wenn man zum Beispiel beim Lesen eines Textes plötzlich an ganz andere Dinge denkt.
- Sie sind vor allem ein unbeabsichtigter, nicht zweckgebundener, spielerischer und unangestrengter geistiger Prozess: etwas Spontanes und Ungerichtetes.‹«[180]

Ein mir bekannter Informatiker und Computerspezialist musste vor Kurzem eine Kur beantragen, weil er mit Anfang Vierzig kurz vor einem Burn-out war. Während seines Klinikaufenthaltes, der mehrere Wochen umfasste, blieb ich mit ihm per SMS oder E-Mail im Kontakt. Nach der Eingewöhnungsphase fragte ich ihn, wie es ihm gehe, seine Antwort lautete: »Ich habe jetzt so viel Zeit und bin oft sehr müde.« Ich überlegte kurz und schrieb folgende SMS: »Das glaube ich dir. Du wirst jetzt von deinem permanenten Tun bis spät in die Nacht und dann auch noch auf Hochtouren nun bewusst ausgebremst. Lieber N. N., nun geht es um deine Innenwelt.« Ich bekam folgende Antwort zurück, die mich sehr nachdenklich stimmte: »Innenwelt – was ist das?«

»Die längste Reise ist die zu sich selbst«, sagte schon der schwedische Uno-Generalsekretär und Friedensnobelpreis-

träger Dag Hammarskjöld (1905–1961). Die längste und dabei spannendste Reise ist die Reise nach Innen.
Im Laufe seines Aufenthaltes bekam er dann langsam wieder Zugang zu seiner inneren Welt und nun darf er lernen, bestimmte Regeln einzuhalten, damit die Balance zwischen Innen und Außen nicht wieder ins Gefährliche und Krankmachende umkippt. Tagträume und auch Phantasiereisen können hierbei eine große Hilfe sein.

Der Neurologe Marcus Raichle stellte schon »1998 bei einer Studie mit Kernspintomografen fest, wie das Gehirn bei Leerlauf arbeitet. Es entsteht ein neurales Muster, das Raichle ›Leerlauf-Netzwerk‹ nannte. Bestimmte Regionen im Gehirn werden bei entspannten Tagträumen aktiviert, die gleichen wie auch beim Schlafen und bei Patienten, die im Koma liegen. Bei zielgerichtetem Denken waren diese Gehirnregionen dagegen weniger betriebsam. Er stellte fest, dass gerade in Situationen, in denen der äußere Anreiz fehlt, das Gehirn beginnt, sich mit sich selbst zu beschäftigen. Dann sorgt es für Ordnung: Gelerntes wird verarbeitet und das Gedächtnis wird sortiert.«[181] Beim Leerlauf des Tagträumens wird das sogenannte »default network of cortical regions« richtig aktiv und dient mehreren Zwecken:[182]
Bilder und Eindrücke werden verarbeitet, Erinnerungen und Ideen verknüpft, Bausteine für neue Szenarien werden bereitgestellt.
Gespeicherte Erinnerungen werden präsent gehalten, ergänzt und an andere Hirnregionen weitergegeben, die im Ernstfall bei Ausfall dann einspringen.
Szenarien werden entworfen und Hypothesen formuliert, das Gehirn will sich fit halten, vorbereiten und vorausschauen.

Tagträume[183] wurden in der Philosophie als »Vor-Schein von möglich Wirklichem« (Ernst Bloch), in der Medizin als ein

»Versuch des Geistes, sich von schmerzvollen Empfindungen zu entlasten« (Erasmus Darwin), in der Dichtung als »die Zeit des eigentlichen Empfanges genialer Gedanken« (E. T. A. Hoffmann), in der Psychologie allgemein als »Bilder des inneren Auges und leichtere Formen von Bewusstseinserweiterung« oder als gesunde Flucht angesehen, um die Realität zu bewältigen. Der schon erwähnte Schweizer Psychologe C. G. Jung entwickelte ein Verfahren der »aktiven Imagination«. Hier werden Träume nachgeträumt oder erst als Tagträume in der Therapie bearbeitet und deutend umgesetzt.

Die amerikanische Popband »The Monkees« sang schon in den 1960er-Jahren vom »Daydream Believer«, von der Kraft, an Tagträume zu glauben. Sie können helfen, ausgeglichener, kreativer und willensstärker zu werden. Der Zahnmediziner und Heilpraktiker Dr. Rudolf Riedl entwickelte zusammen mit Therapeuten und Medizinern eine »Tagtraum-Technik«, auf die ich gerne hinweisen möchte.[184] Der Nutzen dieser Technik wird so umschrieben:

> *Tagträume schenken Kraft und Motivation zum Verwirklichen von Zielen. Während des Träumens können Sie testen, ob Ihnen eine neue Situation gefällt, und aus der Vorstellung Energie für die Realisierung beziehen.*
> *Tagträume sind ein hervorragendes Mittel zur strategischen Lebensplanung. Sie gehen über reines Nachdenken weit hinaus, weil sie alle Sinne erfassen und sogar verborgene Wünsche Ihres Unterbewusstseins ans Licht bringen.*
> *Tagträume können Ängste abbauen. Sie helfen Ihnen, eingefahrene Routinen zu ändern und Ihre soziale Kompetenz zu steigern.*
> *Tagträume wirken reinigend auf Ihre Seele. Unangenehme Erlebnisse oder geheime Begierden, die auf Ihrer*

Seele lasten, können Sie Ihren persönlichen Traumgestalten »beichten« und sie so loslassen.
Tagträume machen gesünder. Personen in einer Versuchsgruppe, die täglich 30 Minuten tagträumten, hatten nach 3 Monaten ein deutlich gesteigertes Selbstwertgefühl und waren widerstandsfähiger gegenüber Krankheiten.
Tagträume helfen gegen Suchtverhalten. Bei der Gewichtsreduzierung oder bei der Raucherentwöhnung haben sich Tagträume als höchst effizientes Mittel erwiesen.
Tagträumen ist keine Flucht aus der Wirklichkeit. Bei allen Menschen, mit denen Rudolf Riedl die Tagtraum-Technik angewendet hat, hat das Tagträumen zur Steigerung des Realitätssinns und der Willenskraft geführt.[185]

Eine besondere Form des Tagträumens, eine Art gelenkte Imagination, gleichsam eine »Tagtraumtechnik« stellt die Katathym-Imaginative Psychotherapie (KIP) (früher: Katathymes Bilderleben) nach Hanscarl Leuner (1919–1996) dar. Leuner griff Ansätze von Freud, C. G. Jung, J. H. Schultz und anderen (zum Beispiel den gelenkten Wachtraum nach Desoilles oder der Bildmeditation nach Happich) auf, baute sie aus und systematisierte sie. Diese Methode ist eine »ganzheitliche, erlebnisgetragene tiefenpsychologisch fundierte Therapie … (und) als klassische(r) Psychotherapiemethode in den deutschsprachigen Ländern weit verbreitet.«[186]

Somit sind wir nun an der Schnittstelle zwischen »Tagtraum« und »Imagination« angekommen. Der evangelische Theologe, Logotherapeut und Begründer der Methode der Wertimagination, Uwe Böschemeyer, stellt in seinem Buch »Unsere Tiefe ist hell. Wertimagination – ein Schlüssel zur inneren Welt« in geraffter und gut übersichtlicher Form den therapeutischen Einsatz von Imaginationen sowie einige Schulen und deren Hauptvertreter im Bereich »Imaginationstechnik« vor. Ergänzend möchte ich hier noch die psychodynamische imaginative Traumatherapie (PITT) nach Luise Reddemann[187] nennen. Auf all diese interessanten Ansätze will ich hier nicht näher eingehen, mich aber umso mehr mit der »Aktiven Imagination« nach C. G. Jung und der »Wertimagination« nach Böschemeyer beschäftigen, weil ich sie persönlich kennenlernen durfte und dadurch auch einen existenziell-positiven Bezug dazu habe. Deshalb möchte ich auf diese gangbaren Wege nach Innen besonders hinweisen, um verborgene Schätze wie etwa die Sehnsucht und die Spiritualität heben und gleichzeitig Verletzungen in einen »Raum der Heilung« stellen zu können.

15. Aktive Imagination

»Imagination ist alles. Sie ist die Vorschau auf die künftigen Attraktionen des Lebens.«
ALBERT EINSTEIN

Wie in den schon genannten Zugängen zu unserer Innenwelt dargestellt, haben wir es bei Phantasiereisen, Träumen, Tagträumen und nun auch bei Imaginationen mit inneren Bildern zu tun. Innere Bilder (Imagos) sind die Fenster zur Seele, sie sind die »Gesichter der Gefühle« (Uwe Böschemeyer) und die »Muttersprache der Seele« (Erich Fromm). »Die inneren Bilder sind die Brücke zwischen Bewusstem und Unbewusstem. Sie haben Mittlerfunktion zwischen beiden Welten. Und das bedeutet, dass die viel ersehnte Ganzheit des Menschen Wirklichkeit wird, wenn beide Welten sich miteinander zu verbinden beginnen.«[188]

Die »Wikipedia« definiert »Imagination« so: »Es wird darunter die psychologische Fähigkeit verstanden, sich nicht gegenwärtige Situationen, Vorgänge, Gegenstände und Personen mittels visueller Vorstellung als Bilder im Geiste zu entwickeln oder sich an solche zu erinnern und diese mit dem inneren geistigen Auge anschaulich wahrzunehmen.«[189]

Pionier auf diesem Gebiet war C. G. Jung, der über sich selbst und seine Entwicklung bemerkt: »Mein Leben ist die Geschichte einer Selbstverwirklichung des Unbewussten. Alles, was im Unbewussten liegt, will Ereignis werden.«[190] Er wirkte als Arzt, Psychiater und Psychoanalytiker in Zürich. Lebenslang widmete er sich dem Studium der Seele. Daraus entstand sein vielbändiges und umfangreiches Lebenswerk zur »Analytischen Psychologie«. Wesentlich für ihn war die

Erfahrung von innerem und äußerem Erleben. Die Innenwahrnehmung von Bildern, die aus dem Unbewussten aufsteigen, wird somit bedeutsam für die äußere Realität.

Jung entwickelte die Methode der »aktiven Imagination«, indem er sie bei sich selbst und bei vielen Ratsuchenden entdeckte, erlebte und einsetzte. Aktive Imagination lässt sich am besten abgrenzend zur »passiven Imagination« beschreiben. Wie schon in den vorher beschriebenen Punkten Wünsche, Phantasiereisen, Träume und Tagträume erwähnt, nimmt bei der »passiven Imagination« das Bewusstsein innere Bilder wahr, lässt sie an sich vorbeiziehen, ist aber weitestgehend nicht aktiv beteiligt. Bei der »aktiven Imagination« setzt sich das Bewusstsein mit den Botschaften und Bildern des Unbewussten auseinander und ist mit seinem Erleben und inneren Tun beteiligt.

Aktive Imagination nach Jung verläuft vereinfacht umschrieben in etwa so: »Nach einer entspannenden, in die innere Stille führenden Einführung öffnet sich der Einzelne in Sammlung mit Achtsamkeit, Nüchternheit und Wertschätzung dieser inneren Bilderwelt. Eine ihn bewegende Frage, ein rätselhafter Traum, ein Wort des Leiters oder einfach die nach innen gerichtete Aufmerksamkeit helfen ihm, sich auf die auftauchenden Bilder zu zentrieren und einzulassen. Fühlt er sich von einem Bild oder Geschehen angesprochen, tritt er in seiner Vorstellung aktiv handelnd – also mit seinem Ich verantwortlich beteiligt – in das Bild ein. Eine Handlung entwickelt sich.«[191] Diese Handlung und die Wanderung in der Innenwelt werden von einem Begleiter durch behutsame Impulse, Anregungen und offene Fragen sensibel mitgegangen.

Marie-Luise von Franz (1915–1998), eine persönliche Mitarbeiterin C. G. Jungs, sieht als wichtigsten Aspekt der aktiven

Imagination: »sie ist ein Mittel, das Unbewusste zu beeinflussen. Zwar bewirkt auch das richtige Verstehen eines Traumes, wenn es mehr als intellektuell ist, eine Veränderung der bewussten Person, was wiederum eine Rückwirkung auf das Unbewusste hat; aber die Wirkung ist ungleich stärker bei der aktiven Imagination.«[192]

Aktive Imagination dient dem Prozess der »Individuation« (Selbstwerdung, Wachstum der Persönlichkeit), einem inneren und äußeren Reifungs- und Wandlungsprozess. Im Laufe des Lebens ist es die Aufgabe des Menschen, immer mehr er selbst, immer authentischer und stimmiger, immer mehr auch ein die eigenen Schattenseiten Integrierender zu werden. Individuation ist ein konsequentes Fragen nach mir selbst in Beziehung zu meiner Innenwelt, meinem Unbewussten, meiner Mit- und Umwelt, nach meinem Lebenssinn, dem Ursprung und dem Ziel meines Lebens und letztlich nach Gott.

Hier wird schon der Bereich der Sehnsucht und der Spiritualität tangiert, der im Zentrum dieses Buches steht. Durch aktive Imagination, durch den Dialog zwischen Bewusstsein und Unbewusstem, kann Sehnsucht lebendig werden, kann die innere Sehnsucht einerseits die äußere Wirklichkeit positiv und richtungsgebend gestaltend beeinflussen. Andererseits kann sie dazu beitragen, Verluste und nicht Erreichtes zu bewältigen.[193] Der 2008 verstorbene irische Philosoph und Schriftsteller John O'Donohue bringt dies in folgenden Zeilen »Im Herzen der Schmerz der Sehnsucht« sehr schön zum Ausdruck:

> *Das Herz des Menschen steht niemals still. In jedem von uns ist eine göttliche Rastlosigkeit, die einen unaufhörlichen Zustand der Sehnsucht hervorruft.*

Wir sind nie völlig eins mit uns selbst, und das Selbst ist niemals fixiert.
Fortwährend gelangen neue Gedanken und Erfahrungen an die Oberfläche unseres Lebens; manche Augenblicke entzücken und überraschen uns, andere erschüttern und verunsichern uns.
Nach außen hin sieht unser Körper gleich bleibend aus. Unser Verhalten, unsere Arbeit, unser Zuhause und unser Bekanntenkreis bleiben weitgehend unverändert und vorhersagbar.
Doch hinter dieser äußeren Fassade spielt sich in unserem Inneren ein zweites Leben ab. Unser Geist und unser Herz sind Wanderer, die rastlos immer neuen Horizonten entgegenstreben.
Unser Leben gehört in eine sichtbare, äußere Beständigkeit; unser i n n e r e s Leben ist nomadisch.
Hegel sagt: ›Eben diese Unruhe ist das Selbst.‹
Unsere Sehnsucht nimmt uns häufig auf innere Reisen mit, von denen niemand auch nur etwas ahnt. Die Sehnsucht ist die tiefste und älteste Stimme in der menschlichen Seele.
Sie ist der geheime Ursprung aller Präsenz und die treibende Kraft aller Kreativität und Imagination.
Die Sehnsucht hält uns die Tür auf und ruft uns zu den Gaben und Gnaden, die unser Leben sich erträumt.
Solange wir auf der Welt sind, befindet sich ein großer Teil unseres Herzens im Exil.
Deswegen sind wir von Sehnsucht so restlos durchdrungen.
Tief innen verlangt es uns danach, heimzukehren in die innige Einigkeit des Zugehörens.[194]

»Die Sehnsucht ist der geheime Ursprung aller Präsenz und die treibende Kraft aller Kreativität und Imagination.« C. G.

Jung selbst nennt die Aktive Imagination eine »phantasia vera«, eine »wahre Phantasie«, die uns verändern kann und verändern will, wenn wir uns darauf einlassen. Bewusstsein und Unbewusstes kommunizieren miteinander, das Ich des Menschen lässt sich zwar in das Abtauchen und Fließenlassen der inneren Bilder ein, gibt dabei aber seine Kontrollfähigkeit nicht auf.

Die Züricher Psychologieprofessorin, Lehranalytikerin am dortigen C. G. Jung-Institut und erste Vorsitzende der Internationalen Gesellschaft für Tiefenpsychologie, Verena Kast, gilt als Expertin für Jung'sche Psychologie. In ihrem völlig neu überarbeiteten Buch über Imagination nach C. G. Jung gibt sie, wie ich meine, sehr erhellende Sätze über Imagination wieder, die ich gerne weitergeben möchte. Verena Kast betont hier auch den klaren Zusammenhang zwischen Imagination und Sehnsucht: »Der Raum der Imagination ist der Raum der Freiheit und der Möglichkeiten – ein Raum, in dem auf ganz natürliche Weise Grenzen überschritten, Raum und Zeit relativiert, Möglichkeiten, die wir nicht mehr oder noch nicht haben, erlebbar werden. Der Raum der Imagination ist der Raum der Erinnerung, er ist aber auch – und das in erster Linie – der Raum der aktuell in die Gegenwart hereingeholten Zukunft. In der Imagination wird vieles möglich, was wir nicht für möglich halten, was uns gar als phantastisch erscheint. IN UNSEREN IMAGINATIONEN BILDET SICH DIE SEELE MIT IHREN WÜNSCHEN, IHREN ÄNGSTEN, IHREN SEHNSÜCHTEN UND IHREN SCHÖPFERISCHEN MÖGLICHKEITEN AB.«[195]

Vereinfacht zusammengefasst heißt dies für mich: Imagination ist das kreative Verbinden von Innen- und Außenwelt, das Sich-erinnern und das Vorwegnehmen von Zukünftigem und Möglichem. Sie kann durch ihre Vorstellungsgabe die innere Wirklichkeit so stark werden lassen, dass sie im Außen eine verändernde und heilende Kraft haben kann. Imagination transzendiert (übersteigt) dabei nicht nur die Innen- und die Außenwelt, sie verweist auf eine andere Wirklichkeit, die uns umgibt. Diese Wirklichkeit ist die Wirklichkeit der Heilung, des potenziell Schönen, Wahren und Guten, der Werte, diese Wirklichkeit hat mit der Realität zu tun, die von jeher »Gott« genannt wurde und wird.

C. G. Jung behauptete einmal, dass es unter seinen Patienten jenseits des 35. Lebensjahres keinen einzigen gab, bei dem der Verlust des lebendigen religiösen Gefühls nicht das Hauptproblem sei. Neurose war bei ihm fast gleichbedeutend mit Gottesentzug. Seine Aussage lautet genau: »Ich möchte folgende Tatsache zum Bedenken geben: Seit dreißig Jahren habe ich eine Klientel aus allen Kulturländern der Erde. Viele Hunderte von Patienten sind durch meine Hände gegangen; es waren in der Großzahl Protestanten, in der Minderzahl Juden und nicht mehr als fünf bis sechs praktizierende Katholiken. Unter allen meinen Patienten jenseits der Lebensmitte, das heißt jenseits fünfunddreißig, ist nicht ein einziger, dessen endgültiges Problem nicht das der religiösen Einstellung wäre. Ja, jeder krankt in letzter Linie daran, dass er das verloren hat, was lebendige Religionen ihren Gläubigen zu allen Zeiten gegeben haben, und keiner ist wirklich geheilt, der seine religiöse Einstellung nicht wieder erreicht, was mit Konfession oder Zugehörigkeit zu einer Kirche natürlich nichts zu tun hat.«[196]

An dieser Aussage ist auf jeden Fall etwas dran, auch wenn sie etwas einseitig ist, weil Jung sich selbst mit seinem Blick auf die Wirklichkeit in einer Art Selbstwahrnehmungsfalle befand: »Aufgrund seiner mythisch-religiösen Weltanschauung zog er nur religiöse Menschen und Theologen an (und stieß andere von vorn herein ab), sodass er den überzeugenden Eindruck gewann, die Welt sei voller Christen mit mythisch-religiösen Bedürfnissen. Die Vorselektion seiner Klienten war ihm nicht bewusst, ebenso wenig, dass er Teil und Motor eines weltanschaulich hermetischen Kreislaufs der Selbsterfüllung war. Jung geht es letztlich um das Verstehen der Innenwelt des Individuums; biologische, soziale, zeithistorische und familiendynamische Einflussfaktoren werden von ihm kaum angesprochen und zugunsten der ›Einmaligkeit der Person‹ hintangestellt.«[197]

Für mich und das Thema »Sehnsucht Spiritualität« ist wichtig, dass C. G. Jung etwas ganz Entscheidendes erkannt hat, das nicht alleingültig anzusehen, aber wahrzunehmen und zu respektieren ist. Bei seinen damaligen Patienten waren erstaunlich wenig Katholiken dabei. Das dürfte heute ganz anders sein, denn auch Katholiken haben in Scharen einen lebendigen Zugang zu ihrem Glauben und ihrer kirchlichen Tradition verloren. Vielen macht das nicht viel aus, anderen aber sehr wohl – sie leiden darunter und verspüren eine große Sehnsucht nach Spiritualität, nach einem lebendigen Glauben, der ihr Leben reicher werden lässt.

Verena Kast sieht eine große Aktualität der Psychologie C. G. Jungs für die heutige Zeit. In einem Festvortrag zum 125. Geburtstag Jungs stellt sie diese Aktualität auch im spirituellen Bereich des heutigen Menschen dar. Ihre Gedanken hierzu möchte ich hier in Ausschnitten wiedergeben:

> *Jung nahm die religiösen Bedürfnisse des Menschen sehr ernst – und darin unterscheidet sich die Jungsche Theorie auch heute noch von vielen anderen Therapiemethoden. ... Aus der Geschichte der Kultur wird deutlich, dass der Mensch schon immer eine Beziehung*

hatte zu etwas, das ihn übersteigt, zu einem Absoluten hin. Das wird besonders in den Grenzerfahrungen des Lebens, wie Tod und Geburt sichtbar. Der Mensch hat dieses religiöse Bedürfnis einfach, es ist archetypisch. MAN KANN NICHT NICHT sein, und das Absolute ist auf alle Lebensbereiche projizierbar: auf Macht, auf Sexualität, auf Geld, auf Natur, auf Wissenschaft usw. Alles kann im Grunde genommen »vergottet« werden, und dann auch die totale Hingabe fordern.
Dadurch, dass die Transzendenz bei vielen Menschen immer noch mit »Gott« in Verbindung gebracht wird, den es für sie aber doch in der alten Vorstellungsweise nicht mehr gibt, gerät das Bedürfnis nach Transzendenz in den Schatten und wird projiziert und damit auch maskiert … dadurch entstehen Fundamentalismen und Absolutismen. Emotional intensive Lebenssituationen, die gemeinsam erlebt werden, wie früher die religiösen Rituale sind heute z.B. die Sportveranstaltungen, die großen Konzerte in den Stadien. Die alte himmlische Seligkeit soll im Erdendasein sich verwirklichen lassen, es wird versucht, die Transzendenz nicht mehr in der Vertikalen, sondern in der Horizontalen herzustellen, DAMIT ERFÜLLT MAN ABER NICHT MEHR DIE RELIGIÖSEN, SPIRITUELLEN BEDÜRFNISSE. …
Der äußeren Erfahrung … muss in der Sicht von Jung eine innere Erfahrung entgegengestellt werden, und das ist die religiöse Erfahrung. Dabei sieht er das Unbewusste als eine zunächst fassbare Quelle religiöser Erfahrung, wendet sich aber dagegen, dass das Unbewusste mit »Gott identisch oder an die Stelle Gottes gesetzt« wird.[198]

Da der Mensch von Natur aus ein »Gottsucher« ist und nicht nicht religiös sein kann, sucht er sich durch das Ersetzen von »Gott« durch andere »Götter« und/oder die Verlagerung des

»Himmels« in die Erdenzeit für ihn mögliche Wege, seinem inneren Hunger nach Spirituellem gerecht zu werden. Im Innersten weiß der Mensch, dass sein Ego ihn allein nicht glücklich werden lässt. Er will über sich hinauswachsen, sich selbst transzendieren. Er will sich öffnen von der Begrenzung seines Egos zur Freiheit (Entgrenzung) hin. Die Sehnsucht ist dabei – so sagt auch Verena Kast in der Tradition Jungs – eine Triebfeder dafür. Eine Triebfeder zur Freiheit hin, zu Leben, zur Selbstwerdung, zur Gottesbegegnung, zur Gelassenheit.

Eine 66-jährige Lehrerin im Ruhestand (verheiratet, katholisch) bringt diese psychologischen Erkenntnisse durch ihre persönliche Lebens- und Glaubensentwicklung in nachvollziehbare Worte:

Spiritualität ist für mich untrennbar mit Gott verbunden, er ist der Dreh- und Angelpunkt in meinem Leben. Von ihm kommt dieses Leben und ich möchte es nicht flach, sinnentleert und gleichgültig verbringen und dereinst so zurückgeben.
Mein Gottesbild war für lange Zeit meines bisherigen Lebens allerdings ein verzerrtes:

- *Ich kannte nur einen »Buchhaltergott«, keinen, der liebt, verzeiht, barmherzig ist.*
- *Ich kannte den geschichtlichen Jesus aus dem Religionsunterricht, konnte aber keine Beziehung zu ihm aufbauen. ER, seine Wunder, sein Leben am See Genezareth und sein Sterben in Jerusalem, das waren allesamt Geschichten und Geschichte.*
- *Was in der Bibel steht, was mich auch interessierte und durchaus faszinierte, konnte ich nicht durchschauen, konnte nicht erkennen, dass die wirkliche Wahrheit die ist, die zwischen den Zeilen steht, die hinter den Geschichten verborgen ist.*

- *Ich fühlte mich in meinem Kinderglauben wie auf dem Weg in eine immer enger werdende Sackgasse, wohl langsam ahnend, dass da etwas ist, das es zu entdecken, zu erfahren und zu erfühlen gibt – mir fehlte allerdings der Schlüssel, diese Türe, diesen Weg in die Spiritualität zu öffnen.*

Ich habe lange Jahre meines Lebens, meiner Meinung nach viel zu lange in diesem Kokon gelebt und mich darin eingerichtet, habe mich orientiert und definiert von außen her und an Äußerlichkeiten.

Erst durch die seelsorgerliche Begleitung eines Geistlichen merkte ich, dass es noch eine andere Sehnsucht gibt, eine, die weiter reicht als die nach anspruchsvollen Büchern und klassischer Musik, nach Ehrenämtern und Spendenbereitschaft.

Heute ist Spiritualität für mich die Definition einer Lebensform, einer Einstellung, aus dem Geist Gottes heraus zu leben. Dieses Leben muss stimmig sein, Theorie und Praxis – eben die Einheit von beiden.
So kann ich ethische Anforderungen, die ich hinter Bibelworten finde, bejahen und annehmen, mein Handeln muss sich dann aber auch daran ausrichten – alles andere wäre schwärmerische, leere Begeisterung.

Im Augenblick fühle ich mich noch wie ein Wanderer zwischen zwei Welten, da ich mein »altes Leben« noch nicht völlig aufgeben kann und möchte, vom »neuen Leben« aber noch nicht ganz durchdrungen bin.

Wächst man in diesem Geist auf, ist ein spirituelles Leben, das immer tiefer wird, wahrscheinlich leichter zu erreichen, als wenn man Jahrzehnte im Glauben ver-

tändelt und erst ganz spät zu dieser Haltung kommt. Vielleicht ist es aber auch umgekehrt: Ein Aufwachsen in glaubenssicheren Gefilden macht bequem, man sieht nicht, was rechts und links seiner eigenen Straße passiert. Glaubensmäßige Wüsten und Dürren hingegen machen hungrig und durstig nach DER Wahrheit, nach DEM, der hinter und über allem steht …

Durch eine Imagination konnte ich erfahren, dass ich auf Gott vertrauen kann, mich jederzeit fallen lassen kann in dem sicheren Wissen: »ER wird mich halten.«
Ich habe gelernt, dass Glaube und Vertrauen das zentrale Thema meines weiteren Lernens sind, dass ich mir das allerdings nicht einfach überstülpen kann wie einen Hut, ich muss das erfahren, erarbeiten.
Genauso wichtig sind Geduld und Vertrauen, dass Gott etwas in mir geschehen lässt.

Ich beobachte mich und stelle an mir Veränderungen fest, bin aber gleichzeitig so vorsichtig, nicht von einem Extrem ins andere zu fallen.
Ich sehe jedes Mal mit neuem Staunen, dass sich mir eine große Fülle von Möglichkeiten auftut, dass mein Leben tiefer und wirklich erfüllter wird.
Ich konnte in Kursen im Benediktinerkloster Münsterschwarzach erfahren, dass das Einüben der Stille eine gute Quelle ist, loszulassen und die Gedankenflut in geordnete Bahnen zu lenken.

Die Folge für meinen Alltag war bisher, dass ich meine regelmäßigen Abläufe bewusster vornahm, ruhiger und ausgeglichener agierte und einiges loslassen konnte. Ich liebe mittlerweile die Stille und suche sie, wo und wann immer es möglich ist. Vieles von dem, was ich früher als untermalende Geräuschkulisse angenehm fand, kann ich jetzt nicht mehr ertragen, fühle mich im »Menschentrubel« ausgesprochen unwohl.

Die Begegnung mit ihrer Innenwelt und den in ihr wohnenden Sehnsüchten, die Erfahrung und das Üben von Imagination ließ diese Frau eine innere Lebendigkeit erleben, die sie in ihrem Selbstbild stabilisierte. Gleichzeitig durfte sie nach und nach einen »ganz anderen Gott« erfahren. Ihre wiedergefundene Sehnsucht nach »echter Spiritualität« ließ sie im Außen aktiv nach Orten suchen, wo sie dies einüben kann. Im Innen entdeckt sie den »Raum der Stille«, den »inneren Raum«[199], den Raum der Seele, wo wir zur Ganzheit finden können. Der Pädagoge und Heilpraktiker für Psychotherapie Udo Baer sieht diese Zusammenhänge von Sehnsucht und Selbstwert auch, wenn er schreibt: »Dieses Abrackern ohne die Perspektive der Veränderung nagt am Selbstwertgefühl und führt häufig dazu, dass Menschen den Sinn ihrer Handlungen verlieren. Geht die Sehnsucht als Motor der Veränderung in unser Handeln ein, entstehen aus der Sehnsucht Wünsche, die zu praktischen Taten drängen, dann ist auch das Selbstwertgefühl ein anderes, ein aktiveres, oft sinnhafteres und wird mehr beachtet und geachtet.«[200]

Imagination kann befreien, kann heilen, kann lebendig werden lassen. Deshalb ist es auch nicht verwunderlich, dass C. G. Jungs Ansatz der »Analytischen Psychologie« vor allem mit der Methode der »Aktiven Imagination« eine Hilfe ist, den Zugang zur eigenen Spiritualität wiederzufinden. Anselm Grün etwa gilt mit seinen vielen Veröffentlichungen im Bereich zwischen Spiritualität und Lebenshilfe als der Brückenbauer zwischen Jung'scher Tiefenpsychologie, christlicher Spiritualität, Mystik der Wüstenväter, Lebenshilfe und Weltverantwortung. »Anselm Grün schreibt sehr einfach – und berührt gerade dadurch das Herz, trifft so den Lebensnerv der Menschen. … Es gibt Quellen innerer Kraft, die jedem zugänglich sind. Seine Botschaft ist positiv – und er bezieht sich auf die Lebenssituation, die Sorgen und Probleme der Menschen, auf ihre wirklichen Fragen und Sehnsüchte. … Das Wesentliche der Tradition, für heute übersetzt, fängt neu an zu leuchten … Anselm Grün ist damit zum Inbegriff eines spirituellen Aufbruchs geworden, der aus den Klöstern kommt und immer mehr Menschen anzieht.«[201]

Die Lehrerin im Ruhestand schreibt in ihrer Reflexion weiter. Und damit steht sie meiner Erfahrung nach in einer großen Gruppe von Menschen, die einen Neuzugang zu ihrer Sehnsucht und ihrer Spiritualität gefunden haben:

> *Mithilfe von erklärenden Beispielen in verschiedenen Büchern von Anselm Grün aus dem Kloster Münsterschwarzach ist es mir möglich geworden, die Evangelien anders zu lesen, vieles von der Beschreibung von Wundern besser zu verstehen und als Hilfe für mein heutiges Leben anzusehen.*
> *Durch ihn habe ich gelernt, dass ich in einer Situation des Zweifelns eine Sache »für wahr« halten kann und sie dadurch tatsächlich wahr werden kann, die Zweifel nimmt und Sicherheit bringt.*
>
> *Mit Ängsten umzugehen, die mich heute lange nicht mehr so plagen wie in früheren Tagen, fällt mir leichter. Ich konnte viele Instrumente finden und kann mir damit selber helfen. Durch wunderbare, kurze Gebete kann ich in meinem Alltag bleiben und muss nicht ins Bodenlose fallen.*

Mein Beten hat überhaupt eine andere Qualität bekommen. Ich weiß heute, dass es nicht die Menge, sondern die Intensität und die Tiefe ausmacht.
Ich kann mich in vieles einfühlen, kann es Gott einfach hinhalten, brauche nur noch wenige Worte. Mittlerweile weiß ich und kann auch hinnehmen, dass mein Beten einen Sinn hat und dass meine Bitten Erfüllung finden, anders, als ich das möchte, aber immer besser für mich und andere, als ich das je erbitten könnte.

Ich habe entdeckt und gefunden, worauf es in meinem Leben wirklich ankommt. Ich lasse mich nicht mehr von außen bestimmen, orientiere mich nach innen und stelle fest, dass da schon immer große Schätze schlummerten … ich darf sie heben.

Ich möchte meine Empfindungen so zusammenfassen:

Innen ist Verankerung, Verwurzelung, außen ist Labilität.
Innen ist Grund, außen ist Sandboden.
Innen ist Ruhe, außen ist Lärm.
Innen ist Klarheit, außen ist Verwirrung.
Innen ist Sicherheit, außen sind Zweifel.
Innen ist Sanftheit, außen ist Gereiztheit und Hektik.
Innen ist das Licht, außen herrscht Dunkelheit.
Innen ist Freude, außen ist Angst.
Innen ist Harmonie, außen sind Misstöne.
Innen ist das Glück, das bleibt.

16. Wertimagination – ein existenzieller Weg zu Sehnsucht, Spiritualität und Sinn

»In jedem Menschen lebt ein ursprüngliches Bild seiner selbst, das darauf wartet gelebt zu werden. Die Wertimagination ist ein Weg, Menschen mit ihren tiefsten Sinngefühlen in Kontakt zu bringen. Dieser Weg führt auf innere Entdeckungsreisen zu Mut, Freiheit, Vertrauen – zu einer neuen Liebe zum Leben.«
Uwe Böschemeyer

Uwe Böschemeyer ist promovierter evangelischer Theologe, der nach Zeiten der theologischen und seelsorgerlichen Arbeit auch direkter Schüler des Psychiaters Viktor E. Frankl in Wien war. Der 1997 verstorbene Viktor E. Frankl ist der Begründer der Logotherapie und Existenzanalyse, der sogenannten »Dritten Wiener Schule der Psychotherapie« nach Sigmund Freud (Psychoanalyse) und Alfred Adler (Individualpsychologie). Frankls psychotherapeutische Richtung gilt als ein »Ansatz, der in besonderer Weise die geistige Dimension des Menschen in den Blick nimmt und sein existentielles Streben nach Sinn im Leben als dessen primäre Motivationskraft betrachtet.«[202] Frankl entdeckte neben dem von Freud gefundenen »triebhaft Unbewussten« das »geistig Unbewusste«[203] , das ebenso verdrängt, nicht wahrgenommen oder missachtet werden kann und dadurch zu Sinn-Neurosen (noogenen Neurosen) führen kann. Somit ist unser Unbewusstes nicht nur der Hort von Aggressionen, Narzissmen, sexuellen Phantasien, Schatten, Dunklem und Bösem, Animus und Anima, Projektionen, Verdrängungen u. v. m., sondern es zeigt uns, »was in Wahrheit sinnvoll ist und was nicht, welche Wege wir gehen sollten und welche nicht. Und nicht zuletzt ist die innere Welt der ›Ort‹, von dem aus die Brücke beginnt zu jener anderen, von Menschen unterschiedlich benannten Welt: zur Tiefe des Seins, zum Lebens-Grund, zu Gott.«[204]

Uwe Böschemeyer verband im Laufe der Zeit sein christliches Menschenbild mit Erkenntnissen der »Analytischen Psychologie« C. G. Jungs und der »Logotherapie und Existenzanalyse« Viktor E. Frankls und entwickelte dabei seinen Ansatz der »Wertimagination«. Diesen sieht er selbst als dritten Weg neben Lebensberatung und Psychotherapie: Sie ist mehr »als eine Technik, mehr auch als eine psychotherapeutische Methode. Sie ist ein jedem Menschen möglicher Zugang zur geistigen Basis seines Lebens und daher ein Weg, der in der ›Tiefe‹ die Persönlichkeit bildet.«[205]

Uwe Böschemeyer vertraut darauf – und viele tausend Wertimaginationen bestätigen ihn darin –, »dass in der Tiefe der Person hinter der Schicht der Ängste, Komplexe und Konflikte ein noch tiefer liegender Raum der heilenden Kräfte liegt. In den wertorientierten Imaginationen gewinnen diese heilenden Kräfte bildhafte Gestalt und führen zu beeindruckenden emotionalen Erfahrungen der Freiheit, des Angenommen- und Geliebtwerdens und des Lebenssinns. Nicht selten entdecken Klienten hierbei ihre verborgene Spiritualität und ihren verlorengegangenen religiösen Glauben.«[206]

Um die Person Uwe Böschemeyer und seine »Wertimagination« besser verstehen zu können, möchte ich hier eine kleine Passage aus einem Interview zitieren, die im »Züricher Tages-Anzeiger« vom 12. Mai 2012 veröffentlicht wurde:

> *Herr Böschemeyer, Sie haben als Schüler und Student so stark gestottert, dass sie kaum sprechen konnten. Heute referieren Sie vor großem Publikum darüber, wie*

man freier und mutiger leben kann. Wie haben Sie Ihre Sprachblockade überwunden?

UWE BÖSCHEMEYER: Zwei Dinge waren entscheidend: Erstens habe ich mich ausführlich mit meinen ersten Lebensjahren auseinandergesetzt, um zu verstehen, was mich hat verstummen lassen im fünften Lebensjahr. Man muss die Unfreiheit begreifen und bewusst auf Distanz gehen zu ihr, um frei werden zu können. Zweitens habe ich durch Imaginationsarbeit Teile von mir kennen gelernt, die ich nicht gelebt hatte. Ich fühlte, dass meine Identität viele verborgene Aspekte hatte, dass ich viel mehr sein konnte als dieser einsame, in sich gekehrte Schweiger. Ich habe mir vorgestellt, wie es sein wird, wenn ich dereinst vor vielen Menschen darüber spreche, wie sich der Mensch frei entfalten kann. Diese inneren Bilder waren wie Magnete für mich. Ihre Anziehungskraft war so groß, dass die Veränderung in Gang kam.[207]

Böschemeyer sagt: »Erstens habe ich mich ausführlich mit meinen ersten Lebensjahren auseinandergesetzt …«, was so viel heißt wie: Wer zum heilen Bereich seiner Seele kommen möchte, muss sich zuvor mit den verstellten Zugängen, mit den Verletzungen, Verneinungen und Blockaden auseinandersetzen. Diese Erkenntnis wird in jeder ernstzunehmenden Psychotherapie angewandt. Böschemeyer arbeitet mit seinem Ansatz der Wertimagination danach. Es hat sich gezeigt, »dass (Sinn oder innerer Halt) nicht billig zu finden ist und sich erst dann Zugänge zur Spiritualität öffnen, wenn die ImaginandInnen die gröbsten inneren Blockaden gegen ein gelingendes Leben abzubauen begonnen haben, also etwa Verletzungen früherer Zeiten, Ängste, destruktive Aggressionen, Unwahrhaftigkeiten, Eitelkeiten etc.«[208] Zu solchen

Blockaden gehören auch die verschiedensten Gedanken, die sich in unserem Kopf und dann auch in unseren Gefühlen und in unserem Verhalten eingenistet haben. Solche belastenden, negativen und zerstörenden Gedankenkarussells und Denkblockaden habe ich in meinem Buch »GLAUBE an die KRAFT der GEDANKEN« dargestellt und unter anderem mit Böschemeyer auch hilfreiche Umgangsformen damit gefunden.[209]

Bei allem therapeutischen Arbeiten und somit auch bei »Wertimagination« ist die innere Gesinnung entscheidend. Wer aus reiner Neugierde imaginiert oder weil er seine Arbeitsleistung damit steigern oder Glücksgefühle erfahren will, der wird nicht ans Ziel gelangen. Böschemeyer zitiert die C. G. Jung-Kennerin Marie-Luise von Franz, die mit großem Ernst auf die »ethische Reinheit der Gesinnung (als) eine der wesentlichen Grundvoraussetzungen« jeglicher therapeutischer Arbeit hinweist.[210] Diese Gesinnung und innere Einstellung gilt für den Imaginanden ebenso wie für dessen Begleiter/Therapeuten.

Im zweiten genannten Interviewpunkt sagt Böschemeyer: »Ich habe mir vorgestellt, wie es sein wird, wenn ich dereinst vor vielen Menschen darüber spreche, wie sich der Mensch frei entfalten kann. Diese inneren Bilder waren wie Magnete für mich. Ihre Anziehungskraft war so groß, dass die Veränderung in Gang kam.«
Hier befindet er sich in direkter Linie zu seinem psychotherapeutischen Lehrer, Viktor E. Frankl, der diese Magnetkraft innerer Bilder aus seinem eigenen Leben kannte. Frankl überlebte vier KZs, darunter Auschwitz, weil er von der Kraft des »unbewussten Geistes« und der Imagination überzeugt war, auch wenn er Imagination als Zugang zum geistig Unbewussten noch nicht ausdrücklich genutzt hatte.

Wie haben wir uns diesen »unbewussten Geist« (Frankl) vorzustellen?

Er ist die machtvolle, schöpferische und gestaltende Kraft im Menschen, er ist das Zentrum der menschlichen Seele. Er ist »deshalb alles andere als ein blässliches Phänomen, sondern die vitale Kraft, die den Menschen zum Menschen macht. … Er ist auf all das ausgerichtet, was Sinn schafft. … Er intendiert alles Wert-Volle. … Werte, die Sinn schaffen, sind ›gebündelte Lebenskräfte‹ (Längle), Energiezentren mit hoher Anziehungskraft – stark genug, den Menschen seiner Ganzheit näherzubringen.«[211]

In einem Radiobeitrag vom 4. November 2012 im Hessischen Rundfunk mit dem Titel »Wenn die Phantasie auf Reisen geht. Über die beflügelnde und heilsame Wirkung innerer Bilder« umschreibt Böschemeyer den Zusammenhang zwischen »unbewusstem Geist«, Werten und Wertimagination so: Der unbewusste Geist

> *bedeutet, dass im Unbewussten die spezifisch menschlichen Werte verwurzelt sind. Also die Liebe und der Mut und die Freiheit und die Hoffnung, die Zuversicht, die Spiritualität, d.h. all das was spezifisch menschlich ist, hat seine Wurzeln letzten Endes nicht im bewussten sondern im unbewussten Geist. Das ist eine wesentliche Erkenntnis, die uns Frankl vermacht hat, denn das bedeutet, wenn wir Zugang zu diesen Bildern bekommen, die im unbewussten Geist lagern, auch Zugang bekommen zu den Kräften, die sie symbolisieren. Das heißt konkret, wenn wir die Augen schließen und die Bilder zu laufen beginnen, haben wir uns vorher verabredet zu einem Ziel, wir haben uns (zum Beispiel) verabredet zum Ziel Freiheit. Und nun kommen Bilder der Frei-*

heit. Wir bleiben, während die Bilder der Freiheit in uns ablaufen, ganz bewusst und trotzdem sind wir auf der Ebene des Unbewussten, weil sich die Bilder aus dieser Tiefe zeigen. Nun muss ich etwas ganz Wichtiges sagen. Es ist ein Gesetz der Seele, dass es nicht nur Symbole für Liebe, Freiheit, Hoffnung, Mut, Verantwortlichkeit gibt, sondern dass sich diese Symbole auch als Gestalten zeigen. Also wir sehen die Freien, die Liebenden, die Mutigen, die Geistvollen usw. und die sehen wir plastisch und unmittelbar. Und das ist das, worüber ich täglich staune, wenn wir diesen Gestalten begegnen, bleiben wir mal bei der Freiheit, dann überträgt sich die Freiheit auf den Imaginanden, dann wird er selber zunehmend frei, dann fühlt er die Freiheit viel mehr als wenn er über Freiheit ein philosophisches oder sonstiges Buch liest.[212]

1996 stellte Böschemeyer seinen Ansatz der Wertimagination in dem Buch »Dein Unbewußtes weiß mehr, als du denkst« einer größeren Öffentlichkeit vor. Im Laufe der Jahre entwickelte er diesen therapeutischen Weg kontinuierlich weiter:

- 2005: »Unsere Tiefe ist hell. Wertimagination – ein Schlüssel zur inneren Welt« – eine systematische Darstellung und Zusammenfassung der Arbeit mit Wertimagination.
- 2007: »Gottesleuchten. Begegnungen mit dem unbewussten Gott in unserer Seele« – Die Entdeckung eines inneren Haltes, eines inneren Grundes, des unbewussten Geistes, der unbewussten Spiritualität (ob gläubig oder nicht gläubig) und der inneren Erfahrbarkeit von Transzendenz.
- Und 2009: »Vertrau der Liebe, die dich trägt. Von der Heilkraft biblischer Bilder« – Die Entdeckung des Zu-

sammenhanges zwischen heilsamen und verwandelnden Seelenbildern und Bildern und Erzählungen der Bibel, die Ähnliches erzählen: Gottes Liebesbotschaft ist nicht theoretisch, sondern wird persönlich erfahrbar.

Was sind Wertimaginationen und was sind sie nicht? Lassen wir Uwe Böschemeyer selbst die Antworten hierzu geben.

Was sind Wertimaginationen nicht?

»Es geht nicht um ›bloße‹ Fantasien, nicht um ›inneres Kino‹, das jeder fantasiebegabte Mensch im entspannten Zustand in sich ablaufen lassen kann –, nicht um ›Fantasiereisen‹ –, nicht um passive Imaginationen –, nicht um Visualisierungen und bildhafte Vorstellungen.«[213]

Was sind Wertimaginationen?

Wie schon erwähnt, entwickelte Böschemeyer seinen dritten Weg der Persönlichkeitsbildung stetig weiter. Folgende Punkte sind aus den drei erwähnten Büchern von 2005, 2007 und 2009 zusammengefasst. Ich bitte Sie, sich auf die folgenden Punkte einzulassen. Sie sind nicht ganz einfach, vor allem, wenn man sich mit so einem Metier nicht oder nur wenig auskennt. Ich werde nach der Aufzählung ein Resümee ziehen und dann – darauf kommt es mir besonders an – konkrete und nachvollziehbare Beispiele anführen, wie wertvoll Wertimagination beim Entdecken von »Sehnsucht«, »Spiritualität« und der Ganzwerdung der eigenen Persönlichkeit ist:

1. *(2009) Alle Imaginationen basieren »auf der assoziativen, sprachlich-dialogischen Tätigkeit unseres*

Denkens, die ständig in uns abläuft«. Das bedeutet: Im Unbewussten findet ein ständiges Gespräch statt, kein abstraktes, sondern ein bildhaftes. Das hat zur Folge, dass wir, wenn wir uns den inneren Bildern annähern, jene seelischen Prozesse wahrnehmen, die in uns ablaufen. Nicht nur das: Die Wahrnehmung, Deutung und Auseinandersetzung mit ihnen verschafft uns die Möglichkeit, auf die Bilder so Einfluss zu nehmen, wie es weder im Traum noch im Gespräch auf der Bewusstseinsebene möglich ist. Und wenn wir auf sie Einfluss nehmen, beeinflussen wir nicht nur »bloße« Gefühle, sondern auch die Gefühlskräfte, die durch die Bilder symbolisiert werden. Die Bilder sind, so könnte man sagen, die »Gesichter« der Gefühle und der Gefühlskräfte.

2. *(2009) Das Unbewusste ist alles andere als eine nur chaotische, furchterregende Welt. Das kann sie auch sein, jedenfalls dann, wenn wir uns ohne einen kundigen Begleiter auf den dunklen Bereich des Unbewussten einlassen. Der Bereich des »geistig Unbewussten« jedoch – Viktor Frankl prägte diesen Begriff – ist anderer Art:*
   Unbewusster Geist meint das jedem Menschen potenziell zugängliche Wissen von den großen und kleinen Zusammenhängen des eigenen Lebens und des Lebens überhaupt. Darüber hinaus stellt er das stärkste Energiezentrum dar, zu dem wir Zugang haben können.
   Unbewusster Geist – das ist unbewusste Freiheit, Verantwortlichkeit, Liebe, Hoffnung, das ist unbewusster Mut, Intuition, Gewissen, das Ästhetische, das Künstlerische, das sind unbewusste Wertgefüh-

le, das ist unbewusster Sinn, unbewusste Religiosität etc. Er ist das Land des inneren Friedens, der inneren Einheit, ein Land der Wärme und Geborgenheit. Unbewusster Geist – das ist die schöpferische, gestaltende, sinnstiftende Kraft, von deren Wirksamkeit primär abhängt, in welcher Weise der ganze Mensch existiert. Und in dem Maße, in dem er Zugang zum unbewussten Geist findet, findet ein Mensch die ihm entsprechenden Werte, findet er sich selbst, findet er Sinn, findet er auch die Kraft, ihn zu leben.
Unbewusster Geist – das ist die Basis des bewussten Geistes, mehr als das: Er ist die Basis menschlichen Daseins überhaupt. Er ist der Dreh- und Angelpunkt unseres Menschenbildes. Er ist die »Mitte« der Seele. Er ist zugleich der Grund, die Mitte und das Ziel der Wertimagination.
Der unbewusste Geist stellt keine für sich bestehende Wirklichkeit dar, weil menschlicher Geist und göttlicher Geist untrennbar im Menschen verbunden sind. Daher finden wir ihn in uns vor, aber er geht nicht in uns auf. Er ist immanent erfahrbar, doch behält er seinen transzendenten Charakter. Wir können ihn erleben, aber nicht erfassen. Er ist weit »mehr« als wir begreifen können.

3. *(2007) Wertimaginationen – sie dauern in der Regel eine halbe Stunde – sind bewusste »Wanderungen« zum unbewussten Geist, d.h. zu den Quellen der Wertgefühle und -gefühlskräfte. Sie sind zielorientiert. Sie haben primär die spezifisch humanen Werte im Blick, zum Beispiel den Mut, die Liebe, die Freiheit.*
   Wertimaginationen werden von einem Therapeuten oder Mentor begleitet. Hat der Imaginand

hinreichend Erfahrungen, sind selbstständige oder Gruppenimaginationen möglich und erwünscht.

4. *(2007) … Dabei ist am Beginn der Arbeit eine gründliche Einführung wichtig. Jeder Imagination folgt ein Nachgespräch. Gruppenteilnehmern, die ihr Ziel nicht erreicht haben, wird Gelegenheit gegeben, mit dem Begleiter eine Nachimagination zu machen. Die Arbeit in einer Gruppe ist meiner Erfahrung nach besonders wertvoll, weil*
   - *die imaginative Selbsterfahrung eine sonst selten erlebte Beziehung der Teilnehmer untereinander schafft,*
   - *sie durch die Nachgespräche nicht nur viel von sich selbst und anderen, sondern auch über den Menschen erfahren,*
   - *die Nachimaginationen den Zuhörenden weitere Aufschlüsse für ihre eigene Imaginationsarbeit geben,*
   - *die Teilnehmer die Erfahrung machen, selbstverantwortlich handeln zu können.*

5. *(2009) Entscheidend sind nicht die vom Bewusstsein vorgestellten oder eingebildeten, sondern die vom unbewussten Geist ausgebildeten Bilder, und gerade darin liegt ihr besonderer Wert. Denn jede neue Erfahrung eines bislang nicht oder nicht hinreichend gelebten unbewussten Inhalts bedeutet einen Zuwachs an Identität und damit neue Sinnerfahrung. Die ausgebildeten Bilder werden nicht gemacht, sondern erwartet. Sie erscheinen dem Imaginanden plastisch, dreidimensional, unmittelbar.*
   Was sind innere Bilder? Von ihnen sagt (der große evangelische Theologe) Jörg Zink treffend: »Das

›Bild‹ ist überall, wo wir über die Welt unserer Sinne und unseres schmalen Verstandes hinausdenken, die Weise, in der uns Wahrheit begegnen kann, und die Weise, wie wir die geschaute und geahnte Wahrheit einander zeigen können.« Die Bilder … nennen wir Symbole. Ein Symbol ist ein Sinnbild mit komplexer Bedeutung, ein Zusammenspiel von inneren und äußeren Erfahrungen. Symbole liegen außerhalb des Herrschaftsbereiches der Vernunft und können daher nicht von einem logischen Konzept erfasst werden.

6. *(2009) Zentrum der Wertimaginationen ist die Beziehung zu den hilfreichen männlichen und weiblichen Gestalten, die die Selbst- und Sinnverwirklichung fördern. Ich nenne sie »Wertgestalten«. Ich verstehe sie als personifizierte Aspekte des unbewussten Geistes, also als Gestalt gewordene Werte, die im unbewussten Geist ihren Grund haben. Sie sind uns zugehörig, aber sie gehören uns nicht. Sie sind dem Spannungsfeld der Polarität enthoben und können daher als Personifizierungen des Geistes nicht erkranken. Und darin liegt ihre außerordentliche Kraft! Erscheinen sie doch einmal ambivalent, liegt eine Projektion des Imaginanden auf die Wertgestalt vor.*
   Das Unbewusste hat also nicht nur die Tendenz, sich in allgemeinen Bildern zu zeigen, sondern auch in personifizierten Symbolen. So gibt es nicht nur Symbole zum Beispiel für Freiheit, Liebe, Verantwortung, Lebensbejahung, für die Selbstheilungskräfte oder die Lebenskunst, sondern auch für die Freien, die Liebenden, die Verantwortlichen, die Lebensbejaher (ich nenne sie die Inneren Verbündeten), die

Inneren Ärzte, die Lebenskünstler. Und gerade die Begegnung mit diesen lebendigen Vertretern der inneren Welt ist für die Erkenntnis und Aneignung der verborgenen Lebenskräfte und damit für die Weiterbildung der Persönlichkeit von besonderer Bedeutung. Darüber hinaus führen sie uns in Tiefen, in die wir mit dem Verstand niemals vordringen könnten. Die Begegnung mit den Wertgestalten bewirkt eine höchstmögliche kognitive, emotionale und energetische Annäherung an die erwarteten Ziele.
Weil sich jede menschliche Eigenschaft personifiziert zeigen kann, gibt es selbstverständlich auch Gestalten mit destruktivem Charakter, zum Beispiel den Lebensverneiner (ich nenne ihn den Inneren Gegenspieler), den Ungeduldigen, den Unwahrhaftigen oder den Maßlosen …

7. *(2005) Nicht die Aktionen, sondern die existenzielle Begegnung mit den inneren Bildern, nicht das Registrieren, sondern das Anschauen, nicht das Erkennen, sondern das Verstehen der Symbole steht im Vordergrund der wertimaginativen Arbeit.*
   Um so weit wie möglich die Symbolgehalte in ihrer Komplexität erschließen zu können, gilt die Frage: »Was strömt es aus? Ist da noch etwas anderes?« … Die Erschließung der Symbolgehalte vollzieht sich also phänomenologisch, so nämlich, dass in der existenziellen Begegnung mit den Symbolen diese sich selbst aussprechen.
   (2009) Die Wertimagination ist keine Technik. Auch der Begriff »Methode« trifft nicht ausreichend das, worum es hier geht. Die Wertimagination öffnet dem Imaginanden jenen Bereich, in dem Wert und Sinn verwurzelt sind und der »Grund des Seins« (Meis-

ter Eckart) sichtbar wird. Und wer ihm begegnet, erfährt, dass dieser Grund kein unpersönlicher ist.

8. *(2009) »Methodisch« gilt für Wertimagination generell:*
   Nur wer bereit ist, alle Tagesgedanken loszulassen, sich auf den unbewussten Geist einzulassen, sich ihm anzuvertrauen, wird die Zugänge zu ihm finden. Die einzelnen Schritte sind folgende:
   - *die Verabredung des Zieles,*
   - *eine Entspannungsphase von ca. drei Minuten,*
   - *die Einstellung auf ein Eingangssymbol, etwa auf den inneren Garten oder den Lebensbaum,*
   - *die Erwartung einer oder mehrerer Wertgestalten (wenn potenzierte Kräfte erforderlich sind).*
   - *Die sich zeigenden Widerstände werden in aller Regel auf dem Weg zum Ziel bearbeitet. Erweisen sie sich als zu stark, ist eine separate Arbeit – stets in Begleitung einer der Situation entsprechenden Wertgestalt – erforderlich. Dabei gilt: Wir leugnen nicht die Sümpfe, aber wir gehen nicht in sie hinein.*
   - *Jede Wertimagination bedarf eines ausführlichen Nachgesprächs.*

   (2007) Transferimaginationen, also Wertimaginationen, die den Klienten in konkrete Alltagssituationen führen, sind eine besondere Brücke zwischen der inneren Wirklichkeit und der äußeren Realität.

9. *(2005) Aufgrund der Herausforderung, sich den ausgebildeten Bildern zu stellen, ist die Wertimagination (wie die Aktive Imagination) für den Klienten ein unschätzbares Mittel, sich relativ unabhängig vom Therapeuten bzw. Mentor entwickeln zu können. Seine Eigenständigkeit wird gefördert und da-*

mit die Möglichkeit eröffnet, Verantwortung für sich selbst zu übernehmen.[214]

10. *(2009) Anwendungsgebiete*
    Die Wertimagination kann sowohl als eigene Therapieform oder integraler Bestandteil psychotherapeutischer Systeme verstanden werden als auch als integraler Bestandteil der »Wertorientierten Persönlichkeitsbildung«.
    Angezeigt ist sie generell dann, wenn ein Patient/Klient nicht hinreichend fühlt, was er denkt, und das Denken nicht jene Bereiche berührt, die für die Überwindung von Störungen oder die Weiterbildung der Persönlichkeit erforderlich sind. Die Wertimagination ist also angezeigt
    - *bei Menschen, die ihre Persönlichkeit weiterbilden wollen,*
    - *bei Menschen mit psychischen und psychosomatischen Störungen,*
    - *bei Menschen mit Beziehungs-, besonders Paarproblemen,*
    - *bei Menschen mit irreversiblem Schicksal,*
    - *bei Menschen, die die »Dimension der Tiefe« suchen.*

Vielen Dank, dass Sie beim Lesen durchgehalten haben. In aller Kürze werde ich das Aufgezählte nun gestrafft zusammenfassen, um den wichtigen Kern dieses Weges nach Innen zu verdeutlichen. Danach werde ich konkrete Beispiele aus der Imaginationsarbeit anführen, die eine gespannte Aufmerksamkeit entstehen lassen sollen: »Das kenne ich auch. So etwas habe ich auch schon mal erlebt oder gespürt. So etwas möchte ich auch erleben können.«

Zusammenfassung – Was ist Wertimagination?

In unserem Unbewussten findet ein ständiges Gespräch statt, das sich in Bildern zeigt. Viel mehr als im Traum, Tagtraum, in Phantasiereisen oder Ähnlichem und auch mehr als auf der bewussten Gesprächsebene kommen wir durch die Wahrnehmung, Deutung und Auseinandersetzung mit bildhaften seelischen Prozessen zu unseren Gefühlskräften, die durch Bilder symbolisiert werden.
In unserem Unbewussten befindet sich auch das »geistig Unbewusste«, der »unbewusste Geist«. Er ist die schöpferische, gestaltende und sinnstiftende Kraft der menschlichen Existenz, er ist die »Mitte der Seele« und gleichzeitig der Grund, die Mitte und das Ziel der Wertimagination.

Wertimaginationen sind zielorientierte »Wanderungen« zum unbewussten Geist, zu den Quellen der Wertgefühle und Wertgefühlskräfte. Es geht nicht um vom Bewusstsein vorgestellte oder eingebildete, sondern um die vom unbewussten Geist ausgebildeten Bilder, die nicht gemacht, sondern erwartet werden, bis sie sich zeigen. Diese Bilder sind Symbole, also Sinnbilder mit komplexer Bedeutung und einem Zusammenspiel von inneren und äußeren Erfahrungen. Sie liegen außerhalb des Herrschaftsbereiches der Vernunft. Uwe Böschemeyer kennt gut 400 innere Orte und Ziele, zu denen gewandert werden kann. Beispielhaft nenne ich hier nur wenige: Ort des eigenen Lebens, der inneren Befreiung, der Gesundung, der Lebensbejahung oder die Wertimaginationsziele zur verborgenen Sehnsucht, zum unverletzten inneren Kind, zur Selbstbestimmung und nicht zuletzt zum Raum der Entscheidung.[215]
Zentrum der Wertimaginationen ist die Beziehung zu den Wertgestalten. Diese sind Gestalt gewordene Werte, die im unbewussten Geist ihren Grund haben. Sie sind personifi-

zierte Aspekte des unbewussten Geistes. Die Begegnung mit den Wertgestalten bewirkt eine höchstmögliche kognitive, emotionale und energetische Annäherung an die erwarteten Ziele.
Solche Wertgestalten sind beispielsweise (männlich und weiblich): der innere Verbündete (Personifizierung der Lebensbejahung), der innere Indianer (Personifizierung des Zusammenspiels von Natur und Geist), der innere Arzt (Personifizierung der Selbstheilungskräfte), das innere Kind (Personifizierung der unmittelbaren, spontanen, unverbrauchten Kräfte) und viele andere mehr.[216]
Wertimagination ist keine Technik, auch keine Methode, sondern ein Schlüssel zur inneren Welt. Jener Bereich, in dem Wert und Sinn verwurzelt sind, wird sichtbar und spürbar. Dieser »Grund des Seins« ist nicht unpersönlich, sondern personhaft erfahr- und erlebbar.
Wertimagination fördert Persönlichkeitsentwicklung, Eigenständigkeit und verantwortliches Denken, Fühlen und Handeln.

»Sehnsucht Spiritualität« ist der Titel dieses Buches. Ich habe mir zur Aufgabe gemacht, diesen beiden Tatsachen im Leben eines jeden Menschen näherzukommen. Die Wertimagination ist – wie im Vorhinein schon öfters erwähnt – ein wichtiger Schlüssel zur inneren Welt, also auch ein Schlüssel zu »Sehnsucht« und zu Spiritualität, ob dem Menschen bewusst oder unbewusst.

Böschemeyer äußert sich einmal in Bezug auf »Sehnsucht« folgendermaßen:

> *Wenn ich Menschen frage, wonach sie sich am meisten sehnen, sprechen sie, nachdem sie die »schnellen« Antworten (Erfolg, Anerkennung, Geliebtwerden, gute*

Familie, soziale Sicherheit, mehr Zeit etc.) als nicht ausreichend empfunden haben, von Geborgenheit im Leben, von innerer Heimat, von tiefem Sinngefühl, davon, im Leben verwurzelt zu sein, davon, im Leben sein zu dürfen, vom Leben geliebt zu werden. Gewiss, die Wortwahl ist unterschiedlich, die Inhalte nicht. Von diesen Gefühlen aber sprechen auch und vor allem die Imaginanden, wenn sie in der Tiefe ihrer Seele spirituellen Bildern begegnen. Und die Erfahrung zeigt, dass Menschen mit Begegnungen dieser Art sich anders fühlen, anders leben, ein anderes Verhältnis zur Welt entwickeln. Anders? Freier, zuversichtlicher, lebensbejahender, sinnvoller – vom Leben getragen, in Gott geborgen.[217]

Diese Aussage kann ich aus meiner Erfahrung voll und ganz unterstreichen. Wer schon einmal miterleben durfte, wie Menschen in der Erfahrung einer wertimaginativen Wanderung betroffen sind, leise werden, ganz dabei sind und vor allem über das Erlebte staunen, der wird glücklich, so eine »Lebenshilfe« gefunden zu haben. Das innerlich Erlebte bewirkt dann auch im äußeren Leben Veränderungen zum Guten. Gleichzeitig wächst ein zunehmendes Interesse an dieser Innenwelt, was nichts mit Nabelschau, Weltflucht oder Egoismus zu tun hat, ganz im Gegenteil. Die Sehnsucht spielt hierbei wieder eine wichtige Rolle: »Sehnsucht ist eine Art Zielvereinbarung mit unserem Herzen. Und sie kann Wünsche in die richtige Bahn lenken. … Im Unterschied zur Melancholie, diesem tiefen Bedauern, dass Wünsche sich nicht erfüllen lassen, lebt in der Sehnsucht immer auch der winzige Funke Hoffnung auf zukünftige Möglichkeiten.«[218]

Aus der Fülle der schriftlich festgehaltenen Wertimaginationen möchte ich eine zitieren, weil sie meiner Meinung nach ein Sinnbild für die Befreiung eines modernen Menschen unserer Zeit ist. Ich kenne nicht wenige Männer und Frauen, die äußerlich zwar gut versorgt sind, innerlich aber mehr und mehr spüren, dass ihnen etwas fehlt. Bevor die »Wanderung zum Ort der inneren Freiheit« zitiert wird, möchte ich mit der »Parabel vom modernen Menschen« zeigen, in welchen Nöten sich viele Menschen unserer Zeit befinden:

Die Parabel vom modernen Menschen

Es war einmal ein Mann, der hielt sich für sehr aufgeklärt. Er war überzeugt, ihm könne niemand etwas vormachen.
Eines Tages verirrte er sich in der Wüste. Nach vielen Tagen endlosen Laufens sah er, vor Hunger und Durst halb wahnsinnig, in der Ferne eine Oase.
»Lass dich nicht täuschen«, sagte er sich, »du weißt genau, dass das eine Luftspiegelung ist. Die Oase existiert gar nicht wirklich, sie ist nur eine Fata Morgana.«
Er näherte sich der Oase, doch sie verschwand nicht. Im Gegenteil: Er sah Dattelpalmen, sah das Gras, sogar Felsen, zwischen denen ein Quell entsprang.
»Sei vorsichtig«, warnte er sich wieder selbst. »Das ist alles nur eine Ausgeburt deiner Hungerfantasie.«
Jetzt hörte er sogar das Wasser sprudeln. »Aha«, dachte er sich, »ganz typisch! Eine Gehörhalluzination.«
Am nächsten Tag fanden ihn zwei Beduinen tot. »Kannst du das verstehen?« sagte der eine. »Die Datteln wachsen ihm doch beinahe in den Mund? Wie ist das möglich?«
»Er hat nicht daran geglaubt!«, antwortete der andere, »er war ein moderner Mensch.«[219]

Als Antwort darauf nun die Geschichte einer Wertimagination so eines »modernen Menschen« von heute, der seine »Oase« gefunden hatte, sich mit ihr vertraut machte und darin nicht nur Erfrischung und Nahrung fand, sondern gemachte Erfahrungen innerer Sehnsucht, die keine Halluzinationen und keine Fata-Morgana-Erscheinungen waren. Dieser Mann war innerlich berührt, und dies veränderte so nach und nach sein äußeres Leben zum Guten.

Ein Mann, dessen ganzes Leben nur noch um Wirtschaft und Geld kreiste, empfand zunehmend, dass er viel zu sehr von seinem Besitz abhängig geworden war. Was er dachte, fühlte und tat – fast alles drehte sich um sein Haben, kaum etwas um sein Sein. Und das bedrückte ihn. Nach einer Reihe von Imaginationen wanderte er mit mir zum »Ort der inneren Freiheit«. Er hatte sein Ziel erreicht, als er auf dem Gipfel eines Berges stand. An diesem Ort hätte er die Wanderung beenden können, empfand aber das Bedürfnis, weiterzugehen. Er sollte es nicht bereuen:
Die Treppe, die ihn in die innere Welt führte, schien nicht enden zu wollen (ein Hinweis darauf, dass er sich tief ins Unbewusste eingelassen hatte). Lichter an den Felswänden beleuchteten seinen Weg, der ihn zunächst zu einem Feuer führte. Dort wurde er, wie er »wusste«, erwartet. Und was er zu tun hatte, »wusste« er auch: Er ging ins Feuer hinein. In diesem Feuer aber verbrannte er sich nicht nur nicht, es »befreite« ihn sogar. Danach beglückte ein Schauspiel verschiedenster roter Farben seine Sinne.
Über eine Treppe ging er weiter in die Tiefe, in der sich ihm bald eine helle, von Licht durchflutete Landschaft zeigte. Doch auch hier war er noch nicht am Ziel. Er wanderte in einen Berg hinein und stieß auf einen Wasserfall, dessen Wasser mächtig toste (Symbol für Lebenskraft). Einen Augenblick war er ratlos, weil er nicht wusste, wie er ihn bewältigen sollte. Da sah er ei-

nen Weg, der durch den Wasserfall führte. Die Wasser schlugen zwar über ihm zusammen, er ging jedoch mutig und gestärkt durch sie hindurch.
Schließlich erreichte er ein Gebirge, auf dessen Gipfel ein Kreuz stand. Oben angekommen, hatte er »eine unheimlich tolle Fernsicht«. Sein Herz weitete sich. Er fühlte sich frei, ganz frei. Von einer Stadt im Tal stiegen Rauch und Lärm auf. Der Verkehr brauste, er aber war allem weit entrückt. Nichts konnte ihn beunruhigen, nichts ihn belästigen. Er sah zwar, was sich in der Welt der Menschen tat, sein Gefühl von Freiheit jedoch wurde dadurch nicht gemindert. Er war am Ziel. Was er sah und erlebte, ließ er lange auf sich wirken.

Dann schaute er nach oben – in die »Mitte des Himmels«. Und was er dort erblickte, überwältigte ihn: Er sah ein goldenes Feuer. Nachdem er es lange betrachtet hatte, sagte er: »Das ist ein Feuer, das nicht jeder sieht.« (Ein für ihn unüblicher Satz). Das Feuer (Symbol auch für das Göttliche) strömte große Liebe und Freundlichkeit aus. Dann hörte er es sagen: »Ich bin das Leben.« Er schwieg, war tief ergriffen. (Nicht selten hören sich Imaginierende bedeutsame Sätze sagen, die ihrem bekannten Sprachschatz völlig fremd sind. Manchmal können sie diese Sätze gleich nach der Imagination nicht mehr erinnern).
Bald nahm das Feuer die Form eines von Gold umrandeten Herzens an. (Herz hier als Symbol für die Mitte der Welt). Während der Mann es betrachtete, fühlte er sich »wie ein Kind auf den Armen der Mutter«. Ein tiefes Gefühl von Geborgenheit durchströmte ihn. Er schwieg lange.
Dann sah er, wie sich das Feuerherz in ein kristallklares Wasser hinabsenkte. Er folgte ihm. »Zeitlos« schwamm

er ihm nach (Zeitlos fühlen sich Imaginierende manchmal dann, wenn sie in besonders tiefe Schichte des Unbewussten vorgedrungen sind). Er schwamm mühelos und leicht, frei von jeder Anstrengung, während über ihm die Sonne schien.
Inzwischen war es Nacht geworden. Hell stand der Mond über dem Wasser. Er schwamm immer weiter, immer dem Feuerherzen nach. Irgendwann hörte ich ihn sagen: »Mir fehlt gar nichts.«
Ein neuer Tag brach an. Die Sonne tauchte aus den Tiefen empor. Der Mann schwamm noch immer in der »unendlichen Weite« des Wassers. »Ich will nichts anderes mehr sehen«, hörte ich ihn wieder sagen.
Da entdeckte er ein Segelschiff, das langsam auf ihn zukam. Ihm folgten ein Raddampfer und Schiffe anderer Art. Alle luden ihn ein, mitzukommen. Doch keinem Schiff mochte er sich anvertrauen. »Ich warte auf das Schiff«, sagte er nur. Und es kam: ein Schiff besonderer Art, das er nicht beschreiben konnte, weil er viel zu sehr mit ihm beschäftigt war. Er bestieg es und fuhr mit ihm in den Hafen ein, den er von Weitem schon als seinen eigenen erkannt hatte.[220]

Beim Lesen dieser inneren Reise haben Sie vielleicht zwei innere Regungen gespürt: »Wow, so etwas kenne ich, so etwas habe ich auch schon einmal ähnlich erlebt, so etwas gibt es wirklich …« oder: »Schöne Geschichte …, eine lebhafte Phantasie hat dieser Mann, das ist alles erdacht und erfunden …«
Diese inneren Erfahrungen muss man selbst machen, denn dann kommen einem solche Erzählungen sehr bekannt vor. Der Zweifel ist ein Begleiter des Verstandes. Innere Erfahrungen können mit dem Verstand letztlich nicht erschlossen werden. Es geht um ein inneres »Erfasstwerden und Ergrif-

fensein«[221], das dann fruchtbar verändernd nach außen wirken wird, wenn es echt ist.
Die Zweifel wollen aber ernst genommen werden, und so möchte ich dem Zweifel oder der Skepsis folgende Aussagen entgegenhalten:

Vielleicht wird sich mancher Leser fragen, ob sich die Imaginanden nicht nur einbilden, was sie zu sehen glauben. Deshalb würde mancher Leser … mit weniger Bedenken folgen, gäbe es eine wissenschaftlich angelegte Langzeitstudie zur Wertimagination, die die Seriosität imaginativer Aussagen verifizierte. Ich verstehe solche Überlegungen gut, denn wir leben in einer Zeit, in der das Erklären und Messen seelisch-geistiger Vorgänge die Bedingung zu sein scheint, um einen Anspruch auf Glaubwürdigkeit erheben zu können. … Wie viel anders dagegen klingen die Einsichten eines großen alten Mannes (Jörg Zink): »Es ist eine Erfahrung, die die Menschheit nun seit einigen Jahrtausenden machen konnte: dass die sicheren, lehrbaren Wahrheiten die unwichtigen sind, dass aber, je wichtiger eine Wahrheit ist, sie desto weniger beweisbar sein wird. Das aber hängt unter anderem damit zusammen, dass ein Mensch von allem immer nur so viel sehen wird, wie er dem, was er sieht, entgegenbringt an Bereitschaft, sich von ihm verändern zu lassen.« …
Nun werden manche Leser einwenden, »das Ganze« – also die spirituellen Bilder – sei zwar nicht uninteressant, die Vermutung liege jedoch nahe, dass sie Produkte der Einbildungskraft seien. … Allerdings – weil selbst entschieden »nichtreligiöse« Imaginanden spirituelle Symbole sehen, stellt sich die Frage, warum sich gerade diese Menschen Symbole einbilden sollten, die sie doch partout nicht sehen wollen. …

Andere Leser wiederum werden einwenden, die im wissenschaftlichen Vormarsch befindliche Neurobiologie werde zu gegebener Zeit schon die Ursachen spiritueller Bilder von ihren natürlichen Voraussetzungen her beschreiben können. Auch ihnen könnte ich nichts entgegensetzen. Ich könnte mich bestenfalls auf den Philosophen Karl Popper und den Gehirnbiologen und Nobelpreisträger für Physiologie und Medizin John Eccles berufen. Beide sind der Auffassung, das Geheimnis des Geistes umfasse weit mehr, als uns die Neurowissenschaften erklären könnten. Beide hegen zudem gravierende Zweifel daran, dass der Zusammenhang von Geist und Körper jemals aufgehellt werde, und nennen unser Wissen über diesen Zusammenhang »Vermutungswissen«.[222]

Dem ist eigentlich nichts mehr hinzuzufügen …
Den gesamten Bereich der »Wertimagination« vorerst nun abschließend möchte ich mit Böschemeyer drei Menschen ihre Erfahrungen mit Wertimagination zum Ausdruck bringen lassen. In meinem besonderen Interesse stehen in diesem Buch ja die Bereiche »Sehnsucht« und »Spiritualität«, die durch diese Rückmeldungen eindeutig angesprochen werden.

In der *ersten Erfahrung* geht es allgemein um die die eigene Persönlichkeit erhellende und erweiternde Wirkung der Wertimagination. Sogar unbekannte Seelenbereiche – und hier wohnt die Sehnsucht – konnten gefunden werden: »Wertimaginationen bedeuten für mich ein viel tieferes Kennenlernen meines seelisch-geistigen Befindens als bisher. Ich lerne dadurch meine innersten, teilweise bisher unbekannten Gefühle und Wünsche besser kennen. Durch sie ändert sich meine Einstellung zum Leben.«[223]

Die *zweite Erfahrung* spricht sogar ausdrücklich von einer zunehmenden Sehnsucht nach Spiritualität:

Für mich, die ich ohne Berührung mit der Bibel aufgewachsen bin und in den vergangenen Jahren eine zunehmende Sehnsucht danach verspürte, dass mir die Texte dieses Buches etwas zu sagen vermöchten, haben sich die Worte der Bibel, zu denen wir imaginiert haben, mit Leben gefüllt. Sie wurden für mich zu einer sehr persönlichen Erfahrung: Ich bekam die Quelle gezeigt, wo ich mit Licht, Leben und Kraft in Berührung komme, verbunden mit dem Auftrag (der sich in den Imaginationen eher wie ein sich entwickelndes Bedürfnis anfühlt), dieses Licht weiterzuverbreiten.
War bisher der Verstand die einzige Instanz, der ich vertrauen konnte, erfahre ich nun, dass es etwas gibt, das weit über mich und meinen Verstandeshorizont hinausgeht, das zuverlässig da ist und auch spürbar, wenn ich mich darauf ausrichte, das auch mich selbst heller und kraftvoller sein lässt, wenn ich mich darauf einlasse. Das bedeutet eine große Entlastung – ich muss nicht alles allein schaffen!
Es ist die Ahnung einer Zusage an mich entstanden, die ich noch nicht recht begreifen kann.
Mir ist auch die Sprache der Bibel, die ja oft selbst eine Sprache der Bilder und Symbole ist, verständlicher geworden, und die Abwehr macht einer zunehmenden Neugier auf dieses Buch Platz.«[224]

Die *dritte Erfahrung* stammt von einem gläubigen Menschen, der die Spürbarkeit des Geglaubten in seinem Leben und Tun aber vermisste und sich danach sehnte:

Immer wollte ich es einmal erfahren, dass ich angenommen bin, d.h. für mich, dass Gott auch mich liebt. Vom Wissen her war es mir ja klar, und so habe ich es auch anderen Menschen verkündet. Gleichzeitig bewegte mich die Frage in meiner Arbeit als Priester: Wie kann ich Menschen in ihrem Herzen erreichen, wie kann ich sie in ihrem Inneren treffen? In den Wertimaginationen habe ich solche Erfahrungen gemacht.[225]

Die Schablone dieser drei Rückmeldungen kann ich auch über meine Seele, ihr Suchen und Sehnen, ihr Finden und Staunen, ihr Genießen und Weitergeben legen. Als Mensch, als Mann, als Franziskaner, als Priester und Seelsorger bin ich sehr froh, den Weg der Wertimagination als Persönlichkeitserweiterung und Verlebendigung meines seelischen und spirituellen Suchens und Fragens gefunden zu haben. Neben anderen spirituellen Übungen (vor allem des Jesusgebetes und der kontemplativen Exerzitien nach Franz Jalics und des Ruhegebetes nach Peter Dyckhoff)[226] möchte ich diese Praxis für mich selbst und in der Seelsorgeberatung nicht mehr missen.

Ich bin Uwe Böschemeyer sehr dankbar dafür, dass er die Not heutiger Menschen erkannt hat, die hauptsächlich in der metaphysischen Hauslosigkeit und Sinnlosigkeit ihre Wurzel hat. Konfessionsübergreifend, auf Philosophie, Theologie (vor allem Paul Tillich, Helmut Thielicke und Jörg Zink) und Psychologie (hier in besonderer Weise C. G. Jung und Viktor E. Frankl) aufbauend findet Böschemeyer durch die Wertimagination Wege zum Menschen, die mit Esoterik oder Schamanentum nichts zu tun haben, sondern fest in der christlichen Spiritualität verankert sind. Menschen von heute suchen keine theoretischen Antworten auf ihre drängenden Sinn- und Gottessuche, sondern »solche Antworten, die mit gelebtem Leben zu tun haben. Es trifft zu, was Jörg Zink vor nicht langer Zeit gesagt hat: »Was wir … heute wieder neu entdecken müssen, ist das breite Feld der religiösen, der spirituellen Erfahrung … Unser ganzes praktisches Leben ist ohne Erfahrung nicht denkbar, auch nicht ohne die, die wir als nachdenkliche Menschen mit unserer eigenen denkenden Bemühung machen. Aber wie steht es mit den Erfahrungen, die wir an jener Grenze machen, vor der unser Nachdenken endet? Es geht ja im christlichen Glauben nicht mehr um die Bereitschaft, bestimmte Glaubenssätze für richtig zu halten, sondern um ein Erleben und Bekennen, ein Ahnen und Schauen und Hören und Verwirklichen dessen, was wir glauben.«[227]

Uwe Böschemeyer[228], mir selbst und unzähligen Menschen von heute geht es um ein inneres Berührtwerden durch Gott und Gottes Zeichen, in denen seine Nähe zu uns sich offenbart. Es geht nicht primär um theoretisches Wissen oder rituelles Absolvieren religiöser Übungen, es geht vielmehr um ein existenzielles Ergriffensein von Transzendenz, die mein Leben verändert. Es geht neben der Gotteserkenntnis viel mehr um die Sehnsucht nach Gotteserfahrung. Schon lange wird das Mystik genannt und schon lange ist bekannt, dass die Zukunft der christlichen Religion von diesem existentiellen Ergriffen- und Berührtsein abhängen wird. Es geht um die persönliche Anbindung an die stärkste menschliche Kraft und Fähigkeit: die geistige und spirituelle Dimension in uns, den »Mut zum Sein, weil Gott der Grund des Ganzen« ist (Paul Tillich). Und es geht um das »Trotzdem Ja zum Leben sagen« (Viktor E. Frankl), weil das Leben eben tiefere Gründe hat und Gott die Wege mitgeht, die wir wählen (Johannes Bours). Es geht um »Theologie von innen« (Uwe Böschemeyer).

(Christliche) Meditation und Arbeit mit inneren Bildern und dabei vor allem die Wertimagination geben nachweislich seelisch stabilisierende Kraft, verringern Angst, Druck und das Gefühl, ein Hamster im Rad zu sein, sie stärken das Immunsystem, verstärken das Gefühl einer »Geborgenheit im Leben« und eines »Getragenseins von Gott«. Sie sind keine Weltflucht oder ein Rückzug in die Innerlichkeit, sondern Wege in die eigene Tiefe, zum Urgrund des Lebens, zur »engagierten Gelassenheit« und »gelassenen Engagiertheit« in dieser Welt.

17. Sehnsucht (nach) Spiritualität

> *»Ich glaube an Gott, so wie ein Blinder an die Sonne glaubt, nicht weil er sie sieht, sondern weil er sie fühlt.«*
> PHIL BOSMANS
> (1922–2012, belgischer Ordenspriester, Telefonseelsorger und Schriftsteller)

An den Anfang dieses Kapitels, auf das sich das ganze Buch hinentwickelt hat, will ich wieder eine Rückmeldung aus meiner Seelsorgepraxis stellen. Sie stammt von einer 55-jährigen Sozialarbeiterin (verheiratet, katholisch). Sie zeigt beispielhaft das Heranwachsen im Glauben, das Schwinden und gelegentliche Verlieren der Glaubenspraxis, das alltagsmäßige, fast atheistische Dahinleben, die neu erwachende Sehnsucht nach Leben, Seele und Spiritualität und das Wiederentdecken des Glaubens, der gereift ist:

> *Meine Mutter sagte zu mir: »Mit dir gehe ich nur in die Kirche, wenn du dich nicht ständig umdrehst«. Ich war 4 Jahre alt. Ich versprach, mich nicht umzudrehen. Und so gingen wir. Ich liebte in der Kirche die Bilder, die Statuen, die Musik. Die biblischen Erzählungen und auch die Menschen, die den Gottesdienst besuchten, haben mir gefallen. Da habe ich mich richtig wohl gefühlt. Und um auch alles aufzunehmen, musste ich mich umdrehen, musste ich schauen und spüren und auch Kontakt aufnehmen zu den anderen Besuchern. Das war für mich meine kindliche Spiritualität. Meine Mutter muss dies ziemlich genervt haben, denn sie ging nicht mehr so oft mit mir zur Kirche.*

Als Kind war ich noch offen für Spiritualität, Geheimnisse, Glaube an Gott, Engel und Wunder.

Mit dem Älterwerden reifte der Verstand und somit nahm auch die Verstandesebene überhand und das seelische Bewusstsein trat immer weiter in den Hintergrund. Da sich die menschliche Entwicklung aber über mehrere Bewusstseinsphasen vollzieht, kommt man, wenn man will, auch in gewissen Jahren wieder in der seelisch-spirituellen Ebene an. So geht es mir jetzt.

Zunächst richtete sich mein Augenmerk auf Beruf, Partner, meine vier Kinder, die Familie … Der Zugang zu meiner eigenen Seele ist in dieser Zeit auf der Strecke geblieben. Ich war kopfgesteuert und habe alles aus eigener Kraft schaffen wollen. Bis ich an den Punkt kam, an dem ich keine Kraft mehr hatte. Ich hatte eine Vision vom Glück, die mit dem tatsächlichen Glück nichts zu tun hatte. Um diese Vision zu leben, musste ich an die Grenze meiner Kraft gehen. In dieser Zeit war Gott so weit weg, dass ich eigentlich irgendwie gott-los lebte.

Und ab dem Moment des »Scheiterns« war ich offen, um loszulassen und wieder Vertrauen zu haben zu mir, zu meinem Herzen. Mir wurde bewusst, wie wichtig die eigenen Wurzeln sind. Es ist für mich der Weg zu mir selbst, der Weg zu Gott, der für mich der Ursprung allen Seins ist. Schon lange war es an der Zeit, der eigenen Seele Beachtung und Vertrauen zu geben. Darauf habe ich mich wieder eingelassen. So ist mein Leben wieder im Fluss und ich bin wieder offen für Spiritualität. Dabei habe ich auch erkannt, dass ich nicht alles alleine machen muss, dass mir Gott und v. a. auch Jesus ein Seelenfreund und Helfer geworden ist.

Auch heute noch spüre ich dies, wenn ich zum Gottesdienst gehe. Es bewegt mich. Das gemeinsame Gebet und die Rituale verbinden. Es bildet sich für die Zeit des Gottesdienstes eine Gemeinschaft, die sich danach wieder auflöst ohne irgendeine Verpflichtung. Kirchen sind für mich Kraftorte, die ich gerne aufsuche.

Heute bin ich wieder unterwegs zu mir selbst und zu Gott. Ich achte wieder mehr auf meine Gefühle. Loslassen, einlassen, frei und unbeschwert sein … wie in der Kindheit.

Heute glauben, heute an Gott glauben ist nicht mehr so einfach, wie es vielleicht in früheren Zeiten oder in der eigenen Kindheit war. Wie kann man aber wieder zu einem bereichernden Glauben und zu einer fruchtbaren Spiritualität heute in dieser Zeit (zurück)finden? In diesem Teilpunkt des Buches möchte ich mich auf die Suche nach Spiritualität in unserer Zeit und in unserem Land machen.

Nach Sigmund Freud erlebte die Menschheit bisher drei große Kränkungen oder Demütigungen[229]:

1. Kosmologische Kränkung: Die Erde und somit auch der Mensch sind nicht Mittelpunkt der Welt (Kopernikus 1543)
2. Biologische Kränkung: Wir stammen aus dem Tierreich (Darwin 1859)
3. Psychologische Kränkung: Unser Ich ist nicht Herr im eigenen Haus (Freud 1895).

Diese grundlegenden Kränkungen wurden im Laufe der Zeit durch andere ergänzt:

4. Ethologische Kränkung (Verhaltensforschung): Unser Verhalten hat stammesgeschichtliche Wurzeln und sogar unsere Seele und unser Bewusstsein sind evolutionär entstanden (Heinroth um 1900).
5. Erkenntnistheoretische Kränkung: Unsere Erkenntnisfähigkeit dient zuerst dem biologischen Überleben (Lorenz nach 1972).
6. Soziobiologische Kränkung: Auch unser moralisches Verhalten hat genetisch vererbte Grundlagen (Gen-Egoismus und Wilson)
7. Computermodell – künstliche Intelligenz: Maschinen können, was wir können. Und sie können es teilweise besser.
8. Geochronologische Kränkung: Unsere »Welt« ist nicht nur die Erde, sondern der unermessliche Kosmos (Hutton 1780 und Lyell 1830).
9. Ökologische Kränkung: Die nicht mehr zu leugnenden ökologischen Veränderungen auf unserem Planeten machen allem Leben auf der Erde zunehmend zu schaffen. Der Mensch ist Teil des Ökosystems (Meadows seit 1972).
10. Neurobiologische Kränkungen: Unser Geist ist durch unser Gehirn geprägt. Wo ist Identität, freier Wille? (Jetztzeit).

Was ist der Mensch, was bleibt von ihm? Diese Kränkungen und Demütigungen schmerzen und hinterlassen Leere, Fragezeichen, ein Sinnvakuum und vieles mehr. Daraus folgen Gründgefühle wie »Hauslosigkeit« (Heidegger), Angst, Misstrauen in Gott bis hin zu Atheismus. Obwohl die Wissenschaften die Welt weitgehend entzaubert und auf das Erklärbare reduziert haben, bleibt doch die »Sehnsucht nach Mehr«. Die Sehnsucht angesichts all dieser Infragestellungen nimmt sogar zu, weil der Einzelne, das Individuum an das ihn Übergreifende (Gott?) andocken will. »Es ist die Sehnsucht nach

Übersetzung des kleinen Ich ins große Ganze. Der Blick geht dabei immer nach oben, dorthin, wo es offen und unbestimmt ist, weil unten doch alles determiniert scheint.«[230]

Wir alle sehnen uns nach Geborgenheit, Lieben und Geliebtwerden, nach Glück, nach Freude und Harmonie, nach etwas, für das es sich zu leben lohnt, nach Sinn und nach einem festen Halt – letztlich nach Gott. Diese Sehnsucht nach Gott hat einen modernen Namen bekommen: Spiritualität. Leider ist Spiritualität zu einem Modewort, zu einem »Containerbegriff« geworden, der alles oder nichts enthält und inflationär verwendet wird. Diesen Begriff will ich nun etwas reflektieren, um dann auf einen Teil dieser Spiritualität, nämlich die christliche Spiritualität zu kommen.

Folgende Geschichte von Ludolf Ulrich will ich an den Anfang dieses Teilpunktes stellen: »Mensch, hast Du es gut!«[231]

> *Ich stand auf dem Bahnsteig unseres Bahnhofs unserer Kleinstadt. Es regnete in Strömen. Ein Betrunkener mit einer Bierflasche in der rechten Hand wankte auf mich zu. Ich wollte mich von ihm abwenden, aber er kam direkt auf mich zu und tippte mit seiner Flasche gegen meine Brust und fragte mich: »Glaubst Du an Gott?«*
> *Auf diese Frage war ich nicht gefasst. Sollte das ein Witz sein? Mir war die Sache peinlich.*
> *Aber ich konnte dem Betrunkenen nicht ausweichen. So antwortete ich spontan und unüberlegt: »… Ja!« Ich wollte weiterreden und ich erwartete die Reaktion von dem Betrunkenen: »Na, dann zeig ihn mir doch mal!«*
> *Aber er sagte nur zu mir: »Mensch, hast du es gut!«*
> *Erst in diesem Augenblick schaute ich ihn richtig an. Sein Gesicht schaute müde aus, er wirkte kaputt, ausgelaugt, ohne Hoffnung.*

Und wieder haben wir das Grundgefühl des Menschen der Spätmoderne: Ermüdung, Hoffnungs- und Sinnlosigkeit, Übersättigung und Verzweiflung, Werterelativismus, Gottes- und Transzendenzverlust und vieles mehr. Normalerweise gesellen sich noch Ironie, Distanz, Skepsis und Zynismus hinzu. Bei dem Betrunkenen aus der Geschichte fällt dies erstaunlicherweise weg. Auf die Ja-Antwort, ob der zufällig Befragte an Gott glaube, kam nicht die zynische Gegenantwort »Na, dann zeig ihn mir doch mal«, sondern der Ausruf »Mensch, hast du es gut!«

Ein Mensch, der heute glauben, der heute an Gott, an den christlichen Gott glauben kann, der hat es in dieser so auf Funktionalität und Materialismus ausgerichteten Welt und Zeit wirklich gut. Ich vergesse es nicht, als ich im Beichtstuhl, nachdem ich viele »normale Beichten« gehört hatte, auf einmal hellwach wurde. Eine junge Frau sprach davon, dass sie befürchte, ihren Glauben zu verlieren. Alles im Glauben und in der Kirche sei ihr so fremd geworden und sie fühle, wie sie in ein Nichts, in ein schwarzes Loch falle. Ich selbst war von dieser Aussage eines jungen Menschen, der bis vor Kurzem noch irgendwie glaubte, sehr betroffen und versuchte, ihr ein guter Zuhörer und gütiger Ratgeber zu sein. Jeder, der dieses Gefühl des Fallens ins Bodenlose kennt, jeder, der schon einmal in seinem Glauben schwer und/oder lange angefochten wurde, weiß, wie schmerzlich sich so eine Erfahrung anfühlt.

Was ist Spiritualität?

Darüber ist schon viel geschrieben worden, in Zeiten der Beliebigkeit, in denen individuelle und pluralistische »Sehnsuchtsreligiositäten« (Matthias Pöhlmann) zunehmen, will ich hier einen konzentrierten Blick auf »Spiritualität« werfen. Spiritualität

> *bedeutet im weitesten Sinne Geistigkeit und kann eine auf Geistiges aller Art oder im engeren Sinn auf Geistliches in spezifisch religiösem Sinn ausgerichtete Haltung meinen. Spiritualität im spezifisch religiösen Sinn steht dann auch immer für die Vorstellung einer geistigen Verbindung zum Transzendenten, dem Jenseits oder der Unendlichkeit. … Nicht nur die konkreten Ausprägungen der Spiritualität unterscheiden sich, sondern auch das grundsätzliche Verständnis. Erschwerend kommt hinzu, dass die Begriffe Religiosität und Spiritualität insbesondere im englischsprachigen Schrifttum oft synonym gebraucht wurden, obwohl ihnen unterschiedliche Vorstellungen zugrunde liegen. … Aktuelle Nachschlagewerke setzen Spiritualität mit Frömmigkeit gleich … (und) Spiritualität (hat) Auswirkungen auf die Ausgestaltung des individuellen Lebens … Spiritualität (umfasst) auch eine besondere, nicht notwendig im konfessionellen Sinne verstandene religiöse Lebenseinstellung eines Menschen, die sich auf das transzendente oder immanente göttliche Sein konzentriert bzw. auf das Prinzip der transzendenten, nicht-personalen letzten Wahrheit oder höchsten Wirklichkeit. Die Bedeutungsinhalte der Spiritualität sind … vom weltanschaulichen Kontext abhängig, beziehen sich aber immer auf eine immaterielle, nicht sinnlich fassbare Wirklichkeit (Gott, Wesenheiten, etc.), die dennoch erfahr- oder erahnbar ist (Erwachen, Einsicht, Erkennen) und die der Lebensgestaltung eine Orientierung gibt. Zu unterscheiden sind hier eine suchende Haltung und eine glaubend annehmende bzw. eine wissend erkennende Haltung.*[232]

Auch wenn Spiritualität schon immer mit dem Menschsein zusammenhängt, so hat dieser Begriff doch einen klaren Ursprungssitz im Christentum.

»Spiritualis« ist eine sprachliche Neubildung aus dem Christentum, die möglicherweise auf den frühen christlichen Schriftsteller Tertullian (ca. 150–230) zurückgeht. Das lateinische Wort spiritualis wird für den biblischen Begriff pneumatikos (griechisch für »dem Geist gemäß«) gebraucht. Pneuma (griechisch für »Geist«) und pneumatikos sind Hauptbegriffe im Neuen Testament. (Der Kapuziner) Anton Rotzetter nennt das Wort Spiritualität eine »christliche Neuschöpfung aus dem 5. Jahrhundert.«
»Spiritus« (lateinisch für »Hauch, Atem, Seele«; spätlateinisch auch für »Geist«), »spiritualis« (spätlateinisch für »geistig, geistlich, vom Heiligen Geist erfüllt«) und »spiritualitas« (Substantiv zu »spiritualis«) sind der lateinisch sprechenden Christenheit bekannt.
Um 1900 wird »spiritualité« im französischen Katholizismus als Lehre vom religiösen Leben verstanden. Das Wort »Spiritualität« ist eine Eindeutschung dieses französischen Begriffs.
Nach dem 2. Weltkrieg setzt sich das Wort als Begriff mit christlichem Hintergrund in Deutschland durch. Es löst den damals gebräuchlichen älteren Begriff »Frömmigkeit« ab. In der Zeit des Zweiten Vatikanischen Konzils (1962–1965) besinnt man sich auf die Quellen der eigenen Tradition. Das tun alte Orden ebenso wie neue geistliche Gemeinschaften. So spricht man bald von benediktinischer, franziskanischer oder etwa dominikanischer Spiritualität oder von der Spiritualität der charismatischen Gemeinschaft oder der Spiritualität der Fokolare usw. Spiritualität steht somit jetzt auch für

eine bestimmte »Frömmigkeitsrichtung«, die von anderen unterschieden werden soll.
Ab ca. 1980 wird der Begriff weit über die Grenzen des Christentums hinaus gebräuchlich. Spiritualität wird als gesellschaftlicher Megatrend verstanden. Inhaltlich wird der Begriff vielfältig gebraucht, ist schillernd geworden und wird von manchen als Modewort bezeichnet. Deshalb lehnen ihn einige Theologen als Reizwort ab und sprechen lieber von Frömmigkeit, Mystik oder geistlichem Leben.[233]

Hier sind wir nun an dem Punkt angekommen, um zu fragen, was eigentlich christliche Spiritualität im Ganzen ausmacht.

Was ist christliche Spiritualität?

Bibliotheken füllend sind die Veröffentlichungen zu diesem Thema und das schon seit Jahrhunderten. Ich will hier nur einen kleinen Einblick in die Spiritualität der größten Weltreligion[234] geben. Dies kann wirklich nur ein Grundriss sein.

Christliche Spiritualität dreht sich um Jesus Christus,

- den geschichtlichen Jesus von Nazareth,
- den theologisch reflektierten
- und in Gemeinschaft Gleichgesinnter (Kirche)
- erinnerten Christus (Messias / Erlöser),
- den persönlich erfahrenen und mit ihm geistig-geistlich lebenden Heiland (geistliche Beziehung),
- der auf seinen Vater im Himmel (Gott Vater und Schöpfer der Welt) vertraute
- und aus einer besonderen Beziehung zu ihm (Gottes Sohn) lebte.

Christliche Spiritualität

- baut auf dem Alten Testament auf (Judentum)
- und entwickelt sich immer wieder neu missionarisch und evangelisierend (durch die Begleitung des Heiligen Geistes) in die jeweilige Zeit und Welt hinein
- lebt von der Spannung zwischen göttlichem Wirken und der persönlichen Anstrengung, zwischen Gottes Wort mit Jesus als dem fleischgewordenen Wort Gottes im Zentrum und der Ant-Wort des Menschen darauf.

Entscheidend ist hierbei in Abgrenzung zu New Age, Esoterik und neuen religiösen Bewegungen, dass Gott den Menschen ohne Vorleistungen und besondere Qualitäten annimmt und ihm im Laufe seines Lebens hilft, ganzheitlich zu wachsen. Besondere Leistungen oder Qualitäten sind hierbei nicht zwingend vonnöten. Christliche Spiritualität ist ein lebenslanger und dynamischer Prozess der Gottesbegegnung und der eigenen Persönlichkeitsentwicklung. Dieser Prozess wird aus familiärer, gesellschaftlich-kultureller Sozialisierung und persönlichen Begegnungen und Erfahrungen geprägt. Der Benediktiner Anselm Grün beschreibt diesen Prozess so: »Je mehr ich Gott begegne, desto mehr werde ich auch mit mir selbst konfrontiert. Und umgekehrt: Je mehr ich mich selbst kennen lerne, desto mehr spüre ich, dass in mir eine TIEFE GOTTESSEHNSUCHT ist, die gestillt werden will.«[235]

Bei diesem Prozess zwischen Gott und dem Menschen geht es um die ganzheitliche Verwandlung des menschlichen Lebens (Geist, Seele und Leib). »Diese Verwandlung reicht bis in die Tiefe des menschlichen Seins – bis hin zur grundlegenden Lebenseinstellung. Im griechischen Urtext der Bibel lesen wir in diesem Zusammenhang von ›metamorphose‹, (es geht) also um einen radikalen Wandel wie von der Puppe zum Schmetterling. Weil es christlicher Spiritualität folglich um einen persönlichen Reifungsprozess geht, gehört zu ihr die Auseinandersetzung mit der eigenen Person, ihren Stärken und Schwächen.«[236]

Dabei ist der Mensch von einer Sehnsucht angetrieben, die ihn nicht zur Ruhe kommen lässt, wie Augustinus, der große theologische Kirchenvater sagte: »Unruhig ist unser Herz, bis es Ruhe findet in Dir, o Gott.« »Die Sehnsucht nach dem Ganzen des Lebens und der Wirklichkeit, nach Vollkommenheit, nach einem dauerhaft tragenden Grund des Lebens, dieses Bedürfnis nach Rundum-Orientierung, das Fragen nach endgültigen Antworten steckt in jedem Menschen. Es ist also kein Fragen nach Teilbereichen der Wirklichkeit, auch kein Suchen nach vorläufigen Antworten, sondern tatsächlich nach dem Ganzen, dem Absoluten«[237], nach GOTT.

Der Benediktiner und Bestsellerautor Anselm Grün sieht in der Sehnsucht ein wahres Gebet, in dem sich die menschliche Seele nach Gott ausstreckt:

> *Gott selbst können wir nicht direkt erfahren. Aber in der Sehnsucht spüren wir ihn in unserem Herzen. Der spirituelle Weg besteht für die christliche Tradition daher geradezu ausdrücklich darin, dass wir mit unserer Sehnsucht in Berührung kommen. Sie ist – nach Augustinus – wie ein Anker, den Gott in unsere Seele geworfen, mit der er sich geradezu sprichwörtlich in unserem Innersten »verankert« hat.*
> *Viele Menschen leiden heute darunter, dass sie nicht mehr beten können. Sie zweifeln daran, dass Gott ihr Gebet hört und auf ihr Gebet hin handelt. Wenn sie mir ihre Zweifel an der Wirksamkeit des Gebetes erzählen,*

dann versuche ich nicht, ihnen zu beweisen, dass das Gebet schon oft geholfen hat. Und ich verzichte auf theologische Erklärungen, wie Gott auf unser Gebet reagiert. Denn das führt nicht weiter. Ich rate ihnen, das Beten erst einmal zu lassen. Stattdessen sollten sie sich einfach still hinsetzen, ihre Hand auf das Herz legen und spüren, was da an Sehnsucht in ihnen hochsteigt. Das ist schon Gebet. Die Sehnsucht ist das wahre Gebet. In der Sehnsucht streckt sich ihre Seele nach Gott aus. Und Gebet ist nicht in erster Linie Bittgebet, auch nicht Dankgebet, sondern Sich-Ausstrecken nach Gott, Sich-Sehnen nach ihm, der unser Herz mit seiner Liebe und mit seinem Geist erfüllen kann. Wenn ich in der Sehnsucht Gottes heilende und liebende Nähe erahne, dann ist all das schon erfüllt, wonach ich im Bittgebet flehe. Dann bin ich frei von dem negativen Einfluss des Menschen, der mich verletzt hat. Dann ist Frieden in mir. Dann erfahre ich mich heil und ganz. Dann hat mich meine Angst nicht mehr im Griff. Die Sehnsucht führt mich in Gott hinein und erfüllt so, was der Sinn jeden Betens ist: eins zu werden mit Gott, in ihm Frieden und Heil, Freiheit und Liebe zu erfahren.[238]

Dieser Gott ist im christlichen Sinne nicht nur eine höhere Wirklichkeit und schon gar nicht eine nichtpersönliche überirdische höhere Macht oder eine kosmische Energie und Kraft. Dieser Gott ist auch nicht die Projektion menschlicher Wünsche, ohne dass er dann tatsächlich existiert. Er ist nicht der Bedürfnisstiller menschlicher Wünsche, Sehnsüchte und Phantasien. Der christliche Gott ist Person, er hat Selbst-Bewusstsein (»Ich«), er kann kommunizieren (»Du«), wir können zu ihm beten, der biblische Gott kann lieben und wir können zu ihm eine persönliche Beziehung aufbauen.[239]

Christliche Spiritualität ist weit mehr als zeitbedingtes Ausrichten auf Nützlichkeit, Erlebnis und Wohlgefühl. Sie vermittelt einen tragenden Grund und schenkt so nebenbei bereichernde Erfahrungen, Erlebnisse und Wohlgefühle, die tiefste Sehnsüchte befriedigen können. Christlicher Glaube und christliche Spiritualität sind »nicht allein vom Angebot, sondern auch vom Anbieter her etwas ganz Besonderes: Gott selbst bietet den Glauben (unaufdringlich) an, legt ihn dem Menschen ans Herz, normalerweise vermittelt durch Menschen, durch Worte, durch Schriften, durch gutes menschliches Beispiel. Gott selbst tut den ersten Schritt auf den Menschen zu – der dann das Angebot annehmen oder ausschlagen kann. Am Anfang steht nicht der Gott suchende Mensch, sondern der Menschen suchende Gott.[240]

In Jesus Christus lässt sich das Drama menschlichen Lebens nicht nur nachvollziehen, sondern in ihm findet es eine sinnvolle und tiefreichende Deutung, wenn man daran glaubt, dass Jesus Christus mehr als nur ein besonderer Mensch war und wenn man eine persönliche Beziehung zu ihm als dem Auferstandenen pflegt. Der als Fabrikarbeiter arbeitende Ordensmann und promovierte Theologe Andreas Knapp formuliert dies so: Des Menschen »Gott-Begabung ist kein leerer Trug, sondern wirklichkeitsgetreu. Sein Hunger nach Freundschaft, die Sehnsucht nach Frieden und die unausrottbare Suche nach Sinn sind nicht bloß ein frommer Wunsch. Es gibt jetzt eine berechtigte Hoffnung: DER MENSCH MIT ALL SEINEN SEHNSÜCHTEN und Wunden ist beheimatet in einer umfassenden Liebe. Diese neue Welt hat ihren Fuß schon in der Tür zu unserer Wirklichkeit. Es steht uns eine grenzenlose Zukunft offen. So werden wir mitten in unserer Geschichte erlöst von der Angst, dass unser Leben vergeblich sein könnte. Jesus Christus als die sichtbar gewordene Zuneigung Gottes ist unser Erlöser.«[241]

Einer der Hauptsätze christlichen Glaubens lautet: »Et incarnatus est – und ist Fleisch geworden.« Das Wort Gottes ist Fleisch geworden in seinem Sohn Jesus Christus. Dies zu betonen ist in einer Zeit zunehmender Esoterik, die nur das Geistige sieht, sehr wichtig geworden. Christliche Spiritualität hat inkarnatorische Grundstrukturen, die sich an folgenden Punkten festmachen lassen:

- *Christliche Spiritualität ist stets auf eine bestimmte geschichtliche Situation bezogen. Darum kann es* die *christliche Spiritualität nicht geben.*
- *Christliche Spiritualität ist »Geist in Leib«. Sie ist an Materie, an den Leib und an konkrete Vermittlungsinstanzen (Schöpfung, Mensch, Heilige Schrift, Amt, Kirche, Sakramente, Glaubensüberlieferung) gebunden.*
- *Verleiblichung bedeutet Mitteilbarkeit und Überprüfbarkeit. Christliche Spiritualität ist kein gnostisch-esoterisches Geheimwissen, das nur einigen Auserwählten vorbehalten bleibt.*
- *Christliche Spiritualität ist fassbar in der Geschichte eines Lebens. Die Biographie ist ein Ort, an dem der Heilige Geist Gottes erkennbar wird. Christliche Spiritualität erhebt den Anspruch, nicht nur einen Teilbereich, sondern das ganze Leben aus dem Geist Gottes zu prägen.*[242]

Den eben erwähnten Hinweis auf gnostisch-esoterisches Denken möchte ich hier noch einmal unterstreichen und betonen. Schon zur Zeit des Urchristentums musste sich christlicher Glaube mit einer geistesgeschichtlichen Strömung – der Gnosis – auseinandersetzen. Woran glaubte ein Gnostiker? Sie werden gleich sehen, warum diese Frage für heute so relevant ist, denn gnostisches Denken feiert in unserer Zeit überall fröhliche »Auferstehung«. Nicht nur, dass es im Kern antichristlich ist, sondern vor allem weil es geschäftstüchtig in allerlei Verkleidungen daherkommt. Deshalb ist es wichtig zu fragen: Woran glaubte (und glaubt auch heute) also ein Gnostiker?

> *Er glaubte an geheime Erkenntnis. Er glaubte daran, dass es einen jenseitigen, fernen, obersten Gott gibt. Er glaubte daran, dass ein Teil dieses Gottes, eine Art göttlicher Funke aus der göttlichen Welt herausfällt und in die materielle Welt, zu der auch die Menschen gehören, hineinfällt.*
>
> *Diese Welt, unsere Welt, ist für den Gnostiker aber nicht die Schöpfung jenes obersten Gottes. Sie ist das Werk einer Art Assistenzgottes, der eher ein Handwerker (griechisch: Demiurg) ist und böse Züge trägt. In frühchristlicher Zeit wurde der böse Demiurg oft mit dem Gott des Alten Testaments gleichgesetzt.*
>
> *Auch die Schöpfung als solche, die Welt der Materie, ist für den typischen Gnostiker böse. Der Demiurg regiert nun mit seinen Helfern, den Archonten, diese böse Welt. Einzig die Seele des Menschen ist nach Auffassung der Gnostiker aus der gleichen Substanz wie das oberste Göttliche.*
>
> *Wir selbst sind der Ort, in den hinein der göttliche Funke gefallen ist. Aber wir haben diese besondere Beziehung vergessen, wir sind im doppelten Gefängnis unseres Körpers und der schlechten Welt gefangen. Der Mensch hat nur eine Chance: seinen erbärmlichen Zustand zu erkennen. Das ist jedoch nur durch den Weckruf einer jenseitigen Erlösergestalt möglich – für christliche Gnostiker war das Jesus Christus.*
>
> *Die göttliche Erlösergestalt steigt dafür aus der oberen Sphäre des guten Gottes zu uns hinab- und wieder zu Gott hinauf. Die Erlösung besteht für den Gnostiker*

dann eigentlich in der Erkenntnis, dass Gott in ihm ist. Umgekehrt geht damit ein Gefühl des inneren Getrennt-Seins von der ihn umgebenden negativen, materiellen Welt einher. Diese spezielle Erkenntnis war aber nichts für jedermann, sondern eben nur für die Elite der gnostisch Erkennenden. …

Verstörend ist der Kreuzestod der Lichtgestalt, aber den konnte man ja ausblenden und sich als Gnostiker an den Ab- und Aufstieg des Erlösers halten. …

Was also war die Gnosis in den ersten beiden Jahrhunderten unserer Zeit? War sie der erste Versuch, das Christentum dem Zeitgeist gegenüber anschlussfähig zu machen? Versuchten christliche Gnostiker, den Gebildeten ihrer Zeit auf ihrem Bildungsniveau und mithilfe ihrer eigenen Vorstellungen den neuen Glauben so nahezubringen, dass sie ihn auf dem Markt der Möglichkeiten von ihrem eigenen Hintergrund her verstehen und annehmen konnten? …

Oder war die Gnosis von Anfang an etwas völlig anderes? War sie eine ganz eigene Weltanschauung, eine eigene Religion, die sich zwar dem frühen Christentum und auch Teilen des Judentums geschickt anzupassen vermochte, die aber letztlich drohte, diese Religionen von sich selbst zu entfremden? Drohte das junge Christentum seine Substanz einzubüßen, wenn es sich auf die Gnosis einließ? …

Die Frage lautet seitdem bis heute: Wo genau und wie genau verläuft die Grenze zwischen dem christlichen Glauben und Weltanschauungen, die teilweise ähnlich klingen, die mit dem Glauben an Jesus Christus vermittelbar scheinen, aber letztlich doch den roten Faden des Christentums durchschneiden?

Was unterschied die Botschaft und das Geschick Jesu von der gnostischen Erlösergestalt? Wie und was glauben Christen im Unterschied zu Gnostikern?

Zumindest zwei Kardinalpunkte lassen sich benennen. Der eine betrifft den Glauben, der andere die Sichtweise der Welt.
Zum Glauben: Ohne Zweifel setzte Jesus auf fundamentales Vertrauen Gott gegenüber, nicht auf elitäre Einsicht … Für die persönliche Erlösung kann daher kein geheimes Wissen erforderlich sein. Die Botschaft gilt allen, nicht nur einer Elite von Erkennenden. Auch nicht spirituelle oder intellektuelle Leistung, sondern viel eher gläubige Gelassenheit bildet den Kern christlicher Spiritualität.
Zur Sichtweise der Welt: Paulus predigte den Gekreuzigten, ganz im Gegenteil zum damaligen Zeitgeist … Er predigte den gekreuzigten Gott als einen zutiefst mit menschlichem Leben und Sterben innerlich verbundenen Gott und den Auferstandenen als Heiland für diese Welt. Mit Jesu Weltzugewandtheit, seiner Lebensfreude und seiner innigen Beziehung zur Natur, zur Schöpfung, aus der er seine Gleichnisthemen nahm, mit seinem nahen Vater-Gott, von dem Jesus verkündete, sein Reich sei mitten unter uns bereits angebrochen, konnte ein wahrer, ein asketisch lebender Gnostiker wenig anfangen.
Die Fleischwerdung Gottes in einer handfesten und realen Weise war nicht die Sache der Gnosis. Für Christen dagegen gilt bis heute, dass bei allen Problemen, bei aller Gefallenheit dieser Welt unser Leben doch ein Teil einer letztlich guten Schöpfung Gottes … ist! Nur unter dieser Bedingung lohnt sich auch ein nachhaltiger Einsatz für Umwelt, Gerechtigkeit, Frieden und Entwicklung.[243]

Warum habe ich diese Hinweise zur Gnosis so ausführlich zitiert? Neben neueren Ausprägungen der Psychoszene und deren Versprechen von Ekstase, Erfolg, Erneuerung und

Orientierung[244], die fast Heilscharakter bekommen haben, versprechen New Age und Esoterik vielfältig Erlösung und Heil. Mit magischen, mantischen (Orakel) und Heilungspraktiken, mit Spiritismus, Neugnosis und Neuheidentum[245] wurde ab den 1960er-Jahren und seit den 1980er-Jahren wieder verstärkt »Spiritualität« marktfähig und für jedermann zugänglich gemacht. Auf Esoterikmessen landauf landab wird sogenanntes Geheimwissen »öffentlich (!) zur Schau gestellt und in verträglichen Dosen als Wellnesskost dem Konsum zugänglich gemacht. Im Mittelpunkt dieses Überangebots an spirituellen Wegen steht … die Idee einer Transformation des Individuums. Indem es seine Potentiale optimal nutzt und erweitert, soll das Bewusstsein bislang verborgene Dimensionen des Geistes und der Natur erschließen, um in eine neue Harmonie mit der Natur und dem Kosmos überführt zu werden. … (Es geht im Kern) dabei um eine innere Fortentwicklung des menschlichen Selbst, es geht eigentlich um eine ›Spiritualität des Selbst‹.«[246]

Man muss heute sehr wach sein, um spirituelle Spreu vom Weizen trennen zu können, denn nicht selten geht es um bewusste Grenzüberschreitungen mit gezieltem Verwenden von christlichen Kerngedanken und natürlich von Jesus Christus selbst, aber eben in anderem Gewande. Neben den von ihrer Sache wirklich überzeugten und wenigen redlichen Anbietern geht es sehr oft um konsumförmigen Wellnessglauben, um neue spirituelle Leistungsspiralen und schlicht und einfach ums Geschäft und finanzielle Abzocke.

Deshalb ist es heute so wichtig geworden, zu wissen, was man glaubt. Aus einer Fülle von Definitionen, was christliche Spiritualität eigentlich ist, empfinde ich folgende als sehr stimmig und hilfreich: »Unter christlicher Spiritualität versteht man jene spezifische Form von Spiritualität, in deren Mittelpunkt die persönliche Beziehung zu Jesus Christus steht. Sie ist immer auch biblische Spiritualität und rückgebunden an urchristliche Praktiken. Dazu zählen je nach persönlich gelebter Frömmigkeit auch Askese und Mystik. Dabei weist sie über konfessionelle Grenzen und Besonderheiten hinaus. In der christlichen Spiritualität wird individuelle Vervollkommnung als nicht nur durch Techniken (Kontemplation, Lesen der Bibel, Gebet, Nächstenliebe, Exerzitien, Wallfahrt, Kirchenmusik) erreichbar angesehen, sondern insbesondere als Gnade erlebt. Christliche Spiritualität umfasst nicht nur religiöse Rituale, sondern drückt sich durch die Spiritualität im Alltag aus. Auch kleine Dinge können eine religiöse Bedeutung bekommen und so zur christlichen Umformung des Menschen beitragen.«[247]

Dabei ist es wichtig zu wissen und auch danach zu handeln, dass christliche Spiritualität letztlich nie in einem vorgefertigten Glaubenssystem ganz erfasst werden kann. Ein Blick auf die über 2000-jährige Kirchengeschichte zeigt immer wieder die Spannung zwischen Inspiration durch Gottes Geist und die Lenkung (und nicht selten auch Zähmung) von diesem durch Institutionen. Es war schon immer so und wird auch so bleiben: Inspiration benötigt Institution, um nicht zum »Wolkenkuckucksheim« zu verkommen, und Institution braucht Inspiration, um nicht zu einem kalten und bürokratischen Verwaltungsapparat zu verkommen. Beide benötigen einander, die gemeinsame Klammer kann nur die Liebe sein. Folgende Geschichte[248] macht dies in schöner Weise sichtbar:

Einfach

Auf einer Insel lebten drei fromme Frauen. Von nah und fern kamen die Menschen, um mit ihnen zusammen zu sein und zu beten. Eines Tages besuchte sie auch der Bischof. Als sich sein Schiff der Insel näherte, erwarteten ihn am Strand drei ärmliche Gestalten.
»Man sagt«, begann der Bischof, »dass ihr Gott schaut. Wie betet ihr zu ihm?« Die drei sahen sich ratlos an. »Wir beten einfach: Wir sind drei, und du bist drei – steh uns bei!«
Der Bischof war bestürzt: »Nichts sonst? Kein Vaterunser? Kein Rosenkranz? Keine Psalmen?« So viel Unwissenheit konnte er nicht zulassen, und er fing an, ihnen das Vaterunser Wort für Wort vorzusagen. Als die drei es nachsprechen konnten, verabschiedete sich der Bischof zufrieden. Aber kaum befand sich sein Schiff wieder auf See, glaubte er seinen Augen nicht zu trauen: Hand in Hand eilten die drei über das Wasser auf ihn zu. Atemlos riefen sie: »Verehrter Herr, wir haben es vergessen! Wie geht es noch weiter nach ›Geheiligt werde dein Name‹?« Ergriffen warf sich der Bischof auf dem Schiff nieder und berührte mit der Stirn die Planken. »Betet so weiter, wie ihr es immer getan habt! Gott hört euch!«
Erleichtert verbeugten sich die drei und gingen beruhigt über die Wellen zurück zu ihrer Insel.

Wie ging es nun weiter mit der Entwicklung der christlichen Spiritualität vor allem hier bei uns in Europa? Seit dem Rationalismus der Aufklärung, der Moderne und der Spätmoderne ist der Mensch zwar freier und unabhängiger von religiösen Heilslehren und -lehrern geworden, leider wachsen aber auch verschiedenste spirituelle Ersatzangebote in dieses

Vakuum hinein. Der Rostocker Theologieprofessor Thomas Klie nennt Spiritualität einen Containerbegriff für spätmoderne Religiosität. »Und was in den Container kommt, entscheidet jeder Glaubende selbst. Vier Merkmale der Esoterik passen zum Selbstbild des autonomen Subjekts: ›Esoterik ist prinzipiell undogmatisch. Sie verbindet sich mit leiblicher Erfahrung. Sie kann gruppenbezogen ausgelebt werden, aber auch individuell praktiziert. Und sie bietet größtmögliche Distanz zu autoritär empfundenen Institutionen.‹«[249]

Diese esoterische Sicht der Spiritualität hat in westlichen Gesellschaften mittlerweile auch die Großreligionen und hier vor allem den Protestantismus und auch den Katholizismus erreicht. Vielen heutigen Christen ist dogmatisches Denken und Handeln suspekt geworden, sie suchen landauf landab ganzheitliche (Körper, Seele und Geist) Erfahrungen in und mit ihrer Spiritualität alleine oder in Gemeinschaft. Skeptische Distanz zur »Amtskirche« gehört zur inneren Einstellung unzähliger Gläubiger.

Ich möchte hier nun zwei Rückmeldungen von Menschen nennen, die zwar zu ihrer christlichen Religiosität stehen, sich aber in ihrer jeweiligen christlichen Konfessionalität nicht mehr ganz beheimatet fühlen. Sie haben sich durch die Prägungen ihres Glaubens formen lassen, entwickelten aber im Laufe der Zeit einen Eigenstand im Denken, Fühlen und Glauben. Diese Rückmeldungen stehen sicherlich für viele andere Menschen.

Ein 60-jähriger Geschäftsführer eines mittelständischen Betriebes (verwitwet, katholisch) und eine 49-jährige Verwaltungsbeamtin (getrennt lebend, katholisch) schreiben gemeinsam sehr reflektiert über Sehnsucht und Spiritualität:

Sehnsucht ist ein tief verankertes Gefühl im Innersten des Menschen, welches über Wünsche oder Verlangen nach »etwas« hinausgeht. Sehnsucht ist nicht vereinbar mit Materiellem, der suchende Mensch formuliert nicht seine Sehnsucht nach einem Auto, sondern nach Einheit mit Gott.

Sehnsucht verbindet SUCHen und SEHNEN und richtet sich vom tiefsten Inneren auf das »Größte«, das Unvorstellbare: vollkommen zu werden in Gott, in der Liebe, im Licht, eins zu werden mit der Quelle …, zurückzukehren zu seinem Ursprung, dem Göttlichen.

Sehnsucht ist ein Pol auf der Dimension »Sinn des Lebens«. Er ist gekennzeichnet durch die Abwesenheit von Vollkommenheit. Gleichzeitig ruht hier die Kraft für die Suche nach Gott und hier beginnt sie. Das Voranschreiten in dieser Dimension ist der spirituelle Weg. Das Vehikel ist die spirituelle Praxis: Meditation, Gebet …
Der andere Pol ist die Vollkommenheit in der Liebe. Es ist nur ein gradueller Unterschied: Auf dem Weg von der Sehnsucht nach … hin zu Vollkommenheit. Dem Menschen immanent ist die Sehnsucht nach Vollkommenheit, sie ist in ihm angelegt. Und so macht er sich im Verlauf seines Lebens auf den Weg, beginnend am Pol der Sehnsucht. Je weiter er voranschreitet, sich vom Pol der Sehnsucht entfernt, desto näher rückt er hin zu der Vollkommenheit. Damit wird das »Sehnen nach« weniger und das innere »Wissen um« nimmt in seinem Wesen einen höheren Anteil ein.

Folgt man diesem Ansatz, so sind die vom Menschen formulierten Sehnsüchte nach Liebe, nach Geborgenheit, nach Verstehen und Verstanden werden, nach

Verschmelzung, nach spirituellem Wachstum Ausdruck und Hinweis ihres Bestrebens, ihrem Leben einen Sinn zu geben: eins zu werden mit Gott, eben vollkommen zu werden.

Bevor ich eine weitere Rückmeldung über die Aktualität der Sehnsucht nach Spiritualität im Leben eines Menschen anführen möchte, will ich auf Folgendes hinweisen. Das oben Erwähnte drückt meiner Erfahrung nach das Lebensgefühl vieler Menschen von heute aus. Der brasilianische und international angesehene Bestsellerautor Paulo Coelho hat dafür ein gutes Gespür, wenn er genau diese ernsthafte Lebensreise und -suche in fast allen seinen Romanen beschreibt. Dabei finden sich die Titelhelden meist selbst und entdecken immaterielle Schätze wie etwa die wahre Liebe. Coelhos einfache Sprache und seine Fähigkeit, beim Leser innere Bilder entstehen zu lassen, ermuntern diesen, sich auf seiner Lebensreise nicht beirren zu lassen, niemals aufzugeben und an das Finden von Höherem zu glauben. Dabei wächst der Leser spirituell und menschlich.

Ein 48-jähriger Musiker (geschieden, Konfessionswechsel von katholisch zu evangelisch) durchlitt im Laufe seines Lebens lebenseinschränkende Gläubigkeit durch strenge Gottesbilder. Sich davon im Laufe der Zeit frei gemacht, schreibt er heute über Spiritualität:

Das Fatale an der »Spiritualität« ist, dass sie zu einem inflationär kursierenden Modewort geworden ist. Alles, was sich nicht Religion nennen will – ein Begriff, der wahrlich nicht nur aus unredlichen Gründen für viele denkende Menschen brüchig, ja suspekt geworden ist – nennt sich bzw. nennt man spirituell.

In einer Großstadtbuchhandlung fand ich unter diesem Begriff esoterischen Lichtkitsch, Bibelforschung, Berichte über Wiedergeburt, Nahtodeserfahrungen und Ufos, Anselm Grün, Verschwörungstheorien, Wunderheilungen, neue Apokalypsen, theologisch Tiefsinniges und »Denk-positiv«-Bändchen. Durch diese wabernde Ungenauigkeit droht auch der Begriff »Spiritualität« in Verruf zu kommen.

Lasse ich alles Angelesene beiseite, was bedeutet Spiritualität dann für mich?
Sie ist ein unerschrockenes Zulassen der Tatsache, dass unsere Sehnsucht keine Grenzen kennt und unseren Alltag »sehnend, sich dehnend« ins Ungeahnte erweitert: in eine Welt in uns und außerhalb von uns, deren Raum wir nicht abstecken können. Sich darauf einzulassen, ist eine Entdeckungs- und Abenteuerreise. Doch eine redliche Spiritualität knechtet uns dabei nicht mit Angst, wie es zumindest falsch verstandene und falsch gelehrte Religion tut.

Spiritualität lässt nach dem ersten Erschauern vor dem Grenzenlosen zunächst einmal durchatmen, im eigenen Atem bereits einen beruhigend vertrauten Hauch des Unendlichen fühlen. Körperlich konkret.

Spiritualität raubt nicht den Atem, sie hat nichts Bekehrendes an sich, sie dürfte das Gegenteil von Rechthaberei sein. Wie sie jeden nackten Materialismus ausschließt, so sollte sie sich auch jeder 100%-igen Erklärung des Übersinnlichen verweigern. Die alles zu wissen vorgeben – lauft ihnen nicht nach!

Als spirituell ausgerichteter Mensch erkenne ich keine Grenzen an – als spirituell ausgerichteter Mensch weiß ich zugleich um die engen Grenzen meiner Erkenntnis. Ich gebe die Sehnsucht und Hoffnung, sie zu sprengen, nicht auf und bin dabei geschützt vor der Hybris des »letzten Erleuchtet-Seins«, da ich weiß, dass sich hinter jeder geöffneten Tür unzählige weitere auftun werden.

»Ruhelos ist unser Herz, bis es Ruhe findet in Gott.« Das hat ausgerechnet Augustinus gesagt, der seine Größe so oft in die Grenzen der Angst und des Drohens eingesperrt hat. Aber dem spirituell Fühlenden ist es kein Widerspruch, Licht von einem Menschen ausgehen zu sehen, in dem auch viel Finsternis ist. Alles ist möglich, ja.

Dies anzunehmen, ist aber eine große Verantwortung, die mich verpflichtet, immer wieder meinen kritischen Verstand einzusetzen und nicht »alles« zu glauben. Spiritualität ist keine Leichtgläubigkeit, keine Wundersucht. Sie ist auch kein Wannenbad wohliger Gefühle, auch wenn sie ungeahnte Glücksgefühle eröffnen kann. Manchmal stellt sie mich nur vor eine leere Wand, doch mitunter lässt sie ein Staunen bis zum Erschauern und Schwindel zu, das sich dem reinen Materialisten völlig entzieht: einfach nur darüber, dass alles ist, wie es ist. Hier und jetzt.

Spiritualität weist über das Ich hinaus, ohne dieses zu zertrümmern, wie es die mittelalterliche Mystik gerne getan hat, wie es etwa die Vollstrecker eines »Opus Dei« heute noch lehren. Spiritualität aber weitet das Ich hin zum anderen, zu allen Lebewesen, zur Schöpfung, zum Kosmos.

Meine Lebensaufgabe wird dringlicher, mein Alltagsstress geringer, wenn es nicht mehr allein um die Befriedigung meiner Ich-Bedürfnisse geht.
Spiritualität bricht die Oberfläche auf, das Oberflächliche kann dem spirituell Fühlenden mitunter unerträglich werden, doch kennt er keinen Hochmut, denn er weiß sich niemals am Ende.

Ich glaube, an einer demütig sich nie genügenden Spiritualität könnte die Welt gesunden, denn der Traum einer liebevolleren Welt ist für sie kein Traum.

Ich empfinde das eben Gelesene als beeindruckendes Zeugnis eines spirituell suchenden Menschen unserer Zeit. Gleichzeitig spricht mich die Ernsthaftigkeit dieses Suchens an: Hier geht es eben nicht um eine esoterisch sich aufblähende Ego-Show, sondern um ein Wahrnehmen der Wirklichkeit hinter der Oberfläche in sich selbst und auch in der geistigen Welt, der Welt der Transzendenz, der Welt Gottes. Nicht mehr die von einer Religionsgemeinschaft vorgegebene Religiosität, sondern die individuelle nimmt zu. Sie muss – so zeigen die beiden Beiträge – nicht oberflächlich, selbstverliebt und beliebig sein, wie es oft von theologischen oder kirchlichen Kritikern behauptet wird.

Atheistische Spiritualität

Neben dieser »individuellen Religiosität oder Spiritualität« wächst seit einiger Zeit eine neue Richtung von Spiritualität nicht nur in unserem Land: die atheistische Spiritualität. Ich möchte hier nur ein paar Bücher und Autoren zu diesem Bereich nennen:

- »Woran glaubt ein Atheist? Spiritualität ohne Gott« von André Comte-Sponville,
- »Religion ohne Gott« von Ronald Dworkin,
- »Atheistischer Glaube: Eine Lebensphilosophie ohne Gott« von Paul Schulz,
- »Religion für Atheisten. Vom Nutzen der Religion für das Leben« von Alain de Botton,
- »Was Atheisten glauben« von Franz M. Wuketits,
- »Atheist: Gut leben ohne Gott und Götter« von Eric Maisel und
- »Konfessionslos glücklich. Auf dem Weg zu einem religionstranszendenten Christsein« von Hans-Martin Barth.

Es geht heute meist nicht mehr um einen dumpfen antireligiösen Trend bei neueren atheistischen Veröffentlichungen, sondern viel eher um eine philosophische, humanistische und/oder säkularisierte Spiritualität, die weniger gegen Gott, Religion und Kirche ist, sie aber nicht braucht, sich aber sogar die positiven Aspekte dieser »Bereiche« einverleibt. Säkulare Spiritualität »wendet sich nicht an höhere Mächte, sondern findet ihre Erfüllung im Diesseits, in einer anderen Sicht auf die alltäglichen Dinge und das, was nicht jenseits von ihnen, sondern in ihnen vermutet wird. Diese säkulare, natürlich-weltliche Spiritualität verleiht also der Wirklichkeit Zauber, statt diesen in der Transzendenz zu suchen.«[250]

Die Komiker (!) Pippa Evans und Sanderson Jones gründeten Anfang 2014 in London die sogenannte »Sunday Assembly«, die nicht nur den Nerv der Zeit in England getroffen hat, sondern sich nun in vielen Ländern und Großstädten etabliert. Berlin soll Ende 2014 die erste deutsche Stadt sein, wo atheistische Sonntagstreffen stattfinden werden. »Die Grundsätze klingen sehr nach Religion: Häufig helfen, besser leben und sich mehr Gedanken machen. Der Zeitpunkt deutet ebenfalls auf Kirche hin: Sonntagmorgen. Dennoch ist das Publikum hier, in einer ehemaligen Kirche im Norden Londons, alles andere als christlich angehaucht. Gott wird nicht erwähnt, er kommt einfach nicht vor.«[251] Und offenbar haben die beiden Gründer den neuen Zeitgeist getroffen: »Schon an den ersten Sonntagen kamen Hunderte Menschen. Übers Internet wanderte die Begeisterung in andere Städte, in denen sich eigene Sunday Assemblies gründeten. Im Januar hatten wir eine einzige Kirchengemeinde, Ende des Jahres werden es schon 30 sein, verkündete Jones kürzlich und fügte mit der ihm eigenen Mischung aus Sendungsbewusstsein und Ironie hinzu: ›Wir wachsen um 3000 Prozent und damit schneller als jede Kirche der Welt.‹«[252]

Eingedenk der Tatsache, dass etwa eine Milliarde Menschen keiner Religion angehören – in Deutschland sind es allein ca. 20 Millionen – ist die Neuverwendung des Begriffes »Spiritualität« sogar hilfreich im Umgang miteinander.

Kirchlich-katholische Magazine, wie zum Beispiel »Anzeiger für die Seelsorge. Zeitschrift für Pastoral und Gemeindepraxis – Heft 3/2014, Schwerpunktthema: Gott fehlt«[253] oder »Franziskaner. Magazin für franziskanische Kultur und Lebensart – Frühjahr 2014, Schwerpunktthema: Ich glaube nichts und mir fehlt auch nichts!«[254] greifen dieses Thema konstruktiv auf. »Wenn Gott fehlt. Tastversuche zwischen Zweifel und Sehnsucht«, »Ich glaub nix – mir fehlt nichts? Der Fremdheit des Glaubens trauen« oder »Ich glaube nichts und mir fehlt auch nichts!« kommen zusammenschauend zu Aussagen wie dieser:
»Der gesamte Religionssektor ist pluralisiert, die Institutionen verlieren, was das religiöse Empfinden der Einzelnen angeht, immer mehr an Bedeutung. Nicht, dass diese überhaupt nicht mehr prägend wirksam wären, doch ihre Autori-

tät haben sie eingebüßt. Am Ende entscheiden die Individuen, was sie glauben oder eben auch nicht glauben. Und das führt zu Pluralisierungseffekten.«[255]
Erhebungen zu »Glauben und Weltanschauung« in Deutschland zeigen, dass religions- oder konfessionsfreie Gruppen stetig wachsen. »Laut Religionsmonitor (Bertelsmann Stiftung 2013) glauben zwar immerhin 54 Prozent der Bevölkerung in Westdeutschland, dass es Gott, Gottheiten oder ›etwas Göttliches‹ gibt. Die Ergebnisse der ›Allgemeinen Bevölkerungsumfrage der Sozialwissenschaften‹ (ALLBUS 2012) zeigen aber auch, dass nur noch rund 22 Prozent aller Deutschen an die Existenz eines persönlichen Gottes glauben. Die Gruppe, die sich selbst als atheistisch einschätzt, ist inzwischen ebenso groß. Dabei war noch vor wenigen Jahren allerorten von einer ›Renaissance der Religion‹ die Rede. Insgeheim hoffte wohl so mancher, dass damit auch ein Aufschwung des christlichen Glaubens einhergehen und sich in den Mitgliederzahlen der großen Kirchen niederschlagen würde. Doch die Euphorie ist inzwischen der ernüchternden Erkenntnis gewichen: Alles nur ein Missverständnis. Wahr ist, dass der Einfluss der Kirchen weiter schwindet, während Areligiosität und Atheismus allmählich zum Normalfall werden.«[256]

Die renommierte christliche Zeitschrift »Herder-Korrespondenz. Die Zeitschrift für Kirche, Theologie und Religion« bearbeitet in ihrer Spezialausgabe vom April 2014 »Gottlos? Von Zweiflern und Religionskritikern«[257] in vielen Einzelartikeln die Zunahme des sogenannten »Neuen Atheismus«. Ich möchte hier eine Auswahl davon nennen:

- »Vision einer religionsfreien Welt. Der Neue Atheismus hat verschiedene Facetten« von Reinhard Hempelmann,
- »Überholt oder zukunftsweisend? Die Religionskritik der Psychoanalyse« von Eckhard Frick,

- »Warum ich kein Christ bin. Ein Buch und seine Vorgeschichte« von Kurt Flasch,
- »Frommer Atheismus? Suchbewegungen zwischen religiösen Glaubenswelten und ihrer atheistischen Kritik« von Gregor Maria Hoff,
- »Vom Himmel noch reden? Spuren der Religionskritik in der Literatur der Moderne« von Erich Garhammer oder
- »Autonome Gottsucher. Auf dem Weg zu individueller Glaubensaneignung« von Michael Utsch.

Christen versuchen der immer mehr um sich greifenden Suche nach außerchristlichen Spiritualitätsformen konstruktiv und in kritischer Auseinandersetzung zu begegnen, oft übernehmen sie aber unreflektiert östliche und esoterisch ausgerichtete Religiositäten. Buddhismus in westlichem Gewande spielt dabei eine zunehmende Rolle. Der Buddhismus ist eine Religion ohne Gott. Diese Tatsache kommt also der zunehmenden atheistischen Spiritualität sehr entgegen.

Buddhismus im Westen – Trend- und Modereligion ohne Gott

Neben dem vietnamesischen buddhistischen Mönch Thich Nhat Hanh gilt der XIV. tibetische Dalai Lama Tenzin Gyatso als der bekannteste Vertreter des Buddhismus. Beide verbreiten unter anderem durch Vorträge, Bücher, Veranstaltungen buddhistisches Gedankengut mit großer Wirkung. Verunsicherte Christen, esoterisch orientierte Menschen und religionsungebundene Sinnsucher im Westen sind von dieser praktisch orientierten »Religion ohne Gott« fasziniert und bauen deren Gedankengut in ihre Patchworkidentität und -religiosität immer mehr mit ein.

Geschichtlich gesehen kam der Buddhismus Ende des 19. Jahrhunderts nach Nordamerika, Europa und Deutschland.

Einen ersten Höhepunkt erlebte die Buddhismusfaszination gerade unter Schriftstellern, Künstlern und Intellektuellen nach der Katastrophe des Ersten Weltkriegs, als sich neben (Hermann) Hesse namhafte Autoren … von östlicher Spiritualität und Weisheit Impulse zur Heilung Europas versprachen. Gerade im Raum der Literatur bildeten sich dadurch ganz neue geistig-religiöse Amalgame und West-Ost-Legierungen heraus, zeitdiagnostisch aufschlussreiche Metamorphosen des Religiösen, in denen sich die Erschütterungen der Industriemoderne ebenso widerspiegeln wie die Suche nach einer neuen Synthese aus westlicher und östlicher Geistigkeit. Exemplarisch das an geistig-religiösen Krisenprozessen artikulierend, was zahlreiche ihrer Zeitgenossen an sich selber wahrnehmen, sind Schriftsteller mehr als andere Grenzgänger, Seismographen und Vermittler. Gerade Hermann Hesse … wurde für viele zum Brückenbauer und interreligiösen Vermittler zwischen Ost und West weit über den Raum der Literatur hinaus. Nicht von ungefähr avancierten »Siddhartha« und »Der Steppenwolf« zu Kultbüchern der antiautoritären, jugendlich-studentischen Gegen-, Prostest- und Alternativbewegung Amerikas und bald auch Europas. Es waren kaum zufällig die Rand- und Protestgruppen der Beat- und Woodstock-Generation sowie die Gegner des Vietnamkriegs, die diesen tief im 19. Jahrhundert verwurzelten Dichter neu entdeckten und zu seinen Gedanken aus dem Morgenland griffen. Fanden sie darin doch als Alternativangebot eine für die damalige Gesellschaft neue, asiatisch inspirierte Spiritualität. Die für einen deutsch-

sprachigen Schriftsteller einzigartig grenzüberschreitende »weltweite Wirkung« Hermann Hesses wäre ohne seine Beschäftigung mit fernöstlicher Religion kaum vorstellbar. Die Faszination buddhistischer Spiritualität im Westen wird denn auch im Medium der Literatur existentiell konkreter und in ihrer poetischen Anschaulichkeit lebendiger nachvollziehbar.[258]

Positiv zu deuten ist meiner Meinung nach, dass die Rezeption buddhistischer Philosophie sich eindeutig vom aus allerlei diffusen Quellen zusammengestückelten Gedankengebäude esoterischer und von New Age geprägter »Neureligionen« oder neuen religiösen Bewegungen absetzt: der Buddhismus hat eindeutig historische Wurzeln, eine Gründerpersönlichkeit (Siddharta Gautama) und Traditionslinien.[259]

Schwierig wird aber eine Vermischung von buddhistischem und irgendwie westlich-christlich geprägtem Gedankengut, wenn der Dalai Lama selbst betont[260], dass der Buddhismus keinen Schöpfergott oder persönlichen Erlöser kenne und er sogar vor Menschen warnt, die sich »buddhistisch-christlich« nennen. Außerdem ist der buddhistische Grundgedanke der Reinkarnation, der mittlerweile in allerlei therapeutischen Angeboten mittransportiert wird, mit dem christlichen Auferstehungsglauben nicht kompatibel.

Warum sind also westliche Menschen zunehmend vom Buddhismus fasziniert? In den letzten 30 Jahren ist die Zahl von buddhistischen Gruppen in Deutschland von 15 auf 600 angestiegen. Anders als im Christentum gibt es im Buddhismus keine amtliche Kirche, sondern verschiedenste Lehrer und Schulen. Dies kommt dem allgemeinen Trend der Institutionskritik und der Unverbindlichkeit entgegen: »Der Buddhismus gilt als friedfertig und undogmatisch, stressreduzierend und persönlichkeitsstabilisierend – kurzum: als ideale Religion postmoderner Individualisten. … Wer sich (allerdings) dem Buddhismus … in der Absicht nähert, durch ein wenig Meditieren seine gestresste Psyche ruck, zuck wieder fit zu machen, dürfte enttäuscht werden: Buddhistische Praktiken haben gerade nicht das Ziel, unser altes Ego zu optimieren, sondern im Gegenteil dessen Struktur zu durchschauen. Ein solcher Erfahrungsprozess führt zwar am Ende zu mehr Gelassenheit und Angstfreiheit; der Weg dahin ist jedoch selten angenehm.«[261]

In der Tat werden buddhistische Methoden wie Atemtraining, Meditation, Achtsamkeit, Stille, Selbstkontrolle, Geistes- und Bewusstseinstraining immer mehr in den Alltag von heutigen Sinnsuchern integriert. Geduld und Gelassenheit werden trainiert, Konzentration, Mitgefühl und Liebe sowie die Erkenntnis, dass Materielles allein nicht glücklich macht. Das ist grundsätzlich gut und führt zu größerer Selbsterkenntnis und friedlicherem Zusammenleben. Alberne esoterische und wellnesstaugliche Verkürzungen und Pervertierungen des buddhistischen Gedankenguts, die durch Hollywoodstars wie unter anderem Richard Gere, Tina Turner, Allen Ginsberg oder Brad Pitt medienwirksam transportiert werden, bleiben an der Oberfläche. So wird der Buddhismus als eine Art Modereligion für müde Materialisten, als Teil einer um sich greifenden Wellnesskultur und als Ideenlieferant für den Religionssupermarkt wahrgenommen. Der evangelische Theologe, Religionswissenschaftler und Zenmeister Michael von Brück kritisiert berechtigt diesen Trend buddhistischer Popkultur: »Buddhismus ist schick, Buddhismus ist in, Buddhismus ist ein Hollywood-Phänomen. Es gibt natürlich Schicki-Micki-Buddhismus, dass man sich einen Buddha wie einen Gartenzwerg in den Garten stellt und dergleichen. … Da werden Symbole verflacht, verkitscht, verramscht. … Es gibt auf einmal Buddha-Lounges und die entsprechende Musik dazu. Es gibt völlig alberne esoterische Formen von Buddhismus, die eigentlich nur der Sterblichkeitsverleugnung dienen, die einfach neue Produkte in diesem Esoterik-Supermarkt sind.«[262]

Buddhismus darf nicht als individualistische Selbsterlösungsphilosophie und -praxis und als Heilspfad des Einzelnen verstanden werden, denn im Kern versteht der Buddhismus den Menschen als soziales Wesen, das in gegenseitigen Relationen und Abhängigkeiten lebt. Die Stärken des Buddhismus liegen darin, »dass er so pragmatisch ausgerichtet ist und in den wichtigsten Bestandteilen seiner Lehre säkularisierbar ist (was so viel heißt: ich kann ohne Gott und Glaubensgemeinschaft glauben). Deswegen hat er auch den modernen Menschen in dieser geistig zersplitterten uns alle überfordernden Zeit in den medialen Umwelten, in denen wir jetzt leben, sehr viel zu geben, indem er Leuten zeigen kann, wie sie ganz einfach ihre eigene Aufmerksamkeit wieder stabilisieren können.«[263]

Welche Bedeutung hat vor diesem Hintergrund noch das Christentum in westlich orientierten Gesellschaften?

Die Skandale der katholischen Kirche in den letzten Jahren, die zunehmende Religions- und Institutionskritik und der Siegeszug des Individualismus, des Materialismus und des Werterelativismus zeigen: das Salz ist schal geworden und wird von den Leuten weggeworfen. Darauf wies Jesus schon in seiner Bergpredigt hin: »Ihr seid das Salz der Erde. Wenn das Salz seinen Geschmack verliert, womit kann man es wieder salzig machen? Es taugt zu nichts mehr; es wird weggeworfen und von den Leuten zertreten« (Matthäus 5, 13–14). »Überspitzt formulieren manche Kritiker schon: Im Abendland ist das Christentum zum Lippenbekenntnis verkommen. Die große Mehrheit der Deutschen glaubt nicht mehr an Gott. Sie glaubt, dass der Mercedes das beste Auto ist. Der Materialismus scheint – in einem stillen, niemals offen geführten Krieg – auf ganzer Linie gesiegt zu haben. Aber zunehmend wieder mehr Menschen genügt Konsum als Lebensinhalt nicht – gerade so, wie er dem Fürstensohn Gautama, dem späteren Buddha, nicht genügte. Also wird nach Alternativen gesucht …«[264]

Ähnliches kennen Christen zwar von Franz von Assisi und bis heute hält die Faszination des einfachen neuen Papstes mit dem Namen Franziskus an, aber … das ist zu wenig exotisch und viel zu nahe am altbekannten und langweilig gewordenen christlichen Glauben. Der Kapuziner und Psychologe Guido Kreppold bringt die Grundstimmung, dass man mit klassischem christlichen Leben oder sogar christlicher Nachfolge heute keinen Blumentopf mehr gewinnen kann, gut ins Wort: »Im Grunde weiß man mit der ›Nachfolge Jesu‹ nichts Rechtes mehr anzufangen. Gewöhnlich wird auf die Heiligen verwiesen. Aber sie sind von einer Gloriole umgeben und werden dadurch in weite Ferne gerückt. Sie werden gerne bewundert, man rühmt ihre außerordentliche Geschichte. Aber man hat sich auch schon so an sie gewöhnt, dass ihr Beispiel nicht mehr aufrüttelt und zum Nachdenken, vielleicht sogar zur Nachfolge anregt. Man muss zugeben: Die Nachfolge Jesu ist mit den Begriffen Selbstverleugnung, Gehorsam, Opfer, Kreuz und Demut verbunden und damit, wie andere Themen aus dem Bereich des Religiösen auch, negativ belegt. Man befürchtet eine Einschränkung der Lebensqualität, Langeweile oder bestenfalls Aufforderungen zu moralischen Kraftakten.«[265]

Aber, so ist es auch meine Hoffnung und die Wurzel und Motivationsquelle meines eigenen Engagements als Franziskaner, Priester, Seelsorger und Lebensberater: Christliches Leben und christliche Nachfolge werden dann überzeugend,

> *wenn in der unmittelbaren Begegnung die Vorstellung ausgeräumt wird, man werde entmündigt, man müsse sein Denken und seine Gefühle aufgeben, man müsse sich zusätzliche Lasten aufladen und seine Lebensfreude opfern, man dürfe kein voller und ganzer Mensch sein. Die Geschichte ist voll von Männern und Frauen, die nicht diesem Bild entsprechen, sondern einem ganz anderen. Es sind Menschen, die von Überzeugungskraft und wohltuender Ausstrahlung erfüllt und über den Rahmen einer gewöhnlichen, christlich genannten Umgebung hinausgewachsen sind. …*
> *Eine Hinführung zu einem Lebensentwurf im Sinne der Nachfolge Jesu, die nicht überfordert und nicht in moralischen Appellen stecken bleibt, sondern neue, tragende Kräfte, Impulse und Einsichten freisetzt, greift auch bei kirchenfernen, kritisch Denkenden. Jeder, ob offizieller oder inoffizieller Verkünder, der vorhandene Not nachempfindet und die existenziellen Fragen selbst durchlebt und durchlitten hat, schafft eine Atmosphäre des Verstehens und des Vertrauens. Es ergeben sich andere Akzente in Predigt und Vorträgen. Sie sind nachhaltig und wirksam, weil der Vortragende auf moralische Entrüstung und Ermahnungen verzichtet, stattdessen neue, begreifbare Zusammenhänge aufzeigt, zum Nachdenken und zum Gespräch anregt und ein erfülltes Schweigen hinterlässt. Seine Ergriffenheit überträgt sich von selbst. Dies könnte der erste Schritt zu jenem Punkt sein, von dem eine Wandlung ausgeht. Er kann ein Bild von Jesus vermitteln, das ansteckend wirkt. Er*

hat sogar auf dem freien Markt der Heilsangebote eine echte Chance.[266]

Zurück zum Buddhismus im westlichen Gewand: So manchen ernsthaften (!) Sucher, der sich von seiner ursprünglichen religiösen Prägung über längere Zeit oder ganz entfremdete, kann buddhistische Praxis – die Theorie weniger – zurück zu seinen Ursprüngen führen. Manch einer findet sogar wieder zu Jesus Christus und zum Christentum zurück. Der Wissenschaftsjournalist Ulrich Schnabel drückt dies so aus:

Durch diese meditativen Methoden wird etwas gestärkt, was ich mal so die Auflösung der Ich-Zentriertheit nennen möchte. Das löst sich so ein bisschen auf und man sieht sich eher wieder so als ein Teil des großen Ganzen und man sieht sich eher in der Verbundenheit mit anderen Menschen. Diese Verbundenheit führt automatisch dazu, dass man Mitgefühl für andere entwickelt, weil ich den anderen ja nicht mehr als getrennt von mir sehe. Der ist ein Teil von mir, ich meine, das ist dieselbe Erkenntnis, die Jesus ausgedrückt hat, indem er sagt: Liebe Deinen nächsten wie Dich selbst. Der andere ist wie ich selbst, das ist wie ein Teil von mir. Mir kann es auf Dauer nicht gut gehen, wenn es dem anderen nicht auch gut geht.
Im Aspekt der Nächstenliebe berühren sich Christentum und Buddhismus. Der Religionswissenschaftler Michael von Brück jedenfalls setzt große Hoffnung in einen modernen Buddhismus:
»Religionen sind Erziehungswege. Und mir scheint, dass der Buddhismus seit Jahrtausenden eine äußerst effiziente Praxis kultiviert hat, die wir dringend brauchen. Das kann uns im 21. Jahrhundert ganz sicher helfen. Ich glaube, durch die buddhistische Praxis, durch die Jahrtausen-

de lang eingeübte Praxis der Geistesschulung ist es möglich – nicht von heute auf morgen, aber in einer längeren Entwicklung – dass die Menschheit sich selbst erzieht und dadurch überlebensfähig auf diesem Planeten wird.«[267]

Deswegen erachte ich es für positiv, wenn Dialoge zwischen Buddhismus und Christentum geführt werden[268], wie es zum Beispiel der Jesuit Hugo Makibi Enomiya-Lassalle tat und die Benediktiner Willigis Jäger oder Anselm Grün, der amerikanische katholische Theologieprofessor Paul F. Knitter und die Theologin und ausgewiesene Kennerin der Mystik und religiösen Weisheitslehren in Christentum und Buddhismus Katharina Ceming tun. Dabei dürfen Grenzen überschritten werden, die grundsätzliche religiöse Identität sollte aber beibehalten oder wiedergefunden werden. Die Deutschen Franziskaner unterhalten schon seit über 30 Jahren ein europaweit bekanntes Meditationshaus »St. Franziskus« in Dietfurt an der Altmühl (www.meditationshaus-dietfurt.de), wo – initiiert von Pater Enomiya-Lasalle – Zenmeditation, Kontemplation, Tai-Chi-Chuan, Qigong unter anderem im christlichen Kontext angeboten und geübt werden. Viele andere und ähnlich orientierte kirchliche Bildungshäuser (evangelisch und katholisch) leisten hier gute Arbeit, um Menschen auf dem Weg zu sich selbst und zu Gott zu helfen und vielleicht auch wieder neu und anders ihrem verloren gegangenen christlichen Glauben annähern zu lassen.

Kennzeichen heutiger Sehnsuchtsreligiosität

Ariane Martin, Kulturanthropologin mit Spezialisierung auf Religions- und Bewusstseinsforschung, entdeckt in ihrem Buch »Sehnsucht – der Anfang von allem. Dimensionen zeitgenössischer Spiritualität« folgende gemeinsame Gesichtspunkte von Spiritualität heute in zunehmend säkularisierten (verweltlichten) Gesellschaften[269]:

- die Reise zu sich selbst mit den Hauptthemen Selbstfindung und Selbstentfaltung;
- die Verzauberung, bei der es um das Staunen über Erlebnisse, Abenteuer, Übersinnliches, Geheimnisvolles und Märchenhaftes geht;
- die Heilung. Schlagworte sind hier u. a. Liebe, Licht, Geist und Transformation. Im Zentrum steht die Sehnsucht nach Heilung an den Wurzeln, nach geistiger Erneuerung;
- die Festigkeit, die sich durch Bestimmtheit und Klarheit zeigt. Hinwendung zu Ritualen, Beratung, Coaching oder spirituell-geistig-geistliche Führung durch Lehrer und Meister;
- die Gemeinschaft, einem sozialen Bezugssystem, wo man sich spirituell, sozial und kreativ einbringen und entfalten kann;
- die Reise in die Weite mit der Sehnsucht, in etwas Höheres, Weiteres, Übergeordnetes eingebunden zu sein. Erleuchtung, Erwachen und Ekstase werden gesucht;
- und das Weltverhältnis mit dem »Blick zurück in die gute alte Zeit«, hin zu früheren Kulturen und ursprünglicheren, naturnahen Lebensweisen.

Diese Sinn- und Selbstsuche heutiger Sehnsuchtsreligiosität wird durch westlich geprägte Reinkarnations- und Energievorstellungen, die Sehnsucht nach einer erfahrungsbezogenen Spiritualität, wie sie große Teile der Esoterik bedienen, einem Engel-Boom und der Sehnsucht nach Bevollmächtigung (zum Beispiel bei den sogenannten »neuen Hexen« oder okkult-magischen Praktiken) und der Hinwendung zur westlichen Modereligion Buddhismus ergänzt.[270]

Spiritualität ist schon länger nicht mehr nur ein Thema der Philosophie, der Theologie und auch der Esoterik. Neben der kulturanthropologischen Analyse zum Beispiel durch Ariane Martin wird Spiritualität zunehmend ein Thema der Psychologie, wie eine Auswahl von neueren Veröffentlichungen zeigen soll:

- »Spiritualität. Eine psychologische Untersuchung« von Rudolf Sponsel (2006),
- »Psychologie der Spiritualität« von Anton A. Bucher (2007) und
- »Spiritualität transdisziplinär. Wissenschaftliche Grundlagen im Zusammenhang mit Gesundheit und Krankheit« von Arndt Büssing und Niko Kohls (Hrsg.) (2011).

Das Hauptinteresse liegt beim Sinn des Spirituellen im Menschen und seinem Bezug zu dessen Leben. Rudolf Sponsel zum Beispiel sieht in der Spiritualität eine Rettung des Menschlichen in der Spätmoderne, ja sogar eine Lebenshilfe, wenn er schreibt: »Spiritualität zweckfrei praktiziert, ermöglicht das, was Jürgen Habermas die ›Rettung der Substanz des Humanen‹ nennt. Den postmodernen Menschen in der einmaligen Würde seiner ›Gottesebenbildlichkeit‹ bewahren, ihm seinen personalen Wert jenseits des bloßen Tauschwertes erfahrbar machen, das vermag aber nur eine Spiritualität, die mit Hilfe der (Tiefen-)Psychologie profunde Einsicht nimmt in die Existenztiefe des menschlichen Lebens. Dann vielleicht kann aus Spiritualitätstheologie eine spirituelle Lebenshilfe werden, die ›zu Herzen geht‹. Zu eben jenem Herzen, von dem C. G. Jung einmal zu sagen verstand: ›Gott wohnt im Herzen, im Unbewußten. Dort ist die Quelle der Angst vor dem unsagbar Schrecklichen und der Kraft, dem Schrecklichen zu widerstehen.‹«[271]

Die Theologie, deren Hauptinhalt ja das Geistige und Geistliche, die Transzendenz, GOTT und die Spiritualität ist, geht seit noch nicht langer Zeit fruchtbare »Crossovers« (Querverbindungen) mit der Psychologie, der Medizin oder der Neurophysiologie ein. Ich möchte hier zwei sehr interessante Beispiele nennen: Monika Renz und Katharina Ceming.

Monika Renz, eine Psychologin, Theologin, Musik- und Psychotherapeutin, die sich international einen Namen in der Begleitung von Krebskranken und Sterbenden gemacht hat, sieht Sehnsucht und Spiritualität unter anderem als ein Rückgebunden- und Angeschlossensein an Tragendes und Heiles innerhalb und außerhalb von uns Menschen. »Ob mit uns selbst auf dem Weg oder als Begleiter, immer neu stehen wir vor der Aufgabe, Anschluss zu finden an ureigene Sehnsüchte und Ahnungen um Fülle in der Tiefe der eigenen Seele, aus Getrieben- und Gespalten-Sein oder aus einer leben-erstickenden Nüchternheit heimzufinden. Tiefer als alle Sucht und Gier liegt Sehnsucht. Die Suche kann nicht nur den Weg der Ratio gehen, denn das Ersehnte liegt jenseits des Ichs und seines vernünftigen Denkens. Es verweist ins Spirituelle, womit die Erfahrung mit dem letztlich Heiligen, Transzendenten gemeint ist. Ich definiere Spiritualität … als Erfahrung im Unfassbaren, aber mit fassbarer Wirkung.«[272]

Die Theologin, Germanistin und Philosophin Katharina Ceming, deren Hauptinteressen bei Weltreligionen, Mystik und Spiritualität liegen, sieht die Spiritualität als ein globales Phänomen, dem sich nun auch zunehmend Naturwissenschaften widmen: »Seitdem spirituelle Erfahrungen nun auch neurophysiologisch ge- und vermessen werden können, hat die Spiritualität ihren bisweilen geheimnisvoll-esoterischen Touch verloren und hat Einzug gehalten ins Zentrum der westlichen Kultur und Wissenschaft. Neuerdings finden wissenschaftliche Kongresse statt, die sich mit Meditation und Bewusstseinsforschung befassen. Die Zeiten, als lediglich im akademischen Bereich der Theologie und Religionswissenschaften auf recht abstrakter Ebene über die Verortung mystischer Phänomene gestritten wurde, scheinen vorbei zu sein. Heute interessiert sich besonders die Naturwissenschaft mit dem, was in und mit unserem Bewusstsein passiert und wie sich das, was da passiert, verwerten lässt. Die wissenschaftliche Verabschiedung des sozialdarwinistischen Paradigmas vom ›Survival of the fittest‹ durch neueste biologische und neurowissenschaftliche Erkenntnisse, die den Menschen als ein Wesen entdecken, das viel mehr durch Mitempfinden und Empathie bestimmt ist, deckt sich mit dem, was die spirituellen Traditionen schon lange postuliert haben. Man reicht sich die Hände.«[273]

Die Sehnsucht nach Spiritualität und nach Gott ist nicht ein Phantomschmerz[274] eines überdimensionierten menschlichen Gehirns, das Trugbilder erzeugt, sondern sie ist eine Art Beweis dafür, dass es mehr als alles geben muss. Zugespitzt könnte man fragen: Wenn es Gott nicht gibt, warum fehlt er uns dann so?
Goethe hatte hierfür andere Worte:

> Wär nicht das Auge sonnenhaft,
> die Sonne könnt es nie erblicken.
> Läg nicht in uns des Gottes eigne Kraft,
> wie könnt uns Göttliches entzücken?

Entscheidend ist das Erfahren und das Tun. »Der Mensch ist kein einäugiges Lebewesen. Vielmehr sind ihm zwei verschiedene Weisen gegeben, Wirklichkeit wahrzunehmen und zu erkennen. Er verfügt über eine unmittelbare Innenansicht und über einen äußeren ›objektiven‹ Blick. … Die Welt ist mehr als das, was der Fall ist – und was somit gemessen oder gezählt werden kann. Das Geistige ist ebenso wirklich wie das Materielle. … Um zu wissen, wie Glauben (und Spiritualität) geht, genügt nicht die beobachtende Außenperspektive. Nur wer seine menschlichen Erfahrungen als Ereignisse deutet, in denen er Gott auf die Spur kommen kann, weiß, was Glauben ist. Nur wer Gott als Geheimnis seines Lebens annimmt und sich ihm vertrauensvoll überlässt, kann beim Beten mitreden. Alle Versuche, diese Erfahrungen zu objektivieren, sind zum kläglichen Scheitern verurteilt. … Am ehesten noch weiß die Poesie von Gott zu reden – aber diese ist eben gerade keine wissenschaftliche, objektivierbare Sprache.«[275]

Der international angesehene argentinische Schriftsteller Jorge Bucay, der auch Psychiater und Psycho- und Gestalttherapeut ist, bringt die Suche nach Spiritualität im 21. Jahrhundert in ebensolche poetischen Worte, wenn er über den Weg der Spiritualität schreibt:

> *Die Ebene der Spiritualität erreicht man zwangsläufig, nachdem man die übrigen Ebenen durchwandert und erkundet hat, nachdem man sich mit den Wegen der Selbstabhängigkeit, der Begegnung, der Tränen, des Glücks und der Weisheit zumindest gedanklich auseinandergesetzt hat.*
>
> *Im symbolischen Sinn könnte man sagen, dass es die Ebene der Vollkommenheit oder Vollendung ist, allerdings nicht im Sinne einer Sphäre, in der man nach Perfektion strebt, sondern eher ganz im Gegenteil. Ich spreche von Perfektion in dem Sinne, in dem es die heilige Teresa von Avila vor über vierhundert Jahren tat: als*

einen Weg, der vor allem dazu dient, die eigenen Unzulänglichkeiten zu erforschen und zu erkennen …

Der spirituelle Weg, soweit ich ihn heute zu begreifen vermag, ist der letzte und höchste von allen, der sich vom Anfang bis zum Ende von allen anderen unterscheidet.

Er ist anders, was das Ende angeht, denn möglicherweise endet er nie und es gibt keinen Ausgang, nicht einmal auf eine andere Ebene. Er ist anders, was den Anfang angeht, denn die meisten Menschen, die ihn gehen, erzählen uns, dass sie ihn überraschend fanden, dass sie zufällig auf ihn stießen, ohne sich überhaupt bewusst gewesen zu sein, dass sie auf der Suche nach ihm waren.

Ein Weg, der plötzlich auftaucht wie ein Floß, das man erklimmen kann, wenn man merkt, dass man eine Art Schiffbruch im unergründlichen Meer der eigenen Unzulänglichkeiten erleidet. Eine zuweilen unendliche Leere, die wir in uns entdecken, nachdem wir gerade glaubten, wir hätten – ach, eitle Illusion! – Inneres und Äußeres in Einklang gebracht.

Man kann sich taub stellen, wegsehen, versuchen, dem Spirituellen keine Bedeutung beizumessen. Man kann sich hinter dem rationalen, kontrollierten Intellekt verstecken oder seine Gefühle durch den unmäßigen Konsum von Dingen und Luxusgütern betäuben, doch das wird nicht genügen – das tut es nie. Die Spiritualität wird weiterhin da sein und ihre Aufmerksamkeit verlangen, und das wird einem jedes Mal bewusst werden, WENN EINEN DIESES QUÄLENDE GEFÜHL ÜBERKOMMT, DASS ETWAS FEHLT.[276]

Jorge Bucay geht einen Weg in der Auseinandersetzung mit Sehnsucht und Spiritualität, der vielen heutigen Menschen sehr entgegenkommt. Er geht von einem von einer bestimmten Religion unabhängigen Konzept der menschlichen Fähigkeit zur Spiritualität aus, schließt aber die Möglichkeit einer Hinwendung zum Glauben und zur Religion nicht aus, wie es religionskritische und atheistische Ansätze häufig tun. Die Entscheidung bleibt beim einzelnen sehnsüchtigen Wanderer auf den Spuren der Spiritualität. Dabei beschäftigt Bucay sich mit großen Menschheitslehrern, beschreibt Hindernisse und Überraschungen, streift Bereiche der Gelassenheit, Stille, Meditation, des Gebetes und des Humors und entwickelt dabei eigene wunderschöne Sinntexte.

Einen dieser Texte möchte ich an das Ende dieser Reise auf den Spuren der Sehnsucht und der Spiritualität setzen: »Der Suchende«[277]. Die Reise der eigenen Sehnsucht und Spiritualität kommt aber nie zum Ende, wenn man sich suchend nach Mehr immer wieder neu ausrichtet. Und das ist genau das Schöne, Bereichernde und Aufbauende an der Beschäftigung mit diesen urmenschlichen Themen: Wer sich wirklich auf die Suche macht, dem kommt das Gesuchte entgegen. Er wird innerlich reicher, zufriedener, getrösteter werden. Er wird einen Halt im Haltlosen finden, Sinn spüren, Kraft und Mut zum Sein erfahren. Die Geschichte vom Suchenden von Jorge Bucay bringt dies nun in poetisch-schöne Worte:

> *Dies ist die Geschichte eines Mannes, den ich als Suchenden bezeichnen würde.*
> *Ein Suchender ist jemand, der sucht, nicht unbedingt jemand, der findet.*
> *Auch ist es nicht unbedingt jemand, der weiß, wonach er sucht. Es ist schlicht und einfach jemand, für den das Leben eine Suche ist.*

Eines Tages spürte der Suchende den Drang, nach Kammir zu gehen. Er hatte es sich zur Gewohnheit gemacht, mit solchen Eingebungen, die von irgendwoher aus seinem Inneren kamen, nicht lange zu fackeln und ihnen einfach zu folgen. Er ließ also alles stehen und liegen und machte sich auf den Weg.
Nach zwei Tagesmärschen über staubige Wege sah er in der Ferne Kammir liegen. Kurz vor dem Dorfeingang fiel ihm am rechten Wegesrand ein Hügel auf. Er war von einem wunderschönen Grün überzogen, und Bäume, Vögel und zauberhafte Blumen gab es dort in unendlicher Zahl. Rings um den Hügel zog sich ein niedriger polierter Holzzaun.
Ein Bronzetor lud ihn zum Eintreten ein.
Sofort war das Dorf vergessen, und er gab der Versuchung nach, sich einen Moment an diesem Ort auszuruhen.
Der Suchende durchschritt das Tor und begann langsam zwischen den weißen Steinen umherzuspazieren, die verstreut zwischen den Bäumen standen.
Er ließ seine Augen wie Schmetterlinge auf jedem Detail dieses farbenprächtigen Paradieses ruhen.
Seine Augen waren die eines Suchenden, und vielleicht erkannte er deshalb auf einem Stein jene Inschrift:

Abdul Tareg, lebte 8 Jahre, 6 Monate, 2 Wochen und 3 Tage.

Er erschrak ein wenig, als er merkte, dass der Stein nicht einfach nur ein Stein, sondern ein Grabstein war.
Es schmerzte ihn, zu erfahren, dass ein so junges Menschenkind an diesem Ort begraben lag.
Als er sich weiter umschaute, bemerkte der Mann, dass auch der nächste Stein eine Inschrift trug. Er trat an ihn heran und las:

Yamir Kalib, lebte 5 Jahre, 8 Monate und 3 Wochen.

Der Suchende zeigte sich zutiefst erschüttert.
Dieser hübsche Ort war ein Friedhof, und jeder Stein war ein Grab.
Nach und nach begann er die einzelnen Grabsteine zu entziffern.
Alle hatten sie ähnliche Inschriften: einen Namen und die genaue Lebenszeit des Toten.
Was ihn aber derart in Schrecken versetzte, war die Tatsache, dass der älteste von ihnen kaum länger als elf Jahre gelebt hatte.
Von unendlichem Schmerz überwältigt, setzte er sich nieder und weinte.

Der Friedhofswärter kam des Weges und trat auf ihn zu. Er sah ihm eine Weile still beim Weinen zu und fragte ihn dann, ob er um einen Familienangehörigen trauere.
»Nein, kein Angehöriger«, sagte der Suchende. »Aber was ist nur in diesem Dorf geschehen? Von welchem Schrecken wird dieser Ort heimgesucht? Warum liegen hier so viele Kinder begraben? Was für ein böser Fluch lastet auf diesen Menschen, dass sie einen Kinderfriedhof haben errichten müssen?«
Der Alte lächelte und sagte:
»Beruhigen Sie sich. Es gibt keinen Fluch. Wir haben hier einen alten Brauch. Ich werde Ihnen davon erzählen:

Wenn ein Jugendlicher fünfzehn Jahre alt wird, schenken ihm seine Eltern ein kleines Heftchen, so wie dieses, das ich hier trage, und das hängt er sich um den Hals. Unser Brauch ist es, dass von diesem Moment an jeder Augenblick, in dem einem etwas sehr Schönes widerfährt, in diesem Büchlein festgehalten wird.

Links wird aufgeschrieben, was uns so glücklich gemacht hat.
Und rechts, wie lang das Glück gedauert hat.

Seine künftige Braut kennengelernt und sich in sie verliebt zu haben. Wie lang dauert die große Leidenschaft, wie lang währt dieses Glück? Eine Woche? Zwei? Dreieinhalb?
Und dann, der erste Kuss, wie lange hält der große Zauber an? Eineinhalb Minuten, so lang wie der Kuss? Zwei Tage? Eine Woche?
Schwanger zu werden und das erste Kind zur Welt zu bringen?
Und die Hochzeit der Freunde?
Die lang ersehnte Traumreise?
Und das erste Wiedersehen mit dem Bruder nach seiner Rückkehr aus einem fernen Land?
Wie lange dauert die Freude über diese Momente? Stunden? Tage?

Und so halten wir jeden freudvollen Augenblick in diesem Büchlein fest. Jeden einzelnen.

Und wenn jemand stirbt,
so ist es unser Brauch,
sein Büchlein aufzuschlagen
und die Glücksmomente zusammenzurechnen,
um das Ergebnis auf sein Grab zu schreiben.
Denn für uns ist einzig und allein dies
die wirklich gelebte Zeit.«

Literaturverzeichnis

Aktives Bilderleben, in: http://www.selbst-erfahren.de/kurse/unbewusstes-im-dialog/aktive-imagination.

Aldebert Heiner, Lichtgott gegen Schöpfergott. Der Kampf um den Leib – Gnosis und Esoterik, in: Basiswissen Christlicher Glaube ..., 184–189.

Anzeiger für die Seelsorge. Zeitschrift für Pastoral und Gemeindepraxis, Heft 3/2014, Schwerpunktthema: Gott fehlt, 123. Jahrgang, Freiburg 2014.

Arens Heribert, Suchst du Gott, dann such ihn unten! Sieben Impulse zu einer geerdeten Spiritualität, Donauwörth 2003.

Atheisten in London: Kirche ohne Gott, in: http://www.spiegel.de/panorama/gesellschaft/atheisten-treffen-sich-in-london-in-ehemaliger-kirche-a-889063.html.

Badewien Jan (Hg.), Ach! Von der Sehnsucht der Seele, Karlsruhe 2008.

Baer Udo/Frick-Baer Gabriele, Vom Sehnen und Wünschen, Bibliothek der Gefühle, Band 3, Neukirchen-Vluyn 2002.

Baltes Paul B., Positionspapier: Entwurf einer Lebensspannen-Psychologie der Sehnsucht. Utopie eines vollkommenen und perfekten Lebens, in: Sonderdruck der Psychologischen Rundschau, 59. Jg (2008), 77–86.

Bareither Isabelle, Bittersüße Unvollkommenheit. Sehnsucht motiviert zu großen Leistungen – und hat nichts mit Sucht zu tun, wie Psychologen wissen, in: Handelsblatt vom 08.10.2008, 11.

Basiswissen Christlicher Glaube, herausgegeben von Helmut Frank, München 2010.

Beim Tagträumen wird das Gehirn neu formatiert, in: http://www.rga-online.de/rga_108_110034196-2-_Beim-Tagtraeumen-wird-das-Gehirn-neu-formatiert.html.

Bendszus Jürgen, Wenn Sehnsüchte und Lebensträume unerfüllt sind, in: http://www.gelingendesleben.de/Neues.Web.2/psychologie.sehnsucht.htm.

Bendszus Jürgen, Imaginationen in der Psychotherapie – Heilen – der Umgang mit inneren Bildern, in: http://www.gelingendesleben.de/Imagination.Psychotherapie.htm.

Benke Christoph, Sehnsucht nach Spiritualität, Würzburg 2007.
Bloch Ernst, in: http://www.zitate.de/autor/Bloch,+Ernst.
Boeree C. George: Persönlichkeitstheorien – Abraham Maslow (1908–1970), 1998, deutsche Übersetzung: D. Wieser, 2006, 1–14 in: http://www.social-psychology.de/do/PT_maslow.pdf.
Böschemeyer Uwe, Vom Typ zum Original. Die neun Gesichter der Seele und das eigene Gesicht. Ein Praxisbuch zum Enneagramm, Lahr 1994.
Böschemeyer Uwe, Dein Unbewußtes weiß mehr, als du denkst. Imagination als Weg zum Sinn, Freiburg i. Br. 1996.
Böschemeyer Uwe, Unsere Tiefe ist hell. Wertimagination – ein Schlüssel zur inneren Welt, München 2005.
Böschemeyer Uwe, Gottesleuchten. Begegnungen mit dem unbewussten Gott in unserer Seele, München 2007.
Böschemeyer Uwe, Vertrau der Liebe, die dich trägt. Von der Heilkraft biblischer Bilder, München 2009.
Bucay Jorge, Geschichten zum Nachdenken, Frankfurt am Main 2012, 3. Auflage.
Bucay Jorge, Der innere Kompass. Wege der Spiritualität, Frankfurt am Main 2013.
Capri-Fischer – Wikipedia, in: http://de.wikipedia.org/wiki/Capri-Fischer.
Ceming Katharina, Spiritualität im 21. Jahrhundert, Sencelles 2012.
Chu Victor, Casablanca oder wohin die Sehnsucht dich trägt. Unerfüllte Liebe und andere Leidenschaften, München 1997.
Conradt Michael, Spiritualität – Die Sehnsucht nach dem Geistigen, Manuskript radioWissen, Bayern 2, Sendung vom 24.04.2013.
Dehn Ulrich, Die Suche nach der eigenen Mitte – östliche Religiosität im Westen, in: Hempelmann Reinhard, Dehn Ulrich u.a., Panorama der neuen Religiosität. Sinnsuche und Heilsversprechen zu Beginn des 21. Jahrhunderts, Gütersloh 2001, 310–408.
Der Stand der Sehnsucht, in: Der einsame Weg // Arthur Schnitzler, Booklet des E.T.A Hoffmann Theaters Bamberg, Spielzeit 2013/2014.
Deutscher Sprachrat: Das schönste deutsche Wort, in: http://www.deutscher-sprachrat.de/index.php?id=299.

Die Wünschelrute von Joseph von Eichendorff, in: http://staff.fim.uni-passau.de/schmidtb/philosophie/Kunst/Wuenschelrute/Wuenschelrute.pdf.

Die zwölf Schritte der Anonymen Alkoholiker, in: http://www.anonyme-alkoholiker.de/content/01horiz/01schri.php.

Diekhans Johannes (Hg.), EINFACH DEUTSCH, Unterrichtsmodell Romantik, Paderborn 2004.

Diensberg Alexander, Traumgesichte in der Nacht, in: »Über die Träume«, das zeichen (Die Zeitschrift des Katholischen Apostolats), 122. Jg., 2/2014, 25.

Dietz Walter, Sehnsucht als Impuls zum Glauben, in: Badewien Jan (Hg.), Ach! Von der Sehnsucht der Seele, Karlsruhe 2008, 93–105.

Domek Johanna, Die Sehnsucht weiß mehr. Vom Suchen und Finden, Münsterschwarzach 2004, 2. Auflage.

Dreksler Jacky / Balder Hugo Egon, Wunsch-Bullshit im Universum. Kritik der Wunsch-Bestellungen im Universum von Rhonda Byrne, Pierre Franckh, Bärbel Mohr, Esther Hicks und Kurt Tepperwein – auf dem schmalen Grat zwischen Nichtmehr-Satire und Noch-nicht-Wissenschaft, Köln 2007.

Douglass Klaus, Glaube hat Gründe. Eine lebendige Beziehung zu Gott finden, Freiburg i. Br., 2010 (Vollständig überarbeitete Neuausgabe des 1994 erstmals erschienenen Titels).

Enneagramm, Typ 4 – Romantiker, Melancholiker, Künstler, in: http://tinemoeller.wordpress.com/2011/12/21/enneagramm-typ-4-romantiker-melancholiker-kunstler/.

Ernst Heiko, Unser persönliches Paralleluniversum, in: http://www.psychologie-heute.de/archiv/detailansicht/news/unser_persoenliches_paralleluniversum.

Ernst Heiko, Innenwelten. Warum Tagträume uns kreativer, mutiger und gelassener machen, Stuttgart 2011.

Feuerbach – Gott als Projektion des menschlichen Wesens, in: http://www.dober.de/reli-rallye/feuer.html.

Finger Evelyn, Die Renaissance der Unvernunft. Sehnsucht nach dem Selbst, in: http://www.zeit.de/2013/21/esoterik-vernunft-verteidigung/seite-2.

Flister Detlef, Sehnsucht im deutschen Schlager, in: http://www.strassenfeger.org/news/180/178/Sehnsucht-im-deutschen-Schlager.html.

Frankl Viktor E., Theorie und Therapie der Neurosen, München 1993, 7. Auflage.

Frankl Viktor E., Ärztliche Seelsorge: Grundlagen der Logotherapie und Existenzanalyse, Wien 2005, 11. überarbeitete Neuauflage.

Franz Marie-Luise von, Die Aktive Imagination in der Psychologie C. G. Jungs, in: Wilhelm Bitter: Meditation in Religion und Psychotherapie, Geist und Psyche, München 1973, 2. veränderte Auflage, 83–95.

Franziskaner. Magazin für franziskanische Kultur und Lebensart, Heft Frühjahr 2014, Schwerpunktthema: Ich glaube nichts und mir fehlt auch nichts!, München 2014.

Frau am Fenster – Wikipedia, in: http://de.wikipedia.org/wiki/Frau_am_Fenster.

Freddy Quinn – Wikipedia, in: http://de.wikipedia.org/wiki/Freddy_Quinn.

Freund Alexandra M., »Nur wer die Sehnsucht kennt …!«, in: http://www.psychologie.uzh.ch/fachrichtungen/angpsy/erleben/berichte/mehr-berichte/sehnsucht.html.

Garrido Luque Claudia, Sehnsucht als Motor, in: http://www.reikireiki.eu/inline/pdf/sehnsucht%20als%20motor.pdf.

Georg Trakl – Wikipedia, in: http://de.wikipedia.org/wiki/Georg_Trakl.

Grün Anselm, Bleib deinen Träumen auf der Spur. Buch der Sehnsucht, Freiburg i. Br. 2003, 4. Auflage.

Grün Anselm, Das kleine Buch der Sehnsucht, Freiburg i. Br. 2009.

Grün Anselm, Spiritualität. Ein ganzer Mensch sein, Freiburg i. Br. 2011.

Grün Anselm, Die sieben Tröstungen. Was Leib und Seele neue Kraft gibt, Freiburg i. Br. 2014.

Gutl Martin, In vielen Herzen verankert. Ausgewählte Texte, Wien – Graz – Klagenfurt 2014.

Haller Reinhard, (Un)Glück der Sucht. Wie Sie Ihre Abhängigkeiten besiegen, Salzburg 2007.

Hantel-Quitmann Wolfgang R., Sehnsucht – das unstillbare Gefühl, Stuttgart 2011.

Hartmann Katharina, Träume-Botschaften aus dem Unterbewusstsein oder Datenmüll, in: http://www.katharina-hartmann.net/

blog-leser/items/traeume-botschaften-aus-dem-unterbewusstsein-oder-datenmuell-teil-1-von-3.html.

Heinemann Pia, Sehnsucht – Ursache und Sinn eines Gefühls, in: http://www.welt.de/vermischtes/article2868075/Sehnsucht-Ursache-und-Sinn-eines-Gefuehls.html.

Hempelmann Reinhard, Dehn Ulrich u. a., Panorama der neuen Religiosität. Sinnsuche und Heilsversprechen zu Beginn des 21. Jahrhunderts, Gütersloh 2001.

Herder-Korrespondenz Spezial, Gottlos? Von Zweiflern und Religionskritikern, Freiburg i. Br., April 2014.

Hesse Hermann, Oft ist das Leben lauter Licht, in: http://www.tokado.at/index.html?http://www.tokado.at/hesse_leben.htm.

Heuel Uli, Woran Christen glauben. Das Kennenlern-Buch für Neugierige, Freiburg i. Br. 2004.

Hirnforschung: Männer und Frauen sind unterschiedlich verdrahtet, in: http://www.spiegel.de/wissenschaft/medizin/hirnforschung-maenner-und-frauen-sind-anders-verdrahtet-a-936865.html.

Hofmeister Klaus, Wenn die Phantasie auf Reisen geht. Über die beflügelnde und heilsame Wirkung innerer Bilder, HR 2 / Camino am 4. November 2012, in: http://www.hr-online.de/servlet/de.hr.cms.servlet.File/ca+121104_Laurenz-Phantasie-Reisen.f?enc=d3M9aHJteXNxbCZibG9iSWQ9MTU4MTcwMDEmaWQ9NDY0NzE1MjcmZm9yY2VEb3dubG9hZD0x.

Horváth Ödön von, Gesammelte Werke, Berlin 1978, 2. Auflage.

Hüther Gerald / Roth Wolfgang / von Brück Michael, Damit das Denken Sinn bekommt. Spiritualität, Vernunft und Selbsterkenntnis, Freiburg i. Br. 2013, 6. Auflage.

Imagination – Wikipedia, in: http://de.wikipedia.org/wiki/Imagination.

Ingenlath Hermann Josef, Projektmanagement und Spiritualität, Würzburg 2011.

Jaffé Aniela, C. G. Jung – Erinnerungen, Träume, Gedanken, Düsseldorf 2011, 19. Auflage.

Jubeln ohne Gott, in: http://www.zeit.de/2013/42/atheisten-messe-england.

Jung C. G., Über die Beziehung der Psychotherapie zur Seelsorge (1932), in: C. G. Jung, Psychologie und Religion, München 2001, 113–131.

Kaléko Mascha, Einmal sollte man, hier gefunden: http://alanwallislloyd.wordpress.com/2010/02/02/einmal-sollte-man/.

Kalnein Albrecht Graf von, Grusswort, in: Krämer Felix, Schwarze Romantik. Von Goya bis Max Ernst, Ausstellungskatalog, Frankfurt a. M. 2012.

Kamphuis Martin, Buddhismus – Religion ohne Gott, Bielefeld 2014, 2. überarbeitete Auflage.

Kast Verena, Freude, Inspiration, Hoffnung, Düsseldorf 1996, 4. Auflage.

Kast Verena, C. G. Jung, seine Aktualität heute. Festvortrag zum 125. Geburtstag von C. G. Jung / ETH Zürich, in: http://www.verena-kast.ch/KastAktualitaetJung.pdf.

Kast Verena, Imagination – Zugänge zu inneren Ressourcen finden, Düsseldorf 2012, 1. vollständig überarbeitete und ergänzte Neuausgabe.

Knapp Andreas / Wolfers Melanie, Glaube, der nach Freiheit schmeckt. Eine Einladung an Zweifler und Skeptiker, Freiburg im Breisgau 2013, 2. Auflage.

Költzsch Georg W. (Hg.), Paul Gauguin. Das verlorene Paradies. Katalog des Museum Folkwang, Essen, 1998.

Kränkungen der Menschheit – Wikipedia, in: http://de.wikipedia.org/wiki/Kr%C3%A4nkungen_der_Menschheit.

Kränkungen des Menschen, in: http://www.reinerjungnitsch.de/kraenkungen.pdf.

Kreitmeir Christoph, GLAUBE an die KRAFT der GEDANKEN. Franziskanische Impulse zu einem neuen Lebensstil, Gütersloh 2013, 3. Auflage.

Kreppold Guido, Nachfolge. Von ihrem Glanz, der verlorenging, Münsterschwarzach 2010.

Kulle Stephan, Warum wir wieder glauben wollen, Frankfurt a. M. 2006.

Ladisich-Raine Almut, Von den Süchten der Therapeuten und der Weisheit des Schlichten, in: http://www.almut-ladisich-raine.com/Auszug.pdf.

La Paloma, in: http://www.ingeb.org/songs/lapaloma.html#Deutsch, sowie in: http://de.wikipedia.org/wiki/La_Paloma.

Langer Udo 2011–1014 aus »Rosas Geheimnis«, in: www.klangfeder.de.

Leben ohne Internet. Iris Berben ist dann mal offline, in: http://www.bz-berlin.de/leute/iris-berben-ist-dann-mal-offline-article1801629.html.

Lernen von Susanne Scheibe: Sehnsucht nach einem erfüllten Beruf, in: http://www.wirtschaftspsychologie-aktuell.de/lernen/lernen-20110706-lernen-von-susanne-scheibe-sehnsucht-nach-einem-erfuellten-beruf.html.

List of German expressions in English – Wikipedia, in: http://en.wikipedia.org/wiki/List_of_English_words_of_German_origin.

Logotherapie und Existenzanalyse, in: http://de.wikipedia.org/wiki/Logotherapie.

Mackenthun Gerald, Schlüsselbegriffe der Tiefenpsychologie 11 / Jungs Individuation, in: http://home.arcor.de/g.mackenthun/lect/keywords/key11.htm.

Madaus André, Ich glaube nichts und mir fehlt auch nichts!, in: Franziskaner. Magazin für franziskanische Kultur und Lebensart, Heft Frühjahr 2014, Schwerpunktthema: Ich glaube nichts und mir fehlt auch nichts!, München 2014.

Martin Ariane, Sehnsucht – der Anfang von allem. Dimensionen zeitgenössischer Spiritualität, Aachen 2011, 2. Auflage.

Maslowsche Bedürfnishierarchie – Wikipedia, in: http://de.wikipedia.org/wiki/Maslowsche_Bed%C3%BCrfnishierarchie.

Max Frisch – Homo Faber, in: http://www.inhaltsangabe.de/frisch/homo-faber/.

Mehr Wirkung bei Suggestionen und Affirmationen, in: http://www.phantasiereisen.de/wirkung-affirmationen.html.

»Mensch, hast Du es gut!«, in: http://www.das-eselskind.com/2012/06/die-sehnsucht-nach-gluck-und.html.

Michaela Merten & Pierre Franckh – Sektenexpertin findet sie verantwortungslos, in: http://www.bunte.de/panorama/michaela-merten-pierre-franckh-sektenexpertin-findet-sie-verantwortungslos-45844.html.

Midnight in Paris – Wikipedia, in: http://de.wikipedia.org/wiki/Midnight_in_Paris.

Morgenthaler Mathias, Wir verraten durch ständige Anpassung unsere Werte und Ziele, in: http://blog.tagesanzeiger.ch/berufung/index.php/1112/wir-verraten-durch-staendige-anpassung-unsere-werte-und-ziele/.

Nagorni Klaus, »Mich treibt die Sehnsucht fort in die weite Ferne« Oder: Das Glück liegt immer anderswo, in: Badewien Jan (Hg.), Ach! Von der Sehnsucht der Seele, Karlsruhe 2008, 46–63.

O'Donohue John, Echo der Seele. Von der Sehnsucht nach Geborgenheit, München 2010, 7. Auflage.

Oh! Noch mehr Geschichten für andere Zeiten, Andere Zeiten e.V., Hamburg 2010, 2. Auflage.

Oh, wie schön ist Panama – Wikipedia, in: http://de.wikipedia.org/wiki/Oh,_wie_sch%C3%B6n_ist_Panama.

Persönlichkeitsentwicklung: Die Tagtraum-Technik, in: http://www.simplify.de/die-themen/sie-selbst/persoenlichkeitsentwicklung/einzelansicht/article/persoenlichkeitsentwicklung-die-tagtraum-technik.

Pfau Armin, Zur Arbeit mit inneren Bildern und Imaginationen im Kontext von Logotherapie und Existenzanalyse. Versuch eines Überblicks, in: Existenz und Logos. Zeitschrift für sinnzentrierte Therapie, Beratung, Bildung, Heft 1/2001, 9. Jg., 117–140.

Phantasiereisen – Entspannung für Körper und Seele, in: www.phantasiereisen.de.

Pöhlmann Matthias, Sehnsucht nach Heil. Von der Suche der Seele in der Postmoderne, in: Badewien Jan (Hg.), Ach! Von der Sehnsucht der Seele, Karlsruhe 2008, 64–92.

Projektionstheorie – Wikipedia, in: http://de.wikipedia.org/wiki/Projektionstheorie.

Prothero Stephen, Die neun Weltreligionen. Was sie eint, was sie trennt, München 2011.

Raether Till, Brauchen wir eigentlich einen Gott?, in: BRIGITTE, 25/2012, 93–100.

Reinsch Ursula, Der praktische Glaube. Moderner Buddhismus als Heilmittel in unserer schnelllebigen Welt, in: http://www.deutschlandradiokultur.de/der-praktische-glaube.1278.de.html?dram:article_id=257333.

Renz Monika, Der Mensch – ein Wesen der Sehnsucht. Connected or Disconnected. Texte und Musik für unsere Sehnsucht und Spiritualität, Paderborn 2010.

Richard Wagner – Wikipedia, in: http://de.wikipedia.org/wiki/Richard_Wagner.

Richard Wagner und seine Zeit – MDR.DE, in: http://www.mdr.de/mdr-figaro/musik/wagner334.html.

Rieger Gisela, Sinn-volle Geschichten 2. 88 Weisheiten, Erzählungen und Zitate, die berühren und inspirieren, Augsburg 2013.

Rohr Richard / Ebert Andreas, Das Enneagramm. Die 9 Gesichter der Seele, München 2001, 37. Auflage.

Rohr Richard, Zwölf Schritte der Heilung. Gesundheit und Spiritualität, Freiburg i. Br. 2013.

Rosamunde Pilcher – Wikipedia, in: http://de.wikipedia.org/wiki/Rosamunde_Pilcher.

Rupp Georg, Befreiung aus dem Hin & Her des Lebens. Lass dein Herz entscheiden, Güllesheim 2012.

Ruppert Hans-Jürgen, Suche nach Erkenntnis und Erleuchtung – moderne esoterische Religiosität, in: Hempelmann Reinhard, Dehn Ulrich u. a., Panorama der neuen Religiosität …, 210–309.

Sachs Nelly, Alles beginnt mit der Sehnsucht, in: http://www.bvps.de/pdf/nachdenken/2008Dezember.pdf.

Safranski Rüdiger, Romantik. Eine deutsche Affäre, Frankfurt a. M. 2013, 5. Auflage.

Sassenrath Marcus, DVD Sehnsucht nach Klarheit – Faszination Jakobsweg, in: Rezension zur DVD, http://www.amazon.de/Sehnsucht-nach-Klarheit-Faszination-Jakobsweg/dp/3941429051.

Scheibe Susanne, The psychology of Sehnsucht – an Exposé, in: http://www.diss.fu-berlin.de/diss/servlets/MCRFileNodeServlet/FU-DISS_derivate_000000001714/02_zsfg.pdf?hosts=, VIII – XVI.

Scheibe Susanne, Blanchard-Fields Fredda, Wiest Maja, Freund Alexandra M., Is Longing Only for Germans? A Cross-Cultural Comparison of Sehnsucht in Germany and the United States (Abstract). Developmental Psychology, 47 (3), 2011, 603–618.

Schipperges Heinrich, Hildegard von Bingen, »Causae et curae«. Das Buch von dem Grund und Wesen der Heilung der Krankheiten, Salzburg 1981, 4. Auflage.

Schlagwort-Archiv: Enneagramm, in: http://tinemoeller.wordpress.com/tag/enneagramm/.

Schmitt Wolfgang, Wertimaginationen – Schlüssel zur inneren Welt, in: http://lichtstrahl-magazin.de/Artikel/Bewusstsein/wertimagination.html.

Schnabel U., Buddhismus – Eine Religion ohne Gott, in: http://www.zeit.de/2007/12/Buddhismus.

Schulz Gerhard, Romantik. Geschichte und Begriff, München 2008, 3. Auflage.

sehnen, in: http://www.wissen.de/wortherkunft/sehnen.

Sehnsucht. Ein Liebesfilm, in: http://www.hoehnepresse-media.de/sehnsucht/downloads/PH_Sehnsucht_komplett.pdf.

Sehnsucht – Goetheinstitut, in: http://www.goethe.de/ins/gb/lp/prj/mtg/gar/waa/de5734226.htm.

Sehnsucht Songtext (Feat. Xavier Naidoo) aus dem Album »Sehnsucht« (2008), http://www.songtextemania.com/sehnsucht_songtext_schiller.html.

Sehnsucht – Wikipedia, in: http://de.wikipedia.org/wiki/Sehnsucht.

Sehnsuchts-Tipps – 10 Ziele zum Jahresende / Sehnsucht Deutschland, in: http://www.sehnsuchtdeutschland.com/de/Die-besten-Tipps/a1242/Sehnsuchts-Tipps---10-Ziele-zum-Jahresende.html.

Songtext von Alexandra – Sehnsucht Lyrics, in: http://www.songtexte.com/songtext/alexandra/sehnsucht-33c3bccd.html.

Songtext Rammstein – sehnsucht aus dem Album »Sehnsucht« (1997), in: http://www.magistrix.de/lyrics/Rammstein/Rammstein-Sehnsucht-22161.html.

Spannbauer Christa, »Folge deiner Sehnsucht!«, in: bewusster leben. Neu denken und handeln, 2/2012 (März/April), 34–38.

Spiritualität – Wikipedia, in: http://de.wikipedia.org/wiki/Spiritualit%C3%A4t.

Sponsel Rudolf, Spiritualität. Eine psychologische Untersuchung, in: http://www.sgipt.org/wisms/gb/spirit0.htm.

Striet Magnus und Werden Rita, Wenn Gott fehlt. Tastversuche zwischen Zweifel und Sehnsucht, in: Anzeiger für die Seelsorge. Zeitschrift für Pastoral und Gemeindepraxis, Heft 3/2014, Schwerpunktthema: Gott fehlt, 123. Jahrgang, Freiburg 2014.

Tagtraum – Wikipedia, in: http://de.wikipedia.org/wiki/Tagtraum.

Tamaro Susanna, Geh, wohin dein Herz dich trägt, in: http://www.amazon.de/wohin-dein-Herz-dich-tr%C3%A4gt/dp/3257230303.

Thömmes Arthur, Glück und Sehnsucht in der populären Musik, in: Kontakt 2/09, 17–19, hier im Netz unter http://www.fundgrube-religionsunterricht.de/fileadmin/thoemmes/dokumentenarchiv/pdf/kontakt_2-09_17-20.pdf.

Trakl – Gedichte: An einem Fenster, in: http://www.textlog.de/19338.html.

Utsch Michael: Ekstase, Erfolg, Erneuerung, Orientierung – vier Versprechen der Psychoszene, in: Hempelmann Reinhard, Dehn Ulrich u. a., Panorama der neuen Religiosität …, 95–209.

Vogd Werner, Dekonstruktion von Religion zum Life-Style oder Neue Religiosität – eine kritische Studie zur Rezeption des Buddhismus im Westen, in: http://userpage.fu-berlin.de/vogd/Buddhismus.pdf.

Vollmer Gerhard, Die vierte bis siebte Kränkung des Menschen, in: http://www.gkpn.de/vollmer/htm.

Vopel Klaus W., Zwischen Himmel und Erde. Phantasiereisen für Sucher, Salzhausen 2001.

Walter Rudolf, Anselm Grün, in: http://www.einfachlebenbrief.de/gruen.html.

Was ist christliche Spiritualität?, in: http://www.livenet.de/themen/glaube/theologie_philosophie_religion/esoterik/145622-was_ist_christliche_spiritualitaet.html.

Was sind Suggestionen und Affirmationen, in: http://www.phantasiereisen.de/suggestionen.html.

Wie der Buddha in den Westen kam. Hermann Hesse, Luise Rinser und Adolf Muschg, in: http://www.theologie-und-literatur.de/fileadmin/user_upload/Theologie_und_Literatur/HesseJahrbuch.pdf.

Wie entsteht die Sehnsucht?, in: http://www.rustix.ch/mauro/meinephilosophie/wieentstehtdiesehnsucht/index.php.

Wilhelm Klaus, Ach, die Sehnsucht!, in: Psychologie Heute, Juni 2009, 68–73.

Wozu ist Sehnsucht da?, in: http://www.elle.de/wozu-ist-sehnsucht-da-107359.html.

Zawodsky Magnus, Modereligion für müde Materialisten? Buddhismus und Lamaismus kurz und knapp, in: http://www.nordbayern.de/nuernberger-zeitung/modereligion-fur-mude-materialisten-1.946446.

Anmerkungen

1. Böschemeyer Uwe, Vertrau der Liebe, die dich trägt ..., 28.
2. Hildegard von Bingen, »Morgengebet«, in: Schipperges Heinrich, Hildegard von Bingen, »Causae et curae«. Das Buch von dem Grund und Wesen der Heilung der Krankheiten ..., 306.
3. http://www.blauenacht.nuernberg.de/%C3%9Cberblick
4. Tagore Rabindranath, zitiert nach: Aufbau Literatur Kalender 2011, Aufbau Verlag Berlin 2010, dort kein Nachweis.
5. Csikszentmihályi Mihály, Flow: Das Geheimnis des Glücks, Stuttgart 2007, 13. Auflage.
6. Frankl Viktor E., Ärztliche Seelsorge ..., 107.
7. Hesse Hermann, Oft ist das Leben lauter Licht, in: http://www.tokado.at/index.html?http://www.tokado.at/hesse_leben.htm .
8. Garrido Luque Claudia, Sehnsucht als Motor, in: http://www.reiki-reiki.eu/inline/pdf/sehnsucht%20als%20motor.pdf .
9. Sehnsucht – Wikipedia, in: http://de.wikipedia.org/wiki/Sehnsucht .
10. Vgl. Domek Johanna, Die Sehnsucht weiß mehr ..., 21–22.
11. Vgl. sehnen, in: http://www.wissen.de/wortherkunft/sehnen .
12. Hier gefunden: http://gutezitate.com/zitat/129264 und t'Haart Maarten, Gott fährt Fahrrad oder Die wunderliche Welt meines Vaters ..., 187.
13. Kaléko Mascha, Einmal sollte man, hier gefunden: http://alanwallislloyd.wordpress.com/2010/02/02/einmal-sollte-man/ .
14. Böschemeyer Uwe, Unsere Tiefe ist hell ..., 137.
15. Baer Udo/Frick-Baer Gabriele, Vom Sehnen und Wünschen, 17–18.
16. Ladisich-Raine Almut, Von den Süchten ..., gefunden in: http://www.almut-ladisich-raine.com/Auszug.pdf .
17. Bareither Isabelle, Bittersüße Unvollkommenheit ..., 11.
18. Die zwölf Schritte der Anonymen Alkoholiker, in: http://www.anonyme-alkoholiker.de/content/01horiz/01schri.php; diese 12 Schritte wurden im Laufe der Zeit auch auf viele andere Abhängigkeitserkrankungen angewandt.
19. Rohr Richard, Zwölf Schritte der Heilung ..., 161.
20. Ebd.

21. www.stiftung-sehnsucht.de .
22. Grün Anselm, Bleib deinen Träumen auf der Spur …, 32.
23. Baer Udo/Frick-Baer Gabriele, Vom Sehnen und Wünschen, 8.
24. Diekhans Johannes (Hg.), EINFACH DEUTSCH, Unterrichtsmodell Romantik …, 140.
25. Ebd., 18.
26. Ebd.
27. Ernst Heiko, Innenwelten. Warum Tagträume uns kreativer …, 9.
28. Die Wünschelrute von Joseph von Eichendorff, in: http://staff.fim.uni-passau.de/schmidtb/philosophie/Kunst/Wuenschelrute/Wuenschelrute.pdf .
29. Diekhans Johannes (Hg.), EINFACH DEUTSCH, Unterrichtsmodell Romantik …, 13.
30. Kalnein Albrecht Graf von, Grusswort, in: Krämer Felix, Schwarze Romantik. Von Goya bis Max Ernst, Ausstellungskatalog …, 7.
31. Diese Aufstellung wurde hier entnommen: Diekhans Johannes (Hg.), EINFACH DEUTSCH, Unterrichtsmodell Romantik …, 16.
32. Vgl. ebd., 23–94 und Schulz Gerhard, Romantik. Geschichte und Begriff …, 67–76.
33. Vgl. Diekhans Johannes (Hg.), EINFACH DEUTSCH, Unterrichtsmodell Romantik …, 95–97 und Schulz Gerhard, Romantik. Geschichte und Begriff …, 83–92.
34. Diekhans Johannes (Hg.), EINFACH DEUTSCH, Unterrichtsmodell Romantik …, 95.
35. Schulz Gerhard, Romantik. Geschichte und Begriff …, 91.
36. Frau am Fenster – Wikipedia, in: http://de.wikipedia.org/wiki/Frau_am_Fenster .
37. Diekhans Johannes (Hg.), EINFACH DEUTSCH, Unterrichtsmodell Romantik …, 96.
38. Vgl. Diekhans Johannes (Hg.), EINFACH DEUTSCH, Unterrichtsmodell Romantik …, 98–105 und Schulz Gerhard, Romantik. Geschichte und Begriff …, 76–82.
39. Diekhans Johannes (Hg.), EINFACH DEUTSCH, Unterrichtsmodell Romantik …, 98.
40. Ebd., 102.
41. Ebd., 98.

42. Richard Wagner – Wikipedia, in: http://de.wikipedia.org/wiki/Richard_Wagner.
43. Richard Wagner und seine Zeit – MDR.DE, in: http://www.mdr.de/mdr-figaro/musik/wagner334.html.
44. Diekhans Johannes (Hg.), EINFACH DEUTSCH, Unterrichtsmodell Romantik …, 116.
45. Vgl. ebd., 121.
46. Safranski Rüdiger, Romantik. Eine deutsche Affäre, Frankfurt a. M. 2013, 5. Auflage.
47. Kulle Stephan, Warum wir wieder glauben wollen …, 44.
48. Deutscher Sprachrat: Das schönste deutsche Wort, in: http://www.deutscher-sprachrat.de/index.php?id=299.
49. Vgl. Sehnsucht – Goetheinstitut, in: http://www.goethe.de/ins/gb/lp/prj/mtg/gar/waa/de5734226.htm.
50. Vgl. List of German expressions in English – Wikipedia, in: http://en.wikipedia.org/wiki/List_of_English_words_of_German_origin.
51. Ebd.
52. Sehnsuchts-Tipps – 10 Ziele zum Jahresende / Sehnsucht Deutschland, in: http://www.sehnsuchtdeutschland.com/de/Die-besten-Tipps/a1242/Sehnsuchts-Tipps---10-Ziele-zum-Jahresende.html; siehe auch http://www.sehnsuchtdeutschland.com/index.php.
53. Nagorni Klaus, »Mich treibt die Sehnsucht fort in die weite Ferne« …, 53–54.
54. Mehr hierzu vgl. http://www.ndr.de/fernsehen/sendungen/panorama_3/partnervermittlung103.html und http://www.ndr.de/fernsehen/sendungen/panorama_3/beitraege/panoramadrei955.pdf.
55. Vgl. Capri-Fischer – Wikipedia, in: http://de.wikipedia.org/wiki/Capri-Fischer.
56. La Paloma – Wikipedia, in: http://de.wikipedia.org/wiki/La_Paloma.
57. La Paloma, in: http://www.ingeb.org/songs/lapaloma.html#Deutsch.
58. Vgl. Freddy Quinn – Wikipedia, in: http://de.wikipedia.org/wiki/Freddy_Quinn.
59. Nagorni Klaus, »Mich treibt die Sehnsucht fort in die weite Ferne« …, 49 und 46.

60. Songtext von Alexandra – Sehnsucht Lyrics, in: http://www.songtexte.com/songtext/alexandra/sehnsucht-33c3bccd.html.
61. Flister Detlef, Sehnsucht im deutschen Schlager, in: http://www.strassenfeger.org/news/180/178/Sehnsucht-im-deutschen-Schlager.html. Hervorhebungen in Großbuchstaben vom Autor.
62. Text und Komposition: Langer Udo 2011–1014 aus »Rosas Geheimnis«, in: www.klangfeder.de.
63. Thömmes Arthur, Glück und Sehnsucht in der populären Musik …, 19.
64. Songtext Rammstein – sehnsucht aus dem Album »Sehnsucht« (1997), in: http://www.magistrix.de/lyrics/Rammstein/Rammstein-Sehnsucht-22161.html.
65. Sehnsucht Songtext (Feat. Xavier Naidoo) aus dem Album »Sehnsucht« (2008), in: http://www.songtextemania.com/sehnsucht_songtext_schiller.html.
66. Rosamunde Pilcher – Wikipedia, in: http://de.wikipedia.org/wiki/Rosamunde_Pilcher.
67. Vgl. Midnight in Paris – Wikipedia, in: http://de.wikipedia.org/wiki/Midnight_in_Paris.
68. Sehnsucht. Ein Liebesfilm, in: http://www.hoehnepresse-media.de/sehnsucht/downloads/PH_Sehnsucht_komplett.pdf, 4.
69. Ebd., 3.
70. Sassenrath Marcus, DVD Sehnsucht nach Klarheit – Faszination Jakobsweg, in: Rezension zur DVD, http://www.amazon.de/Sehnsucht-nach-Klarheit-Faszination-Jakobsweg/dp/3941429051.
71. Georg Trakl – Wikipedia, in: http://de.wikipedia.org/wiki/Georg_Trakl.
72. Trakl – Gedichte: An einem Fenster, in: http://www.textlog.de/19338.html.
73. Der Stand der Sehnsucht, in: Der einsame Weg // Arthur Schnitzler, Booklet des E.T.A Hoffmann Theaters Bamberg, Spielzeit 2013/2014, 19.
74. Grün Anselm, Die sieben Tröstungen. Was Leib und Seele neue Kraft gibt …, 11.

75. Grün Anselm, Bleib deinen Träumen auf der Spur ..., 45.
76. Oh, wie schön ist Panama – Wikipedia, in: http://de.wikipedia.org/wiki/Oh,_wie_sch%C3%B6n_ist_Panama.
77. Gutl Martin, In vielen Herzen verankert ..., 178.
78. Siehe das Buch: Schenk Cornelia, Zauberworte für die Seele. 25 Inspirationen, Lahr 2009.
79. Bloch Ernst, in: http://www.zitate.de/autor/Bloch,+Ernst.
80. Siehe: Boeree C. George: Persönlichkeitstheorien – Abraham Maslow (1908 – 1970), 1998, deutsche Übersetzung: D. Wieser, 2006, 1–14 in: http://www.social-psychology.de/do/PT_maslow.pdf.
81. Chu Victor, Casablanca oder wohin die Sehnsucht dich trägt ..., 193 und 195.
82. Siehe die psychologisch sehr aufschlussreiche Darstellung der Entwicklung von Paul Gauguin, der von innerer Sehnsucht gezogen wurde: Hantel-Quitmann Wolfgang R., Sehnsucht – das unstillbare Gefühl ..., 53–61.
83. Ebd., 59.
84. Baer Udo/Frick-Baer Gabriele, Vom Sehnen und Wünschen ..., 33; auf den Seiten 32–36 ist Erhellendes zu Paul Gauguin und Sehnsucht zu finden.
85. Költzsch Georg W. (Hg.), Paul Gauguin. Das verlorene Paradies ..., 236 und 242.
86. Spannbauer Christa, Folge deiner Sehnsucht ..., 34.
87. Diese Graphik in: Maslowsche Bedürfnishierarchie – Wikipedia, in: http://de.wikipedia.org/wiki/Maslowsche_Bed%C3%BCrfnishierarchie.
88. Frankl Viktor E., Der unbewusste Gott. Psychotherapie und Religion, München 1985, 6. Auflage.
89. Gefunden in: Conradt Michael, Spiritualität – Die Sehnsucht nach dem Geistigen, Manuskript radioWissen, Bayern 2, Sendung vom 24.04.2013.
90. Wiedemann Hans-Georg, Der Mensch ist Sehnsucht. Gedanken zu den Fragen des Lebens, Hünfelden 2010.
91. Raether Till, Brauchen wir eigentlich einen Gott? ..., 93.
92. Hantel-Quitmann Wolfgang R., Sehnsucht – das unstillbare Gefühl ..., 199 und 201. Hantel-Quitmann formuliert hier eine Erkenntnis, die ich mit ihm teile. Ich habe diese »Hier-

archie der Sehnsüchte« mit den Erkenntnissen von Abraham Maslow in Verbindung gebracht.

93. Ebd., 19 und 20.
94. Arens Heribert, Suchst du Gott, dann such ihn unten! …, 15.
95. Vgl.: Hirnforschung: Männer und Frauen sind unterschiedlich verdrahtet, in: http://www.spiegel.de/wissenschaft/medizin/hirnforschung-maenner-und-frauen-sind-anders-verdrahtet-a-936865.html und Wozu ist Sehnsucht da?, in: http://www.elle.de/wozu-ist-sehnsucht-da-107359.html.
96. Eine hilfreiche Darstellung verschiedener Charaktere gibt das »Enneagramm«. Aus der Fülle der Bücher zu diesem Thema möchte ich hier nur zwei nennen: Rohr Richard / Ebert Andreas, Das Enneagramm. Die 9 Gesichter der Seele, München 2008, 44. Auflage und Böschemeyer Uwe, Vom Typ zum Orginal. Die neun Gesichter der Seele und das eigene Gesicht. Ein Praxisbuch zum Enneagramm, Lahr 1994.
97. Riemann Fritz, Grundformen der Angst. Eine tiefenpsychologische Studie, München 2011, 40. Auflage.
98. Baltes Paul B., Positionspapier: Entwurf einer Lebensspannen-Psychologie der Sehnsucht …, 82.
99. Der Psychologe Hantel-Quitmann nennt zum Beispiel John Irving als genialen Schriftsteller, der das Denken, das Empfinden und die Sehnsüchte von Kindern sehr gut erfasst hat, vgl. Hantel-Quitmann Wolfgang R., Sehnsucht – das unstillbare Gefühl …, 224–226.
100. Chu Victor, Casablanca oder wohin die Sehnsucht dich trägt …, 25–26.
101. Arens Heribert, Suchst du Gott, dann such ihn unten! …, 16.
102. Ebd., 16–17.
103. Vgl. auch das sehr lesenswerte Buch von Hans Gerhard Behringer, der 12 Grundkräfte des Lebens, wie zum Beispiel Neuorientierung und Sinnfindung, Hoffnung und Lebenskraft, Inspiration und Kreativität oder Integration und Versöhnung den Kalendermonaten und den Festen des Kirchenjahres zuordnet: Behringer Hans Gerhard, Die 12 Grundkräfte des Lebens: Heilsame Impulse für jeden Monat – Feste – Meditationen – Rituale, München 2013.

104. Hantel-Quitmann Wolfgang R., Sehnsucht – das unstillbare Gefühl …, 222.
105. Scheibe Susanne, The psychology of Sehnsucht – an Exposé, in: http://www.diss.fu-berlin.de/diss/servlets/MCRFileNodeServlet/FUDISS_derivate_000000001714/02_zsfg.pdf?hosts=, IX.
106. Folgende Unterscheidung und Aufzählung ist durch diese Fundstelle im Internet inspiriert worden: Wie entsteht die Sehnsucht?, in: http://www.rustix.ch/mauro/meinephilosophie/wieentstehtdiesehnsucht/index.php.
107. Folgende Punkte wurden durch Viktor Chu inspiriert: Chu Victor, Casablanca oder wohin die Sehnsucht dich trägt …, 47–53.
108. Folgende Gedanken wurde von diesem Beitrag inspiriert: Bendszus Jürgen, Wenn Sehnsüchte und Lebensträume unerfüllt sind, in: http://www.gelingendesleben.de/Neues.Web.2/psychologie.sehnsucht.htm.
109. Hantel-Quitmann Wolfgang R., Sehnsucht – das unstillbare Gefühl …, 219.
110. Eine hilfreiche Darstellung verschiedener Charaktere gibt das »Enneagramm«. Aus der Fülle der Bücher zu diesem Thema möchte ich hier nur zwei nennen: Rohr Richard / Ebert Andreas, Das Enneagramm. Die 9 Gesichter der Seele, München 2008, 44. Auflage und Böschemeyer Uwe, Vom Typ zum Orginal. Die neun Gesichter der Seele und das eigene Gesicht. Ein Praxisbuch zum Enneagramm, Lahr 1994.
111. Böschemeyer Uwe, Vom Typ zum Original. Die neun Gesichter der Seele und das eigene Gesicht … und Schlagwort-Archive: Enneagramm, in: http://tinemoeller.wordpress.com/tag/enneagramm/.
112. Enneagramm, Typ 4 – Romantiker, Melancholiker, Künstler, in: http://tinemoeller.wordpress.com/2011/12/21/enneagramm-typ-4-romantiker-melancholiker-kunstler/.
113. Scheibe Susanne, The psychology of Sehnsucht – an Exposé, in: http://www.diss.fu-berlin.de/diss/servlets/MCRFileNodeServlet/FUDISS_derivate_000000001714/02_zsfg.pdf?hosts=, IX.
114. Grün Anselm, Bleib deinen Träumen auf der Spur …, 9.

115. Ich beziehe mich hier auf den Roman »Homo Faber« des Schweizer Schriftstellers Max Frisch, der 1957 veröffentlicht wurde. »Darin berichtet die Hauptfigur Walter Faber, ein Ingenieur mit streng rationalistischem Weltbild, von Ereignissen seines Lebens, die eben dieses technisch-naturwissenschaftliche Weltbild ins Wanken bringen und entscheidende Grundfragen menschlicher Existenz nach Schicksal, Entscheidungsfreiheit und Gestaltungsmöglichkeiten des Individuums aufwerfen. … Der Roman ›Homo Faber‹ bedient sich einer trockenen, sachlich-kühlen Sprache, wie sie zum Ich-Erzähler Walter Faber, einem fortschrittsgläubigen Technokraten, passt. Erst die Begegnung mit Sabeth und die schicksalhaften Ereignisse veranlassen ihn, sein rein rationalistisches Weltbild in Frage zu stellen – die Revision seiner schon zwanghaft nüchternen Anschauungen auch persönlich in seinem Leben umzusetzen und ihm mehr Raum für Kunst, Gefühl und Magisches einzuräumen, bleibt ihm durch seine tödliche Krankheit jedoch versagt.« (Max Frisch – Homo Faber, in: http://www.inhaltsangabe.de/frisch/homo-faber/).
116. Grün Anselm, Bleib deinen Träumen auf der Spur …, 9.
117. Dietz Walter, Sehnsucht als Impuls zum Glauben …, 100 und 97.
118. Heinemann Pia, Sehnsucht – Ursache und Sinn eines Gefühls, in: http://www.welt.de/vermischtes/article2868075/Sehnsucht-Ursache-und-Sinn-eines-Gefuehls.html. Hervorhebung kursiv vom Autor.
119. Ebd.
120. Diesen Hinweis fand ich hier: Bareither Isabelle, Bittersüße Unvollkommenheit …, 11.
121. Folgende sechs Merkmale habe ich zusammengestellt aus den Erkenntnissen von Paul B. Baltes (A), Susanne Scheibe (B) und Alexandra M. Freund (C): (A) Baltes Paul B., Positionspapier: Entwurf einer Lebensspannen-Psychologie der Sehnsucht …, 80–81; (B) Scheibe Susanne, Blanchard-Fields Fredda, Wiest Maja, Freund Alexandra M., Is Longing Only for Germans? …, 607; (C) Freund Alexandra M., »Nur wer die Sehnsucht kennt …!«, in: http://www.psychologie.uzh.ch/fachrichtungen/angpsy/erleben/berichte/mehr-berichte/sehnsucht.html.
122. Das Modell stammt aus einem Positionspapier von Paul B.

Baltes („Entwurf einer Lebensspannen-Psychologie der Sehnsucht. Utopie eines vollkommenen und perfekten Lebens"), erschienen in: Psychologische Rundschau, 59 (2), S. 77–86. Ich danke Frau Prof. Dr. Christine Windbichler sowie dem Hogrefe Verlag für die Abdruckgenehmigung. Die Quelle findet sich auch in: http://www.sozialpsychologie.uni-frankfurt.de/wp-content/uploads/2012/10/baltes-2008-sehnsucht.pdf.

123. Lernen von Susanne Scheibe ..., ohne Seite.

124. Siehe Baltes Paul B., Positionspapier: Entwurf einer Lebensspannen-Psychologie der Sehnsucht ..., 82 und Freund Alexandra M., »Nur wer die Sehnsucht kennt ...!«, ohne Seite und Scheibe Susanne, The psychology of Sehnsucht – an Exposé, IX.

125. Heinemann Pia, Sehnsucht – Ursache und Sinn eines Gefühls ..., ohne Seite.

126. Kreitmeir Christoph, GLAUBE an die KRAFT der GEDANKEN ..., 25–31.

127. Ebd., 106.

128. Wilhelm Klaus, Ach, die Sehnsucht! ..., 71.

129. Ebd., 72.

130. Lernen von Susanne Scheibe ..., ohne Seite und Baltes Paul B., Positionspapier: Entwurf einer Lebensspannen-Psychologie der Sehnsucht ..., 83.

131. Grün Anselm, Bleib deinen Träumen auf der Spur ..., 63.

132. Domek Johanna, Die Sehnsucht weiß mehr ..., 82.

133. So entdeckte der kanadische Neurobiologe Michael Gershon 1993 das zweite menschliche Gehirn, ein komplexes Nervengeflecht im Magen-Darm-Trakt. Interessanterweise sind heute erste wissenschaftliche Untersuchungen im Gange, welche die Existenz eines dritten Gehirns im Herzen vermuten. So forschen Doc Childre und sein Team im Institute of HeartMath in Kalifornien am wissenschaftlichen Nachweis der Herzintelligenz, in: Rupp Georg, Befreiung aus dem Hin & Her des Lebens ..., 35.

134. Vgl. http://programm.ard.de/TV/arte/das-herz---mehr-als-ein-organ/eid_2872410514365760; Bondy Brigitta, Wenn Depression das Herz bricht: Seelische Störungen und Herz-Kreislauf-Erkrankungen, München 2008; Staguhn Gerhard,

Das Herz. Ein geheimnisvolles Organ, München 1999; Grönemeyer Dietrich, Dein Herz: Eine andere Organgeschichte, Frankfurt a. M. 2012.

135. Rohr Richard / Ebert Andreas, Das Enneagramm. Die 9 Gesichter der Seele, 50–54.
136. Siehe zum Beispiel: Beesing Maria / Nogosek Robert J. / O'Leary Patrick H., Das wahre Selbst entdecken. Eine spirituelle Einführung in das Enneagramm, Freiburg i. Br. 1995; Küstenmacher Marion, Das Enneagramm der Weisheit. Spirituelle Schätze aus drei Jahrtausenden, München 1996; Zuercher Suzanne / Ebert Andreas, Ankommen im Einssein: Beten mit dem Enneagramm, München 2009; Ebert Andreas / Küstenmacher Marion, Die Perlen der Seele: Meditieren mit dem Enneagramm, München 2009; Zuercher Suzanne / Haberer Tilmann, Spirituelle Begleitung: Das Enneagramm in Seelsorge, Beratung und Therapie, München 2013.
137. Tamaro Susanna, Geh, wohin dein Herz dich trägt, in: http://www.amazon.de/wohin-dein-Herz-dich-tr%C3%A4gt/dp/3257230303.
138. Leicht abgeändert von: Spannbauer Christa, Folge deiner Sehnsucht …, 38.
139. Vgl. Rupp Georg, Befreiung aus dem Hin & Her des Lebens …, 65–107.
140. Sachs Nelly, Alles beginnt mit der Sehnsucht, in: http://www.bvps.de/pdf/nachdenken/2008Dezember.pdf.
141. Böschemeyer Uwe, Unsere Tiefe ist hell …, 12 und 20.
142. Zu nennen sind hier zum Beispiel: die Traumanalyse nach Sigmund Freud; die Aktive Imagination nach C. G. Jung vor allem in der Weiterentwicklung von Verena Kast; der gelenkte Wachtraum nach Robert Desoilles; die katathym-imaginative Psychotherapie (früher: katathymes Bilderleben) nach Hanscarl Leuner; die Psychosynthese nach Roberto Assagioli; die Hypnotherapie nach Milton Erikson; das existenzielle Bild-Erleben nach Wilhelmine Popa; die imaginative Trauma-Therapie nach Luise Reddemann und die Wertimagination nach Uwe Böschemeyer.
143. Ernst Heiko, Unser persönliches Paralleluniversum, in: http://www.psychologie-heute.de/archiv/detailansicht/news/unser_

persoenliches_paralleluniversum . Heiko Ernst verfasste sogar ein Buch über unsere Innenwelten, zu denen dem heutigen sehr stark außengelenkten Menschen wieder Zugänge ermöglicht werden müssen, damit er nicht vor die Hunde geht: Ernst Heiko, Innenwelten. Warum Tagträume uns kreativer, mutiger und gelassener machen, Stuttgart 2011.
144. Baltes Paul B., Positionspapier: Entwurf einer Lebensspannen-Psychologie der Sehnsucht …, 82–83.
145. Schmitt Wolfgang, Wertimaginationen – Schlüssel zur inneren Welt …, o. S.
146. Hofmeister Klaus, Wenn die Phantasie auf Reisen geht …, in: http://www.hr-online.de/servlet/de.hr.cms.servlet.File/ca+121104_Laurenz-Phantasie-Reisen.pdf?enc=d3M9aHJteXNxbCZibG9iSWQ9MTU4MTcwMDEmaWQ9NDY0NzE1MjcmZm9yY2VEb3dubG9hZD0x.
147. Kast Verena, Freude, Inspiration, Hoffnung …, 69.
148. Baer Udo/Frick-Baer Gabriele, Vom Sehnen und Wünschen …, 58.
149. Schmitt Éric-Emmanuel, Oskar und die Dame in Rosa, Frankfurt a. M. 2007. Dieses Buch erlebte mehrere Auflagen und wurde 2009 von Schmitt selbst verfilmt. Auch der Film (als DVD erhältlich) rührt ans Herz und regt zum Nachdenken über den Sinn des Lebens an.
150. Baer Udo/Frick-Baer Gabriele, Vom Sehnen und Wünschen …, 60.
151. Projektionstheorie – Wikipedia, in: http://de.wikipedia.org/wiki/Projektionstheorie.
152. Feuerbach – Gott als Projektion des menschlichen Wesens, in: http://www.dober.de/reli-rallye/feuer.html.
153. Dahlke Ruediger, Die Schicksalsgesetze. Spielregeln fürs Leben. Resonanz – Polarität – Bewusstsein, München 2009.
154. Caberta Ursula, Schwarzbuch Esoterik, Gütersloh 2011.
155. Michaela Merten & Pierre Franckh – Sektenexpertin findet sie verantwortungslos, in: http://www.bunte.de/panorama/michaela-merten-pierre-franckh-sektenexpertin-findet-sie-verantwortungslos-45844.html. Das gesamte Interview ist hier nachzulesen: BUNTE Nr. 43/2010.
156. Dreksler Jacky / Balder Hugo Egon, Wunsch-Bullshit im

Universum. Kritik der Wunsch-Bestellungen im Universum von Rhonda Byrne, Pierre Franckh, Bärbel Mohr, Esther Hicks und Kurt Tepperwein – auf dem schmalen Grat zwischen Nicht-mehr-Satire und Noch-nicht-Wissenschaft, Köln 2007.

157. So heißt das gleichnamige und amüsant zu lesende Buch von Jenniffer Weigel über all den Wirrwarr und Unsinn in der Esoterikszene: Weigel Jenniffer, Danke, liebes Universum, jetzt reicht's. Von einer, die auszog, spirituell zu leben, Berlin 2011.

158. Finger Evelyn, Die Renaissance der Unvernunft. Sehnsucht nach dem Selbst, in: http://www.zeit.de/2013/21/esoterik-vernunft-verteidigung/seite-2.

159. Baer Udo/Frick-Baer Gabriele, Vom Sehnen und Wünschen …, 116–125.

160. Rieger Gisela, Sinn-volle Geschichten 2 …, 76–77.

161. Eine hilfreiche Beschreibung von Suggestionen und Affirmationen beim Einsatz in Phantasiereisen finden Sie hier: Was sind Suggestionen und Affirmationen, in: http://www.phantasiereisen.de/suggestionen.html und Mehr Wirkung bei Suggestionen und Affirmationen, in: http://www.phantasiereisen.de/wirkung-affirmationen.html.

162. Vopel Klaus W., Zwischen Himmel und Erde. Phantasiereisen für Sucher …, 9.

163. Pfau Armin, Zur Arbeit mit inneren Bildern und Imaginationen …, 125.

164. Phantasiereisen – Entspannung für Körper und Seele, in: www.phantasiereisen.de.

165. Ebd.

166. In: Diekhans Johannes (Hg.), EINFACH DEUTSCH, Unterrichtsmodell Romantik …, 94.

167. Diensberg Alexander, Traumgesichte in der Nacht, in: »Über die Träume«, das zeichen …, 25.

168. Kurzbeschreibungen oder -einführungen zu »Archetypen = im kollektiven Unbewussten angesiedelte Urbilder« sind hier zu finden: http://de.wikipedia.org/wiki/Archetypus und http://andre-schuchardt.de/mat/matphil/jung und http://de.wikipedia.org/wiki/Kollektives_Unbewusstes. Folgendes

Buch gibt einen guten Einblick in die Bedeutung von Träumen nach C. G. Jung: Jung C. G., Traum und Traumdeutung, München 2005, 12. Auflage.

169. Vgl. Hartmann Katharina, Träume-Botschaften aus dem Unterbewusstsein oder Datenmüll, in: http://www.katharina-hartmann.net/blog-leser/items/traeume-botschaften-aus-dem-unterbewusstsein-oder-datenmuell-teil-1-von-3.html.
170. Ebd.
171. Ebd.
172. Vgl. http://www.katharina-hartmann.net/blog-leser/items/traeume-botschaften-aus-dem-unterbewusstsein-oder-datenmuell-teil-2-von-3.html.
173. Vgl. http://www.katharina-hartmann.net/blog-leser/items/traeume-botschaften-aus-dem-unterbewusstsein-oder-datenmuell-teil-3-von-3.html.
174. Rieger Gisela, Sinn-volle Geschichten 2 …, 78.
175. Tagtraum – Wikipedia, in: http://de.wikipedia.org/wiki/Tagtraum.
176. Leben ohne Internet. Iris Berben ist dann mal offline, in: http://www.bz-berlin.de/leute/iris-berben-ist-dann-mal-offline-article1801629.html.
177. Ernst Heiko, Unser persönliches Paralleluniversum, in: http://www.psychologie-heute.de/archiv/detailansicht/news/unser_persoenliches_paralleluniversum.
178. Ebd.
179. Genau heißt der Satz: »Ich bin nämlich eigentlich ganz anders, aber ich komme nur so selten dazu.« (»Zur schönen Aussicht«, in: Horváth Ödön von, Gesammelte Werke, Berlin 1978, 2. Auflage, Bd. 3, 67).
180. Ernst Heiko, Innenwelten. Warum Tagträume uns kreativer …, 46 und 47.
181. Beim Tagträumen wird das Gehirn neu formatiert, in: http://www.rga-online.de/rga_108_110034196-2-_Beim-Tagtraeumen-wird-das-Gehirn-neu-formatiert.html.
182. Vgl. Ernst Heiko, Innenwelten …, 93–95.
183. Dieser Abschnitt wurde durch den schon zitierten Wikipediaartikel inspiriert: : http://de.wikipedia.org/wiki/Tagtraum.
184. Ausführliches zu diesem Thema finden Sie hier: Riedl Rudolf,

Wenn die Seele Urlaub macht, Freiburg 2000; Ders., Erfolgreich tagträumen. Nahrung für die Seele, Freiburg 2002; Ders., Lassen Sie Ihren Träumen Flügel wachsen. Tagträume: Quellen der Freude und des Glücks, Röttenbach 2003.

185. Persönlichkeitsentwicklung: Die Tagtraum-Technik, in: http://www.simplify.de/die-themen/sie-selbst/persoenlichkeitsentwicklung/einzelansicht/article/persoenlichkeitsentwicklung-die-tagtraum-technik.
186. Böschemeyer Uwe, Unsere Tiefe ist hell ..., 30.
187. Reddemann Luise, Imagination als heilsame Kraft. Zur Behandlung von Traumafolgen mit ressourcenorientierten Verfahren, Stuttgart 2007, 13. Auflage.
188. Böschemeyer Uwe, Dein Unbewußtes weiß mehr, als du denkst ..., 19.
189. Imagination – Wikipedia, in: http://de.wikipedia.org/wiki/Imagination.
190. Jaffé Aniela, C. G. Jung – Erinnerungen, Träume, Gedanken, ..., 10.
191. Aktives Bilderleben, in: http://www.selbst-erfahren.de/kurse/unbewusstes-im-dialog/aktive-imagination.
192. Franz Marie-Luise von, Die Aktive Imagination in der Psychologie C. G. Jungs, in: Wilhelm Bitter: Meditation in Religion und Psychotherapie, Geist und Psyche ..., 87.
193. Dies wurde von Susanne Scheibe wissenschaftlich bestätigt, wenn sie schreibt: »Zum einen führt Sehnsucht zur Exploration möglicher Lebensverläufe auf der imaginären Ebene und kann damit Richtung für die weitere Entwicklung geben (Richtungsgebung). Zum anderen kann Sehnsucht ein imaginärer Ersatz für nicht verwirklichbare Lebensverläufe sein und damit dazu beitragen, Verluste und nicht Erreichbares zu bewältigen (Regulation von Nichtrealisierbarkeit). Diese beiden Funktionen sind vereinbar mit der Theorie der Selektion, Optimierung und Kompensation ..., einer Meta-Theorie zu Prozessen erfolgreicher Entwicklung. Richtungsgebung kann als eine Form von Selektion auf der imaginären Ebene betrachtet werden, und die Regulation von Nichtrealisierbarkeit als eine Form von Kompensation auf der imaginären Ebene.«, in: Scheibe Susanne, The psychology of Sehnsucht – an Exposé, in: http://www.diss.fu-

berlin.de/diss/servlets/MCRFileNodeServlet/FUDISS_derivate_000000001714/02_zsfg.pdf?hosts=.

194. O'Donohue John, Echo der Seele. Von der Sehnsucht nach Geborgenheit …, 104–105.
195. Kast Verena, Imagination – Zugänge zu inneren Ressourcen finden …, 11. Hervorhebungen in Großbuchstaben vom Autor.
196. Vgl. Jung C. G., Über die Beziehung der Psychotherapie zur Seelsorge (1932) …, 119.
197. Mackenthun Gerald, Schlüsselbegriffe der Tiefenpsychologie 11 / Jungs Individuation, in: http://home.arcor.de/g.mackenthun/lect/keywords/key11.htm.
198. Kast Verena, C. G. Jung, seine Aktualität heute …, in: http://www.verena-kast.ch/KastAktualitaetJung.pdf. Hervorhebungen in Großbuchstaben vom Autor.
199. Ich spiele hier ganz bewusst auf das sehr lesenswerte Buch von Anselm Grün mit dem gleichen Titel »Der innere Raum« an. Auf dem Klappentext steht folgendes: »In unserem Alltag werden wir häufig bestimmt von Erwartungen anderer, von Terminen, von Zeitdruck und von Unsicherheit. Anselm Grün, der bekannte Benediktinermönch, zeigt anhand wunderschön illustrierter Texte, wie wir uns in solchen Zeiten auf den Raum in uns konzentrieren können, um wieder eins mit uns selbst zu werden.«
200. Baer Udo/Frick-Baer Gabriele, Vom Sehnen und Wünschen, 20.
201. Walter Rudolf, Anselm Grün, in: http://www.einfachlebenbrief.de/gruen.html.
202. Logotherapie und Existenzanalyse, in: http://de.wikipedia.org/wiki/Logotherapie.
203. Vgl. Frankl Viktor E., Theorie und Therapie der Neurosen …, 174.
204. Böschemeyer Uwe, Unsere Tiefe ist hell …, 20.
205. Ebd., 65.
206. Bendszus Jürgen, Imaginationen in der Psychotherapie – Heilen – der Umgang mit inneren Bildern, in: http://www.gelingendesleben.de/Imagination.Psychotherapie.htm.
207. Morgenthaler Mathias, Wir verraten durch ständige Anpas-

sung unsere Werte und Ziele, http://blog.tagesanzeiger.ch/berufung/index.php/1112/wir-verraten-durch-staendige-anpassung-unsere-werte-und-ziele/.

208. Böschemeyer Uwe, Gottesleuchten. Begegnungen mit dem unbewussten Gott in unserer Seele …, 119.

209. Kreitmeir Christoph, GLAUBE an die KRAFT der GEDANKEN …, 18–48.

210. Vgl. Böschemeyer Uwe, Unsere Tiefe ist hell …, 35. Marie-Luise von Franz betont: »Ein solcher Missbrauch der Imagination ist sehr gefährlich, er wirkt leider besonders auf schizoid gefährdete Menschen sehr attraktiv und bringt sie nicht aus dem Sumpf heraus, sondern im Gegenteil in psychotische Gefahr. Das Imaginieren als ›Liebeszauber‹ oder in Richtung des eigenen Größenwahns (Heldenphantasien) gehört in dieselbe Kategorie. Wunscherfüllungsphantasien haben aber natürlich weniger als nichts mit der eigentlichen Imagination zu tun.«

211. Böschemeyer Uwe, Dein Unbewußtes weiß mehr, als du denkst …, 21.

212. Hofmeister Klaus, Wenn die Phantasie auf Reisen geht …, in: http://www.hr-online.de/servlet/de.hr.cms.servlet.File/ca+121104_Laurenz-Phantasie-Reisen.pdf?enc=d3M9aHJteXNxbCZibG9iSWQ9MTU4MTcwMDEmaWQ9NDY0NzE1MjcmZm9yY2VEb3dubG9hZD0x.

213. Böschemeyer Uwe, Gottesleuchten …, 29.

214. Die C. G. Jung-Mitarbeiterin Marie-Luise von Franz betont ganz Ähnliches: »…, dass die aktive Imagination überhaupt die Eigenständigkeit des Analysanden ermöglicht; ja, Jung hat das Annehmen und Ausüben dieser Meditationsform einmal als Prüfstein des Analysanden bezeichnet, dafür, ob er die Verantwortung für sich selber auf sich nehmen, oder für immer als Parasit seine Analytikers leben will. Auf derselben Linie der befreienden Wirkung liegt die Tatsache, dass die aktive Imagination eine ungewöhnlich direkte Affektbearbeitung ermöglicht, welche aus dem Engpass der Unterdrückung oder Abreaktion, wovon erstere ungesund, letztere äußerlich oft unmöglich ist, hinausführt.«, in: Franz Marie-Luise von, Die aktive Imagination in der Psychologie C. G. Jungs …, 87.

215. Vgl. Böschemeyer, Dein Unbewußtes weiß mehr, als du denkst

…, das ganze Buch und ders., Unsere Tiefe ist hell …, 109–110 und ders., Gottesleuchten …, das ganze Buch.

216. Vgl. Böschemeyer Uwe, Unsere Tiefe ist hell …, 49–51.
217. Böschemeyer Uwe, Gottesleuchten …, 21.
218. Wozu ist Sehnsucht da?, in: http://www.elle.de/wozu-ist-sehnsucht-da-107359.html.
219. Rieger Gisela, Sinn-volle Geschichten 2 …, 72.
220. Böschemeyer Uwe, Dein Unbewußtes weiß mehr, als du denkst …, 51–53.
221. Böschemeyer Uwe, Vertrau der Liebe, die dich trägt …, 22.
222. Böschemeyer Uwe, Gottesleuchten …, 29–30 (hier zitiert er Jörg Zink, Jesus – Funke aus dem Feuer, Freiburg i. Br. 2001, 16) und 118–119 (und hier zitiert er Hans Goller, Das Rätsel von Körper und Geist. Eine philosophische Deutung, Darmstadt 2003, 91 ff.).
223. Böschemeyer Uwe, Unsere Tiefe ist hell …, 181.
224. Böschemeyer Uwe, Vertrau der Liebe, die dich trägt …, 28.
225. Böschemeyer Uwe, Unsere Tiefe ist hell …, 183.
226. Jalics Franz, Kontemplative Exerzitien. Eine Einführung in die kontemplative Lebenshaltung und in das Jesusgebet, Würzburg 2009, und Dyckhoff Peter, Ruhegebet, München 2010.
227. Böschemeyer Uwe, Gottesleuchten …, 14–15.
228. Vgl. Böschemeyer Uwe, Vertrau der Liebe, die dich trägt …, 20–23.
229. Vgl. Kränkungen der Menschheit – Wikipedia, in: http://de.wikipedia.org/wiki/Kr%C3%A4nkungen_der_Menschheit; Vollmer Gerhard, Die vierte bis siebte Kränkung des Menschen, in: http://www.gkpn.de/vollmer/htm, und FOLIE Kränkungen des Menschen, in: http://www.reinerjungnitsch.de/kraenkungen.pdf.
230. Conradt Michael, Spiritualität – Die Sehnsucht nach dem Geistigen, Manuskript radioWissen …, 4.
231. »Mensch, hast Du es gut!«, in: http://www.das-eselskind.com/2012/06/die-sehnsucht-nach-gluck-und.html.
232. Spiritualität – Wikipedia, in: http://de.wikipedia.org/wiki/Spiritualit%C3%A4t.
233. Ingenlath Hermann Josef, Projektmanagement und Spiritualität …, 24–25.

234. »2,2 Milliarden Menschen, das heißt ein Drittel der Weltbevölkerung, bezeichnen sich als Christen. Das Neue Testament wurde in über 3000 Sprachen übersetzt. In Europa, Australien, Nord- und Südamerika stellen die Christen die Mehrheit, ebenso in rund 120 Ländern von Aruba über Kanada und Sambia bis Weißrussland und Zimbabwe. Die Vereinigten Staaten werden zwar als »das Land mit der größten Religionsvielfalt der Welt« gefeiert, doch leben dort mehr Christen als in jedem anderen Land der Erde (über 247 Millionen), gefolgt von Brasilien (170 Millionen), Russland (115 Millionen), China (101 Millionen) und Mexiko (99 Millionen).«, in: Prothero Stephen, Die neun Weltreligionen. Was sie eint, was sie trennt, München 2011, 94.
235. Grün Anselm, Spiritualität. Ein ganzer Mensch sein ..., 23–24. Hervorhebungen in Großbuchstaben vom Autor.
236. Was ist christliche Spiritualität?, in: http://www.livenet.de/themen/glaube/theologie_philosophie_religion/esoterik/145622-was_ist_christliche_spiritualitaet.html.
237. Heuel Uli, Woran Christen glauben. Das Kennenlern-Buch für Neugierige ..., 12–13.
238. Grün Anselm, Das kleine Buch der Sehnsucht ..., 164–165.
239. Vgl. Douglass Klaus, Glaube hat Gründe. Eine lebendige Beziehung zu Gott finden ..., 16.
240. Heuel Uli, Woran Christen glauben. Das Kennenlern-Buch für Neugierige ..., 18.
241. Knapp Andreas / Wolfers Melanie, Glaube, der nach Freiheit schmeckt..., 250. Hervorhebungen in Großbuchstaben vom Autor.
242. Benke Christoph, Sehnsucht nach Spiritualität ..., 19.
243. Aldebert Heiner, Lichtgott gegen Schöpfergott. Der Kampf um den Leib – Gnosis und Esoterik, in: Basiswissen Christlicher Glaube ..., 184–189.
244. Ekstatische Körpergefühle bei körperorientierten Psychotherapien oder populären Sex-Tantra-Angeboten, psychologische Erfolgsutopien (Denk dich gesund, sich selbst erschaffende Wirklichkeiten oder im quasispirituellem Gewand daherkommende Manager- und Persönlichkeitsschulungen), erneuerte Gemeinschaft oder Orientierung am Meister oder Guru. Vgl. hierzu:

Utsch Michael: Ekstase, Erfolg, Erneuerung, Orientierung – vier Versprechen der Psychoszene, in: Hempelmann Reinhard, Dehn Ulrich u. a., Panorama der neuen Religiosität …, 95–209.
245. Vgl. Ruppert Hans-Jürgen, Suche nach Erkenntnis und Erleuchtung – moderne esoterische Religiosität, in: Hempelmann Reinhard, Dehn Ulrich u. a., Panorama der neuen Religiosität …, 210–309.
246. Aldebert Heiner, Lichtgott gegen Schöpfergott. Der Kampf um den Leib – Gnosis und Esoterik, in: Basiswissen Christlicher Glaube …, 189.
247. Spiritualität – Wikipedia, in: http://de.wikipedia.org/wiki/Spiritualit%C3%A4t.
248. Oh! Noch mehr Geschichten für andere Zeiten …, 28.
249. Finger Evelyn, Die Renaissance der Unvernunft. Sehnsucht nach dem Selbst, in: http://www.zeit.de/2013/21/esoterik-vernunft-verteidigung/seite-2.
250. Conradt Michael, Spiritualität – Die Sehnsucht nach dem Geistigen, Manuskript radioWissen …, 11.
251. Atheisten in London: Kirche ohne Gott, in: http://www.spiegel.de/panorama/gesellschaft/atheisten-treffen-sich-in-london-in-ehemaliger-kirche-a-889063.html.
252. Jubeln ohne Gott, in: http://www.zeit.de/2013/42/atheisten-messe-england.
253. Anzeiger für die Seelsorge. Zeitschrift für Pastoral und Gemeindepraxis, Heft 3/2014, Schwerpunktthema: Gott fehlt, 123. Jahrgang, Freiburg 2014.
254. Franziskaner. Magazin für franziskanische Kultur und Lebensart, Heft Frühjahr 2014, Schwerpunktthema: Ich glaube nichts und mir fehlt auch nichts!, München 2014.
255. Striet Magnus und Werden Rita, Wenn Gott fehlt. Tastversuche zwischen Zweifel und Sehnsucht, in: Anzeiger für die Seelsorge. Zeitschrift für Pastoral und Gemeindepraxis, Heft 3/2014 …, 16.
256. Madaus André, Ich glaube nichts und mir fehlt auch nichts!, in: Franziskaner. Magazin für franziskanische Kultur und Lebensart, Heft Frühjahr 2014 …, 7.
257. Herder-Korrespondenz Spezial, Gottlos? Von Zweiflern und Religionskritikern, Freiburg i. Br., April 2014.

258. Wie der Buddha in den Westen kam ..., in: http://www.theologie-und-literatur.de/fileadmin/user_upload/Theologie_und_Literatur/HesseJahrbuch.pdf , 2.
259. Vgl. Vogd Werner, Dekonstruktion von Religion zum Life-Style oder Neue Religiosität ..., in: http://userpage.fu-berlin.de/vogd/Buddhismus.pdf und Dehn Ulrich, Die Suche nach der eigenen Mitte – östliche Religiosität im Westen, in: Hempelmann Reinhard, Dehn Ulrich u.a., Panorama der neuen Religiosität. Sinnsuche und Heilsversprechen zu Beginn des 21. Jahrhunderts, Gütersloh 2001, 310–408.
260. Vgl. Kamphuis Martin, Buddhismus – Religion ohne Gott ..., 10–11. Kamphuis zitiert hier: Dalai Lama, Das Herz aller Religionen ist eins. Die Lehre Jesu aus buddhistischer Sicht, übersetzt von Michael Wallossek, 2. Auflage (Hamburg: Hoffmann und Campe Verlag, 1997), S. 14 (Zitat aus dem Vorwort von Robert Kiely).
261. Schnabel U., Buddhismus – Eine Religion ohne Gott, in: http://www.zeit.de/2007/12/Buddhismus.
262. Reinsch Ursula, Der praktische Glaube. Moderner Buddhismus als Heilmittel in unserer schnelllebigen Welt, in: http://www.deutschlandradiokultur.de/der-praktische-glaube.1278.de.html?dram:article_id=257333.
263. Ebd.
264. Zawodsky Magnus, Modereligion für müde Materialisten? Buddhismus und Lamaismus kurz und knapp, in: http://www.nordbayern.de/nuernberger-zeitung/modereligion-fur-mude-materialisten-1.946446.
265. Kreppold Guido, Nachfolge. Von ihrem Glanz, der verlorenging ..., 8.
266. Ebd., 123 und 126.
267. Reinsch Ursula, Der praktische Glaube. Moderner Buddhismus als Heilmittel in unserer schnelllebigen Welt, in: http://www.deutschlandradiokultur.de/der-praktische-glaube.1278.de.html?dram:article_id=257333.
268. Siehe: Enomiya-Lassalle Hugo M., Zen-Meditation für Christen, München 1995; Torwesten Hans, Der Mut auf den Grund zu gehen. Von der Unerschrockenheit der Mystik, Petersberg 2007; Jäger Willigis, Anders von Gott reden, Petersberg 2008;

Jäger Willigis, Das Leben ist Religion. Stationen eines spirituellen Weges, herausgegeben von Christoph Quarch, München 2005, 2. Auflage; Grün Anselm / Chao-hwei Shih, Was glaubst du? Christentum und Buddhismus im Gespräch, Münsterschwarzach 2013, Grün Anselm / Jäger Willigis, Das Geheimnis jenseits aller Wege. Was uns eint, was uns trennt, herausgegeben von Winfried Nonhoff, Münsterschwarzach 2013, 2. Auflage, Knitter Paul F., Ohne Buddha wäre ich kein Christ, Freiburg i. Br. 2012 und Ceming Katharina, Sorge dich nicht um morgen. Die Bergpredigt buddhistisch gelesen, München 2009.

269. Vgl. Martin Ariane, Sehnsucht – der Anfang von allem ..., 40–41.
270. Vgl. Pöhlmann Matthias, Sehnsucht nach Heil. Von der Suche der Seele in der Postmoderne ..., 77–88.
271. Sponsel Rudolf, Spiritualität. Eine psychologische Untersuchung, in: http://www.sgipt.org/wisms/gb/spirit0.htm , ohne Seite.
272. Renz Monika, Der Mensch – ein Wesen der Sehnsucht ..., 8.
273. Ceming Katharina, Spiritualität im 21. Jahrhundert ..., 9.
274. Vgl. Knapp Andreas / Wolfers Melanie, Glaube, der nach Freiheit schmeckt ..., 32–33.
275. Ebd., 46–47 und 45.
276. Bucay Jorge, Der innere Kompass. Wege der Spiritualität ..., 52–53. Hervorhebungen in Großbuchstaben vom Autor.
277. Bucay Jorge, Geschichten zum Nachdenken ..., 17–21.

Bibliografische Information der Deutschen Nationalbibliothek

Die Deutsche Nationalbibliothek verzeichnet diese Publikation in der Deutschen Nationalbibliografie; detaillierte bibliografische Daten sind im Internet über https://portal.dnb.de abrufbar.

FSC
www.fsc.org
MIX
Papier aus verantwortungsvollen Quellen
FSC® C014889

Verlagsgruppe Random House FSC® N001967
Das für dieses Buch verwendete FSC®-zertifizierte Papier *EOS* liefert Salzer Papier, St. Pölten, Austria.

1. Auflage

Druck und Einband: Friedrich Pustet GmbH & Co. KG, Regensburg
Printed in Germany
ISBN 978-3-579-08514-2

www.gtvh.de